中央高校基本科研业务费
Fundamental Research Funds for

U0501640

配方式媒介

——大众文本及其生产机制分析

何群 著

Formulaic Media

-Analysis of the Popular Text and Its Production Mechanism

中国财经出版传媒集团

经济科学出版社
Economic Science Press

图书在版编目（CIP）数据

配方式媒介/何群著. —北京：经济科学出版社，
2017. 12
ISBN 978 - 7 -5141 - 8950 - 6

Ⅰ. ①配…　Ⅱ. ①何…　Ⅲ. ①群众文化 - 研究
Ⅳ. ①G24

中国版本图书馆 CIP 数据核字（2018）第 006288 号

责任编辑：王　娟
责任校对：靳玉环
责任印制：邱　天

配方式媒介
——大众文本及其生产机制分析
何　群　著

经济科学出版社出版、发行　新华书店经销
社址：北京市海淀区阜成路甲 28 号　邮编：100142
总编部电话：010 - 88191217　发行部电话：010 - 88191522
网址：www. esp. com. cn
电子邮件：esp@ esp. com. cn
天猫网店：经济科学出版社旗舰店
网址：http://jjkxcbs. tmall. com
北京季蜂印刷有限公司印装
710 × 1000　16 开　14 印张　240000 字
2018 年 3 月第 1 版　2018 年 3 月第 1 次印刷
ISBN 978 - 7 - 5141 - 8950 - 6　定价：49. 00 元

"大众文本"论题的提出

——《配方式媒介》序

金元浦

　　本书对"大众文本"论题的研究，适应了文学研究和文化产业研究的时代需要。

　　文学研究向文化研究的转化，这些年来已经成为显见的事实。大众文化，作为文化研究中最令人瞩目的对象，理所当然地得到了非常的重视。20 世纪 80 年代中后期以来，从评价王朔的"痞子文学"、崔建的摇滚乐、港台的流行音乐、张艺谋的电影、金庸的武侠小说、冯小刚的贺岁片，到"人文精神大讨论""后现代主义""后殖民主义""文化研究""文化产业"热的兴起，等等，无一不与大众文化相关，而直接研究大众文化的理论著作与论文也不断涌现。不可否认，这些文本批评与理论研究各有收获，对于中国大众文化的研究有很大的推进作用。然而，仅此是不够的，中国的大众文化研究有三个问题亟待解决。不解决这三个问题，大众文化研究的进一步深入和拓展，将是不可能的。

　　第一个问题是就文艺学向文化的转向而提出的，即文艺学者怎样进行大众文化研究。由于中国大众文化的主要研究人员来自文艺学研究者，他们已有的知识背景和理论积累，使他们与"文艺学"紧紧联系在一起，即使在他们的大众文化研究中，也是如此。如果强行将他们与"文艺学"拆离，转向社会学、人类学角度的大众文化研究的话，其结果必然是扬"短"避"长"，白白损失了其知识与思想资源。事实上，随着后现代社会"审美的泛化"或"文学性统治"的建立，文艺或审美的"幽灵"在大众文化的每一个角落游荡。对大众文化中这些"文艺性"或审美"幽灵"的追逐与探究，正应该是文艺—文化研究者们的天然使命。而大众文化中的这些"文艺性"或审美的"幽灵"的集中体现者，无疑是大众文本，而非由大众文本所引发的社会文化事件。也就是说，"文艺性"或

"审美"因子只可能体现在流行歌曲、武侠小说、言情剧、时装、家庭装饰品等文本身上，而非蕴含在歌迷会、"金庸热"、"还珠格格潮"、时装流行或家居装饰潮流等大众化的文化现象那里。虽然后者可能才是约翰·费斯克意义上的典型的"大众文化"，但是这种典型的大众文化的研究，需要一个跨边界的多学科、多方法的理论与批评视野。这个视野，不是仅靠一群转行不久的文艺—文化研究学者短时间内就能达成的。而且，即便达成了，但"文艺"或"审美"恐怕在那里已经荡然无存了。文艺研究向文化研究转向，不是要抛弃文艺学，而是要寻求文艺学的深化与拓展，因而，专注文本，才是文艺学—文化研究的出路之所在，才是使大众文化研究迅速走向深入的突破口。

第二个问题是就中国大众文化的发展而提出的，也就是说，中国的大众文化要得到更大的发展，就必须产业化。而产业化又意味着必须要有自己可以大规模复制的文化产品与标准，这个产品和标准从何而来呢？无疑，只有来自于大众文本的结构化研究。众所周知，美国的大众文化就是以其高度产业化而走向全世界的，在文化产业不发达的国家便只能任凭美国的大众文化大行其道。在中国当前的经济形势下，建构中国自己的文化产业，像韩国、日本那样谋求民族文化产业的崛起与发展，是一项非常紧迫的经济、文化建设工程。而文化的产业化，须首先研究大众文化的产品规范，研究文化产品的质量标准。这些显然都属于大众文本的研究，是对大众文本基本结构、基本规律的把握。长期以来的世界电影实践告诉我们，作为欧洲电影主要生产方式的作者型生产方式，是无法与好莱坞的配方式生产方式相匹敌的。所谓配方式生产方式，就是在美国类型电影的配方程式基础上配套以相应的制片制度、发行方式的产物。中国的电影及其他文化产业，在寻求大发展的过程中，不可能不借鉴和汲取配方式生产方式的优长来为我所用。而使用配方式生产方式，大众文本程式与类型的问题就变得尤为迫切。

第三个问题（也是最重要的问题）是就以大众文化产品为核心的文化产业势头凶猛、成绩斐然的发展状况而提出的，即大众文本研究如何应答实践的要求。在历史上，在今天，大众文本的迅速壮大与繁荣有目共睹，其波及地域范围之广，人数、阶层之多，非精英文本所能相比。而且，在实践中，它的创作、传播、发行与接受，都已然形成了一整套规范化的发生、构成与运作方式。这套方式在大众文本的实际操作中广泛存在，但理论界却很少对其做过认真而深入的理论关注与总结，我们甚至一直在用

"老眼光"去睥睨它，这不能不说是一大缺憾。事实上，随着大众文化、文本的霸权话语的日益建立，我们今天已经无法忽视它的存在。实践在向理论提出要求，在呼唤大众文化、文本的理论生长。一个大众文本与文化的理论研究时代已经到来，我们必须应对它。

而要回答或解决上述三个问题，无论是迎合文艺学向文化研究拓展时的理论需要，还是顺应我国当前大众文本、文化产业发展的实践要求，最终的归结点都在大众文本，在于大众文本的研究。因此，大众文本问题，是当下的一个亟待探求的具有理论和实践意义的问题。本书选择它作为论题，应该说正是适应时代发展的结果。

在国外一些发达国家，大众文本研究是一个常见的理论话题。这个话题或者由结构主义、后结构主义的文化研究者挑起，他们在其研究中较文化主义文化研究者更为注重对文化产品、文本或文化符码本身的研究，对文本的叙述程式、过程及"神话"性等因素给予了更重要的地位。或者由电影、电视、流行音乐等大众文本的分析者们挑起，他们对"文本"或"本文"概念的重新解释与分析，给予了大众文本分析以新的视野。其中，"配方式媒介"一词，如本书所述，就是由荷拉斯·纽肯莫在《电视：最大众化的艺术》一书中提出来的，指出包含了各种不同节目的电视是一种"配方式媒介"，意即电视作为一种媒介，其节目以及节目的编排呈现出一种配方化的特点，而"成功的电视配方被广为摹仿——能够存在下来的配方一定都是广有观众的"。然而，本书显然是创造性地使用了这个概念。它认为大众文本是一种配方式媒介，指的是大众文本的程式化结构，以及它作为特定意义的传递媒介的特点。但与此同时，作者又指出，大众文本在其似乎是一成不变的程式中，其实还蕴含着种种创新、变化与生机，它以类型传递特定意义的同时又隐含或象征着其他意义。因此，从整体上看，大众文本是一种以动态程式化结构传递多种意义的文本。这种观点就从本体意义上打破了国内学界对于大众文本的两种习惯：一是视大众文本为千篇一律、陈词滥调的代名词的习惯性判断，二是用经典文艺作品的分析方法来解读大众文本的习惯性思维。当然，习惯性的判断源自于习惯性的思维，两种习惯实质上熔铸在一起，是传统文艺观念在面对大众文本时历史惯性的反映。这种惯性的判断及其思考，我们不能说它是错误的，但至少它是错位的，错就错在这种方式站在精英主义立场居高临下地审读大众文本，按图索骥地要求大众文本，结果将大众文本的真正本质如程式化、神话性、互文性等给遮蔽了或忽略了，从而并没有揭示出大众心目中、也是文化产业实践中生龙活虎的大众文本的真实面目。

目前看来，国内还相当缺乏对大众文本本身理论的宏观架构与微观剖析，也缺少对大众文本进行长久理论探讨的研究者。何群从 20 世纪 90 年代中期就开始关注王朔等流行作家的作品，博士学习期间更是以此为理论主攻方向，对大众文本进行了较为深入、系统的理论梳理与架构。她对大众文本的观照从一开始就基于文化产业的大视野，着重论述文化产业链中的大众文本及其生产的特殊范畴。这使她的研究一方面呈现出很强的创新性，另一方面紧密衔接文化产业实践，表现出了独树一帜的理论品质，无论是对于中国当前的大众文化研究甚至是文化产业的发展，都富于启示意义。当然，大众文本的研究尤其是其理论体系的建立，是一个庞大的理论建设工程，不是一两个学者或一两本著作在短期内就能一蹴而就的。而随着国内文化产业的大发展，对于其相关的大众文化产品的理论认识与阐释，势必呈现越来越旺盛的需求。希望作者，也希望所有这个论题或领域的研究者继续努力，不断产生新的成果，共同搭建起大众文本以及大众文化自身的理论体系。

目　　录

大众文本：规范的历史
生成与理论呼唤

19 世纪末 20 世纪初，西方新的工业革命不但带来了物质上的大众消费，也带来了精神文化上的大众消费，带来了大众文化的崛起。特别是电影、录音、无线广播、电视和互联网等新的大众传播媒体的诞生，及其与大众文化之间近乎天然的联姻，更是宣告了文字垄断知识时代的结束，宣告了不借助文字也能记录语言、不借助"在场"也能感知形象的大众文化时代的来临。应该说，这种大众文化不同于人类社会任何以往的文化形式，它是一种"与当代大工业生产密切相关（因此往往必然地与当代资本主义密切相关），并且以工业方式大批量生产、复制消费性文化商品的文化形式"①。这种文化由于天生一副大众传媒的翅膀，又拥有批量化、标准化生产的庞大规模，更兼备主要输出国美国经济、文化强势的影响和大众的参与，其影响之大、波及范围之广前所未有。

大众文化在 20 世纪的后五十年得到了空前的发达。这种发达，不仅表现在它不顾众多国家、众多知识精英的反对声浪，以不可抵挡、逆转之势逐渐侵蚀、泛滥到了全世界；更重要的是，表现在它取得了社会的支配地位的同时，渗透到社会生活的所有方面，并按照自己的形象来改造这些方面（卢卡奇，1999）。于是，我们看到，好莱坞电影、肥皂剧、可口可乐、麦当劳、MTV、广告、蓝色牛仔裤、购物超市、城市广场、主题公园等，早已经在亚非拉发展中国家的各种媒体和大街小巷大肆招摇，也早已在法国等老牌欧洲发达国家引发了一片"狼来了"的惊呼声。当我们闻知在美军炮火下，某巴格达青年流连于街头音像店中，目的只是为了买到一张最新好莱坞电影的碟片的消息时，看到世界各地无以计数的孩子们沉醉在麦当劳、肯德基、可口可乐的快乐城堡中忘我地边玩边吃边喝的情景

---

① 李陀：《大众文化研究的兴起》，人文日新网，2001 年 12 月 10 日。

时，以及体会着不断在家乐福、沃尔玛等大型全球连锁超市购物的经历和身着一条又一条时尚的牛仔裤时，我们确信，大众文化已经成为人们日常生活中一个无法分割的重要组成部分，甚而至于就是人们的一种生活方式。正是在这个意义上，约翰·费斯克认为，大众文化是"大众在文化工业的产品与日常生活的交界面上创造出来的"文化，而"大众文化的系列性与重复性生产出一种日常化过程，这一过程很容易被描画到日常生活的惯例上"，因而人们的"日常生活乃由大众文化实践组成"①。虽然这种"大众文化实践"有其特别的内涵②，但当它"润物细无声"地融化到我们的日常生活中的时候，它对人类生活的改变已经使我们无法等闲视之了。近数十年来西方大量的大众文化研究著作与论文的涌现就是理论界应对历史召唤的一种回应。

其实，发生在其他国家的大众文化的发迹史也正在改革开放之后的中国上演。从20世纪90年代起，经过国外、港台大众文化热身的中国大众文化，开始"汹汹然"地抢占文化空间。二十余年逝去，早已煌煌然独占花魁，稳居当代文化的头把交椅，已是一个无可争议的事实。且不说中国人的生活发生了怎样的变化，单看媒体上那铺天盖地的广告，走马灯般旋转在流行音乐舞台上的歌手，成群结队迷狂般"哈日""哈韩""哈明星"的追星族，以及城市购物广场、超市的遍地开花，家家户户必不可少的宅第装修和中国人出国旅游热呈几何梯级的升温，就已经让我们领略到了大众文化非凡的渗透力和影响力。大众文化与我们的日常生活是如此的零距离，又是如此地与人们的精神世界和人类未来的发展前景息息相关，因而任何对于它的漠视和忽视都不是一种负责任的表现，而任何对于它的关注与研究都将是对人类现代生活的关切与探询。

"大众文化"这一概念最早出现在美国。哲学家奥尔特加在其《民众的反抗》一书中指出，大众文化是一地区、一社团、一个国家中新近涌现的，被大众所信奉、接受的文化③。20世纪六七十年代以来，国外大众文

---

① ［美］约翰·费斯克：《理解大众文化》，王晓珏、宋伟杰译，中央编译出版社2001年版，第31页、第28页、第79页、第58页。

② 按照费斯克的解释，由大众文化实践所组成的日常生活的特征是，大众作为"弱势者通过利用那剥夺了他们权力的体制所提供的资源，并拒绝最终服从于那一权力，从而展现出创造力"。而对此特征最好的描述，"是有关斗争或反抗的比喻：战略受到战术的对抗，资产阶级受到无产阶级的抵制，霸权遇到抵抗行为，意识形态遭受反对或逃避；自上而下的权力受到由下而上的力量的抗争，社会的规训面临无序状态"。见［美］约翰·费斯克：《理解大众文化》，中央编译出版社2001年版，第58页。

③ 覃光广、冯利、陈朴主编：《文化学辞典》，中央民族学院出版社1988年版，第33页。

化的理论著述的出版与发表，可谓连篇累牍、层出不穷。出现了许多有影响的著作与论文，也出现了许多大理论家。这其中著名的如阿多诺的《论流行音乐》，斯图亚特·霍尔的《解构"大众"笔记》，麦克唐纳的《大众文化理论》，雷蒙·威廉斯的《出版业和大众文化》，罗兰·巴特的《神话——大众文化诠释》，约翰·道克尔的《后现代主义与大众文化》，约翰·费斯克的《理解大众文化》《解读大众文化》，洪美恩的《〈豪门恩怨〉与大众文化意识形态》，戴安娜·克兰的《文化生产：媒体与都市艺术》、彼得·伯克的《欧洲近代早期的大众文化》、多米尼克·斯特里纳蒂的《通俗文化理论导论》，波德里亚的《消费社会》，迈克·费瑟斯通的《消费文化与后现代主义》，劳拉·斯·蒙福德的《午后的爱情与意识形态——肥皂剧、女性及电视剧种》、塞尔托的《多元文化素养》、斯道雷的《文化理论与大众文化导论》等。西方大众文化研究的兴盛，一方面是西方国家大众文化发展繁荣现状的体现，另一方面也显示了西方学者对于大众文化的关注与重视。

我国的大众文化研究，于 20 世纪 80 年代末 90 年代初才真正开始起步。时至今日，研究大众文化的著作和论文也出现了不少。如著作方面有黄会林主编的《当代中国大众文化研究》，金民卿著述的《大众文化论——当代中国大众文化分析》《文化全球化与中国大众文化》，陆扬、王毅的《大众文化与传媒》、陈刚的《大众文化与当代乌托邦》、戴锦华的《隐形书写：90 年代中国文化研究》、王一川的《大众文化导论》、叶志良的《大众文化》、陆扬的《大众文化理论》、陈灵强的《多维视野中的大众文化》、徐海波的《意识形态与大众文化》、陶东风等的《当代大众文化价值观研究——社会主义与大众文化》、李炜的《中国大众文化叙事研究》、赵勇的《整合与颠覆：大众文化的辩证法》、贾雪丽的《大众文化价值论：以伦理学为视角》，以及李陀主编的"当代大众文化批评丛书"等，论文方面则如王一川的《当代大众文化与中国大众文化学》、张汝伦的《论大众文化》、戴锦华的《大众文化的隐形政治学》、金元浦的《定义大众文化》、陈晓明的《大众文化研究：关于新的压迫与解放的学说》、吴炫、葛红兵等的《大众文化与大众文化批评》、姚文放的《大众审美文化的复制性》、蒋原伦的《符号泛滥：当代审美文化剖析》、陆扬、路喻的《大众文化研究在中国》、朱效梅的《大众文化研究：一个文化与经济互动发展的视角》等。另外，还有大量的关于文化产业的文章及著作中涉及大众文化的评析。

然而，无论是国外、国内的大众文化理论研究，多数著述主要着力的是大众文化的"政治"性研究，揭示的基本都是文化中的高雅与庸俗、宣传与接受、霸权与抵抗之间的"敌对"斗争，而研究的最终目的也几乎都在于达成对文化霸权或强势话语的解构。这正如霍尔所说，"并没有什么完整的、真正的、自足的'大众文化'存在于文化权力和统治关系的力量场之外。……大众文化研究一直摇摆于完全'自治'与全面管制这两个很难让人接受的立场之间"，"对于大众文化的定义来说，最关键的是与统治文化之间的关系，这种关系用持续性的张力（关系、影响和对抗）来界定'大众文化'"①。这样的大众文化研究，往往对大众文化中的作品或大众文本缺乏关注，或者在观念上认为浅薄、平庸、贫乏的大众文本本身并不值得关注。这种观念影响甚大，在大众文化的研究者包括为大众文化辩护的研究者那里都大行其道，显然已经构成了大众文化研究中新的话语霸权。这里，我们且不论大众文本自身的艺术质量如何，以及如何去评价它，而仅就大众文本在大众文化中的地位而言，它就是极为重要的。因为，有关大众文化的一切斗争、一切争论，都是首先由大众文本所引起：是文化工业产品的"标准化""伪个人性"首先引起了阿多诺、马尔库塞等法兰克福学派学者们的不满，才带来了他们对于文化工业或大众文化的激烈批判；是大众文本的存在，使霍加特认识到，"那些新的大众出版物、电影、广播和电视（特别是它们的商业化），以及大规模的广告，是在工人阶级之中鼓动一种无意识的统一性，一种高度的被动接受性"②；同样，在费斯克的心目中，是文化工业产品的先期诞生，才为大众提供了进行大众文化生产的资源，否则，大众文化就无从产生。由此可见大众文本在大众文化中的前提性与重要性，只是这种前提性与重要性并不为很多人所认识、所关注，从而导致了对于大众文本的轻视。

　　当然，并非所有的研究者都对大众文本采取不屑一顾的态度。在文化研究中，与文化主义研究范式相区别的结构主义研究范式，虽然在文化和意识形态领域，所持观点与文化主义相差无几，但它显然更关注大众文本本身。托尼·本内特说，大众文化的"结构主义分析特别关注文本形式的分析，被认为是揭示了文本结构那些据信是组构了阅读和各类观照实践的

---

　　① ［英］斯图亚特·霍尔：《解构"大众"笔记》，引自吴士余主编《大众文化研究》，上海三联书店2001年版，第48页、第51页。
　　② ［美］约翰·道克尔：《一种正统观念的开花》，引自吴士余主编《大众文化研究》，上海三联书店2001年版，第34页。

方式，而经常是忽略了制约着这些文本形式生产或接受的条件"，"结构主义最集中见于电影、电视和通俗文学的研究之中"①。这种结构主义范式的大众文化研究，据托尼·本内特介绍，最典型的研究著作应是厄姆贝托·埃柯的《读者的角色》，埃柯在其中对《超人》、邦德小说等通俗类文本的意识形态编码做了严格的结构主义分析。而在国内目前能看到的典型结构主义范式的大众文化研究著作之一，劳拉·斯·蒙福德的《午后的爱情与意识形态——肥皂剧、女性及电视剧种》中，作者曾专门强调其研究方法，"（电视文化研究）首先必须致力于描述一个电视文本，接下来，才能思考观众如何处置这个文本"，"我作分析时，首先想的是肥皂剧的叙事如何运作，而没有把我们观看肥皂剧的方式作为首要焦点"②。因而，她的《午后的爱情与意识形态》"在许多方面算得上是对肥皂剧文本的细读"③。她在对肥皂剧的分析中，主要的笔墨都是用来条分缕析肥皂剧的文本特征的：从肥皂剧作为一种电视剧类型的文本界定，到公开曝光个人"隐私"的题材选择、错综复杂的情节线索、跌宕起伏的故事发展和特别的"结局"处理；从文本对父权制主导意识形态主旨的强化，到文本为满足女性观众的"热望"而采取的"女性化"叙事策略；从肥皂剧文本本身的剖析，到与肥皂剧的次级文本——肥皂剧迷杂志的互文性比照，等等。但是，这些细致的文本分析语言又始终被意识形态批判的思路所贯穿，体现着文化研究的精神。这种结构主义的大众文化研究，显然已经较为充分地关注到了大众文本本体。只是这样的研究，多零散地存在于大众文本的个案分析文章中。

国内外倒是有不少对于电影中类型影片或文学中通俗小说类型等的分析著述。如罗伯特·麦基的《故事》从电影编剧的角度，分析了故事中存在的一些永恒和普遍的形式，包括故事要素及其设计原理、叙事模式、创作原则等，是一本非常有影响力的研究电影文本叙事的著作。国内郝建的《影视类型学》从类型电影研究的角度，涉猎了一些电影类型中的叙事模式及其意识形态等。各个文学艺术门类中的具体文本类型的叙事研究，是我们研究的重要理论资源之一；还有一个同样重要的理论资源，是以普洛

---

① ［英］托尼·本内特：《大众文化与"转向葛兰西"》，引自吴士余主编《大众文化研究》，上海三联书店 2001 年版，第 61 页。
② 劳拉·斯·蒙福德：《午后的爱情与意识形态：肥皂剧、女性及电视剧种》，林鹤译，中央编译出版社 2000 年版，第 11～12 页。
③ ［美］劳拉·斯·蒙福德：《午后的爱情与意识形态：肥皂剧、女性及电视剧种》，林鹤译，中央编译出版社 2000 年版，第 18 页。

普的《民间故事形态学》为代表的诸多结构主义文本研究成果，它们对于文本表层和深层结构的研究，给予了本研究以众多的启示。但显然，目前国内对大众文本的本体问题进行专门研究的论著，还是较少见的。而这就正好成为了我们攻关的目标。

一、"大众文本"辨析

这里所谓"大众文本"（popular texts）的概念，沿袭美国著名大众文化学者约翰·费斯克的用法，指那些"被大众选择""能变成大众文化的文本"①。但是何谓"大众文化的文本"呢？这里我们先得明确"文本"和"大众"两个概念。

1. 文本。说及"文本"，首先要强调的是，本文所使用的"文本"概念与文艺理论中"文本主义批评"的"文本"界定不尽相同。众所周知，虽然文本主义批评流派众多，主张不尽相同，但关于"文本"的界定却有共同之处，即都认为文学文本一经产生就是一个独立自足的、客观的本体，它的意义只能从对文本的语言结构进行科学化的"解剖"中获得，而试图将文本与作者和读者、世界联系起来的评论只能导向"意图迷误"或"感受迷误"。但本文认为，"文本"应该具有更为广阔的理论视域，应向新的不断发展着的文学、文化实践开放。事实上，现代许多批评家使用的文本概念也已经得到了很大的拓展，"文本"在他们的笔下，不仅由文学文本、书写下的文本延展到了电影、绘画、音乐等其他艺术文本，而且还泛指"一切具有语言—符号性质的构成物，如服装、饮食、仪式乃至于历史等等"②。同时，文本与外部世界的联系也在后结构主义之后得到了愈来愈多的批评家的重视，如美国批评家赛义德认为，文本即使是最简练的形式，也"总是无法逃脱环境、时间、空间和社会的纠缠——简言之，文本存在于世界之中，所以，文本是世界之物"③。而本文所使用的"文本"概念，就是综合了文本主义批评、后结构主义批评、历史主义批评等诸多

---

① ［美］约翰·费斯克：《理解大众文化》，王晓珏、宋伟杰译，中央编译出版社 2001 年版，第 127 页。
② ［美］赛义德：《文本、世界、批评》，引自王先霈、王又平主编《文学批评术语辞典》，上海文艺出版社 1999 年版，第 168 页。
③ ［美］赛义德：《文本、世界、批评》，引自王先霈、王又平主编《文学批评术语辞典》，上海文艺出版社 1999 年版，第 169 页。

成果的产物。它应该具有三个方面的特点：一是它属于已然被创作完成的、完整的文艺、文化作品。这个特点使得文本具有作品的基本物理、语言、意义存在形态。二是它具有文本主义批评所强调的独立性。这个特性能够强调文本所独有的审美性及其规律。三是它具有与艺术家、欣赏者和世界、历史等其他文艺、文化相关要素的多重联系。这个特征将文本主义批评所丢弃的文本的历史性、社会性、创造性、接受性，重新归还给文本，使文本重归其在历史发展与文艺、文化活动整体格局中的应有位置。毋庸置疑，用这三个方面的特征去锁定文本，文本就会呈现出一个既拥有独特"自我"又具有无限开放视野的新的广阔的理论空间。

其实，这样一种"文本"的理论界定，在国内外的大众文化研究实践中已然得到了体现。因为相当多的大众文化研究者来自文学、艺术批评阵营，其成果也大都属于与他们的批评经验相贯通的"文本"研究，或从文本研究起步。这种"文本"式的大众文化研究，一方面体现在对流行音乐、电影、电视剧、摄影等大众文艺性"文本"的文化性"细读"上；另一方面体现在对广告、时装、建筑装饰、休闲方式及一些流行文化产品或现象等做"文本"式解析上。而这种大众文艺性"文本"和能够做"文本"式解析的流行文化产品，就是我们所研讨的"文本"。

2. 大众。关于"大众"的定义有许多，仅在英文的文化研究文献中，就有"the masses""people"之分。费斯克曾经区分过这两个术语："大众（people）的行为或生活也与群众（the masses）不同，因为群众乃是这样一个群体的集聚，他们是异化的、单向度的（one-dimensional），他们的意识是虚假的，而他们与奴役他们的体制之间的关系，如果不是心甘情愿的，也是不知不觉受欺骗、被愚弄的状态。大众文化是由大众而不是文化工业促成的"①，"大众并不是无法抵挡的意识形态体制下的无援无助的主体，也不是拥有自由意志、由生物学决定的个体。他们是一组变动的社会效忠从属关系，由社会行为人在某一块社会领地中形成，而这一社会领地之所以属于他们，是因为他们一直拒绝把该领地放弃给强权式的帝国主义"②。费斯克的这种区分显然是在批判阿多诺、马尔库塞等为代表的学者的"大众"观基础上做出的。

---

① ［美］约翰·费斯克：《理解大众文化》，王晓珏、宋伟杰译，中央编译出版社 2001 年版，第 29 页。

② ［美］约翰·费斯克：《理解大众文化》，王晓珏、宋伟杰译，中央编译出版社 2001 年版，第 56 页。

在法兰克福学派那里，现代社会的"大众"是一群"乌合之众"，是文化工业控制下的主体性"退化的"的人，是"单向度的人"，是被动的受蒙骗者，和文化工业的亦步亦趋的依赖者和奴隶。他们在文化工业面前，是无能为力的，也是自甘沉沦的。他们是文化工业大机器上的一个附件，是一个帮凶，因为他们的非个性化是造成文化工业伪个人化的一个重要因素。这样的"大众"永远不可能成为文化持"股"上的胜利者，"社会永远是胜利者，而个人不过是透过社会而被操纵的玩偶"①。对于这样的"大众"，西班牙哲学家奥尔特加在他的《大众的反叛》一书中更加明确地指出："社会总是由两个构成要素组成的动态整体：少数人和大众。少数人是这样一些个体或个体组成的集团，他们被赋予某种特殊的资格，大众则是没有这样的资格的人群的聚集，大众不能孤立地或主要地理解成'劳动阶级'，大众是平均的人。在这方面，纯粹数量的东西——大量的人——可以被转换成一种量的决定因素：它也变成为一种共同的社会特质，即彼此没有差别的人，却又在他自己身上重复出现的种属类型，把数量转换成特质我们得到了什么呢？简单地说，借助后者，我们理解了前者的起源，通俗地说，大众的一般形成意味着：在那些个体中构成大众的欲望、思想和生活方式方面是别无二致的。"②

本文框架中的"大众"，汲取法兰克福学派的某些思想成果，但倾向于费斯克的界定，是指消费大众文化产品时具有一定的主动性、选择力、创造力并且处于变动不居状态的大量的接受者。他们在数量上占有绝对优势，是一个"量"的概念，也是大众文化得以成为"大众"的文化的前提条件；他们有着许多共同的趣味，这趣味多半与人基本的欲望、情感、生活方式、思想相关；他们有盲从的一面，但同时也具有选择力和创造力，他们用自己的方式来随意处置文化产品，并对其是否属于大众文化进行判决；他们是大众文化产品的忠实消费者，但同时又具有"游牧式的主体性（nomadic subjectivities）"，他们"能够在社会机构的网络间穿梭往来，并根据当下的需要，重新调整自己的社会效忠从属关系，进入不同的大众层理"③。采用这样的"大众"定义，基于两个方面的思考：一是为

---

① 陈学明、吴松、远东：《社会水泥——阿多诺、马尔库塞、本杰明论大众文化》，云南人民出版社1998年版，第53页。

② 赵静云：《谈新词"pop"的构词及其相关的大众文化》，载《四川外语学院学报》2001年第一期，第63～65页。

③ ［美］约翰·费斯克：《理解大众文化》，王晓珏、宋伟杰译，中央编译出版社2001年版，第29～30页。

了避免将大众看成是完全平均的、毫无个性的被动人群，事实已经证明历史上的大众并非完全如此；二是为了避免一味对大众进行美化的民粹主义倾向，大众文化产品的消费者毕竟与精英文本的接受者有着很大的区别，这是谁也无法抹杀的。

3. 大众文本。笔者以为，大众文本的概念须从两个方面去圈定：一是大众的选择；二是文本的特质。而这也正如雷蒙·威廉斯在他的《出版业与大众文化》①一文中曾经对大众文化的"popular"（即"大众的"）的三层意义进行的分析：他认为，"大众的"，首先有"有传统的激进的'为人民'的意义"，中间有"一般化的政治态度和大众喜爱的内容，如犯罪、丑闻、罗曼史和体育运动"等，最后是"一种对习惯趣味和市场的越来越公开的依赖"。将威廉斯的这三层意义归结一下，限定大众文本的路径也大致如上述两个方面。

　　一个文本被指称为大众文本，没有大众的选择与参与是不可能的。popular texts 必须首先"popular"（流行）起来，得到大众的青睐，也就是有"成群的人听它们、买他们、读它们、消费他们，而且似乎也尽情地享受它们"②。但大众并不是"文化傻瓜"或"白屏"，会对所有的文本毫无选择地照单全收，相反，一个文本是否能够得到大众的钟情，却是一件复杂纷繁、风云莫测的事情，否则，目前国内的文化市场就不会那样令人头痛了。大众到底喜欢什么？需要什么？对于自中国建设社会主义市场经济以来仅在商海里"淘"了三十年"金"的文化产业人士来说，这几乎成了一个"天问"。其实，这个天大的问号同样悬在好莱坞人的头顶。他们为了讨得尽可能多的影视观众的欢心，绞尽脑汁，费尽心机。他们一方面研究、揣摩、迎合观众的欲望、情感、趣味，编制最浪漫动人、最惊险恐怖、最残酷惨烈或最戏谑滑稽的故事，制造最英俊、最潇洒或最靓丽、最惹人怜爱的男女明星，绘制最壮观、最优美、最奇异的画面；另一方面又千方百计地对观众进行控制、操纵，用明星、广告、类型片等各种手段把持住观众，使其按照制作者既定的路线进行消费，从而获得巨额而稳定的经济收益。从前一方面看，大众文本的制作者是在"为大众"，从后一方面看，他们又实实在在是在"为私己"，但显然无论是哪一方面，获得

---

① ［英］雷蒙·威廉斯：《出版业和大众文化：历史的透视》，引自吴士余主编《大众文化研究》，上海三联书店 2001 年版，第 107～120 页。

② ［英］斯图亚特·霍尔：《解构"大众"笔记》，引自吴士余主编《大众文化研究》，上海三联书店 2001 年版，第 47 页。

"大众"都是取胜的筹码。

无法否认，好莱坞在获得"大众"方面是最好的行家里手，他们的伎俩已经使得他们走向了全球，好莱坞的影视剧受到了全世界的欢迎，也已经仿佛是一个不言而喻的事实，但好莱坞的成功经验并非放之四海而皆准的真理，就像好莱坞大片并非全都创造了票房奇迹，而"肥皂剧""情景喜剧"的电视剧形式被引渡到中国来，却并没有像在美国一样，作品一播放就是几年、几十年地往下延续。作为居住在"地球村"的动物大家族中的人类，无疑有着共同的人性人情，但每一个国家、地域、民族的大众又都有自己的个性与口味，在这"共性"与"个性"、"全球化"与"本土化"之间，多少人士迷失在其中不知所措。虽然大众在某种程度上是被大众文化产品"创造"出来的，不乏被"操纵"的嫌疑，但大众毕竟是最后的选择者、接受者，其普遍一贯的接受心理与随时变更的当下社会趣味、个人特殊的精神需要之间构成的变数，会使他们常常做出令文本制作者出乎意料乃至"大跌眼镜"的选择和反应。因而，只有被广大的人群所接受的流行一时的文本，才能被称为大众文本。

当然，仅仅以是否受到大众欢迎为衡量标准，就来断定一个文本是否为大众文本，显然是过于简单化了。历史上，许多经典文学、艺术作品也曾经轰动一时，家喻户晓，但由于其文本特质充溢着创新意识或新颖的形式，我们依然不能将其归结为大众文化的文本，如英国大文豪莎士比亚的戏剧作品。还有，前工业社会与"雅"文艺相对立的民众自己原创、反映和满足传统社会下层民众的体验和兴趣的民间文化（folk culture）文本或通俗文艺作品，同样不能算是大众文本。至于我国现当代文艺史上的"大众化"文艺作品，是号召革命的无产阶级"大众文艺"，当它鼓动用大众能够看得懂的通俗语言和形式，去"描写革命的普洛列特利亚特的斗争生活"，而且创作者最好是实际革命斗争的积极参加者，立场是"阶级的，党派的"的时候①，它的非"大众文本"性质已经昭然若揭了。在此，我们逐步明晰，大众文本除了必须得到"大众"的青睐之外，还应该是"大众文化"的，是现代社会文化工业"制作"的结果，是现代社会里大众生活趣味的宣扬，具有大众传播方式所赋予的强烈的煽情化、普适性色彩。它当然很"通俗"，但它的通俗是制作者按照当下的生活需求和已有的文本模式进行合成后的当下叙述，是流行性、时尚性的体现。由此可

---

① 周起应（周扬）：《关于文学大众化》，引自北京师范大学中文系现代文学教学改革小组主编《中国现代文学参考资料》（第一卷上册），高等教育出版社1959年版，第356页。

见，文本的特质在界定大众文本时同样是不可或缺、甚至是至关重要的因素。

在我们努力地为"大众文本"框定一个概念的界线时，还有一个术语在不断地虚晃着它的触角混淆着我们的视线，这个术语就是"文化工业产品"。用"文化工业产品"来指代大众文化的文本，是法兰克福学派代表人物阿多诺和霍克海默的发明。阿多诺在《文化工业再思考》一文中说，"在《启蒙辩证法》的草稿中，我们使用的是'大众文化'（mass culture）的说法，但我们后来用'文化工业'一词取代了它，为的是从一开始就排除大众文化的倡导者的如下解释：大众文化是一种自发地从大众（mass）中生产出来的文化，是流行文化（popular culture）的当代形式。文化工业必须与大众文化严格区分开来。文化工业在陈旧的、为人所熟知的东西中注入了一种新的性质。在文化工业的各个分支中，特意为大众的消费而制作的、在很大程度上决定了消费的性质的那些产品，或多或少是按计划炮制的。而各个分支之间在结构上都是相似的，或者至少是相互适应的，这使它们把自己组织成了一个几乎天衣无缝的系统。这种情形之所以可能出现，是借助了当代的技术能力与经济、行政的集中。"① 显然，阿多诺和霍克海默对"文化工业"和"大众文化"的严格区分，昭示了他们对文化工业产品的定位，即"特意为大众的消费而制作的、在很大程度上决定了消费的性质的那些产品"，而这样的产品，最大的特性是标准化和伪个人性。这也就是说，流行音乐作品（包括所有的文化工业产品）表面上看起来，似乎都有一种个性的气息，歌词各有侧重，旋律千奇百怪，风格多种多样，形象包装也追求新奇。然而，在这种个性化背后掩盖着的恰恰是标准化的制作，是老掉牙的情感套路，是一样的青春偶像和相同的时尚前卫。不可否认，阿多诺等法兰克福学派的学者们确实敏锐地捕捉到了文化工业产品最为重要的产业性特征，"标准化"至今仍然是大众文化批评的重要概念，他们的理论建树至今也还是许多国家的许多学者用来批判大众文化的重要思想武器。然而，同样不可否认的是，由于阿多诺们是站在精英知识分子立场，居高临下地对文化工业做出描述、判断，他们的评价难以平等的视角来历史地审视文化工业产品，由此引发的对于文化工业产品的艺术性层面的遮蔽也就可想而知了。而在我们的视线中，大众文本不仅有其标准化、模式化的一面，而且也有其个性化、创新性的一面，只不

---

① W. Adorno, Culture Industry Reconsidered, New German Critique 6, Fall, 1975.

过创新性、个性化因素居于次属位置而已。因此，阿多诺意义上的"文化工业产品"，同样不是我们所指称的"大众文本"。

至此，我们终于可以给"大众文本"下一个较为妥帖的定义了，那就是：大众文本是现代社会文化产业生产出来、拥有大批量消费者并兼备标准化与创新性特点的文本。这样的文本，不仅会以大众文学作品的面貌现身于世，也会以影视剧、流行歌曲、街头舞蹈、广告、时装等形式粉墨登场。按照费斯克的界定，它不是"大众文化"的本体，而是导致大众文化产生的"资源"。因为"大众文化是大众创造的"，而大众文本只是"体制"提供的"文化或物质意义上的商品"，大众正是在这种商品与日常生活的交界面上创造出了大众文化。

二、大众文本：一个负面的标签

如上所述，大众文化研究的历史自一开始就穿行在 mass culture、culture industry 和 popular culture 等语词、概念的丛林中，饱受争议。批判者有之，褒扬者有之，然而，无论是批判者还是褒扬者，在对待大众文本的态度上却是惊人的一致。批判者如霍克海默、阿多诺等，在愤激地指称大众文化是"作为大众欺骗的启蒙"的"文化工业"时，认为"标准化"与"伪个人性"是流行音乐等大众文本的唯一特点："美国流行音乐在内容上，只是重复熟知的主题的有限范围，赞美母亲或家庭欢乐的歌曲，胡闹和追求新奇的歌曲，佯装的儿童歌曲或对失去女友悲伤的歌曲。另一方面，流行音乐节奏的结构也被严格地、加以标准地统制，而不允许有什么变化；即使有点小小变化，其目的不过是为了力图隐瞒实质上千篇一律的缺点"，"不管怎样，正是节拍与和声是流行歌曲的基石，即它的各个部分的首尾一致必须效仿一种标准的模式，这加强了最基本的结构而不论其中也许会发生什么偏离。……没有任何真正新的东西被允许闯入，只有有意的效果——向千篇一律的作品加一些风味而又不会对千篇一律有所威胁"，并由此认为，"歌曲的'标准化'透过群众的收听活动而把其顾客安排在预先的队列中，而'假个体主义'则使顾客一方面忘记他们自己所听的恰恰是他们收听过的和预先消化过的；另一方面又使听众任其摆布"。① 而

---

① 陈学明、吴松、远东：《社会水泥——阿多诺、马尔库塞、本杰明论大众文化》，云南人民出版社 1998 年版，第 55 页、第 56 页。

褒扬者如费斯克等，也认为大众虽然是有"辨识力"的大众，但"大众的辨识力并不作用在文本之间或者文本内部的文本特质层面上，而是旨在识别和筛选文本与日常生活之间相关的切入点"①。大众在随意进出大众文本、利用文本资源进行自我目的的意义生产时，文本自身是"贫困""过度"与"浅白"的："大众文本是被使用、被消费、被弃置的，因为其功能在于，它们是使意义和快感在社会中加以流通的中介；作为对象本身，它们是贫乏的"②。虽然他已经意识到了文本的复杂性，但他认为"大众文本的复杂性既在于它的使用方式，也在于它的内在结构。文本意义所赖以存在的复杂密集的关系网，是社会的而不是文本的，是由读者而不是文本作者创造出来的"③。其实，这就是大众文本在大众文化批评视阈中几乎是众口一致的基本定位。

大众文本的理论定位，当然与研究者衡量大众文本的批评尺度有着直接的关系。想当年，当马修·阿诺德在 1869 年出版的《文化与无政府状态》中将文化界定为世界上"所思所言的最好的东西"时，少数人拥有的精英"文化"就已经与"无政府状态"的工人阶级文化走到了对立面。而 1930 年利维斯在其著作《大众文明与少数人文化》中，更是发扬了阿诺德的思想。在他的眼里，工业革命将完整的英国文化一分为二，分割为特别体现在英国文学的"伟大传统"里面的"少数人文化"和体现在商业化的低劣的大众文化中的"大众文明"，二者截然对立。利维斯还呼吁"少数人"行动起来抵制泛滥成灾的大众文化。这种大众文化批判中的利维斯主义，在相当长的一段时间里影响着人们对大众文化的认识，即大众文化是与高雅文化相对立的"低等文化"。这种认识不仅为利维斯一样的专业知识人士所拥有，甚至波及大众，成为一种大众文化意识形态。洪美恩在她的《〈豪门恩怨〉与大众文化意识形态》的著名论文中，就分析了一种曾经盛行于欧洲的大众文化意识形态（其核心就是认为大众文化是"坏东西"）如何垄断着人们对于大众文化的判断的现象。她指出，这种垄断，"提供一系列现成的观念，就像过去那样，这些观念听起来是不言自明的，无须保留，无须犹豫，即可投入使用。大众文化意识形态的垄断

---

① ［美］约翰·费斯克：《理解大众文化》，王晓珏、宋伟杰译，中央编译出版社 2001 年版，第 156 页。
② ［美］约翰·费斯克：《理解大众文化》，王晓珏、宋伟杰译，中央编译出版社 2001 年版，第 149 页。
③ ［美］约翰·费斯克：《理解大众文化》，王晓珏、宋伟杰译，中央编译出版社 2001 年版，第 148 页。

甚至覆盖到日常生活思考的共通感：对于普通百姓来说，它同样似是提供了一个可信的阐释框架，以判断《豪门恩怨》这类文化形式"①。这种大众文化意识形态不可避免地会给大众文本"贴上一个负面的标签"，而针对这样一种"坏"的大众文本，利维斯主义认为是不屑于同时也是无法进行"新批评"式的文本"细读"的。显然，在此利维斯主义所持就的是一种道道地地的精英主义立场、视角和评价尺度。在这种居高临下的立场、视角和批评标准下，大众文本的命运无疑不可能不被边缘化、被"丑"化。

用精英主义尺度审视大众文化的批评方式，在西方大众文化研究中几乎是代代相传，阿多诺、洛文塔尔是如此，威廉姆斯、霍尔是如此，费斯克和弗雷德里克·詹姆逊同样如此。这种批评传统当然也影响到了中国。试想20世纪90年代中国大众文化崛起时，那种抨击其标准化、模式化、伪个性、平面化的斥责之声不绝于耳的情形至今依然历历在目。"模式化、批量化、标准化、通用化的生产方式恰恰是与文化品位、个性、风格格格不入的，而后者恰恰是文化的魅力之所在。当一部电视剧让人看了前事便能猜出后事如何的时候，当一部小说所描写的人物让人轻易与同类小说中的人物相互混淆的时候，便不难看出，这种复制特点所导致的恰恰是文化品位、个性和风格的严重失落。"② 这里所批判的"复制特点"正是大众文本的标准化、模式化品性。不仅坚守传统的学者是如此，即使是国内一些正在研究大众文化的学者，也往往是一方面对大众文本大加议论，另一方面却随时不忘流露出自己对大众文本的"厌食"感。

在这种理论环境下，大众文本是很难得到公正的评价的。因此，无论是在国外还是在国内，一些大众文本作者总是难入文化主流，而其作品更是屡遭冷落或非议。如韩国的畅销小说作家金河仁、金浩植、吴水娟等，尽管他们的畅销作品《菊花香》《我的野蛮女友》《蓝色生死恋》等创下了相当高的阅读纪录，而且被改编成电影，创造了一流的电影票房，进而走出国门，征服了包括中国在内的许多国家的市场。但他们仍然被正统作家们视为"大众文学作家"，不仅文学批评界对他们的作品几乎不做任何评论，甚至有的作家长时间内不被韩国文人协会和韩国小说家协会接纳。中国又何尝不是如此呢？这里且不说国内老一代评论家对流行文艺作品采

---

① ［澳］洪美恩：《〈豪门恩怨〉与大众文化意识形态》，引自吴士余主编：《大众文化研究》，上海三联书店2001年版，第184页。

② 姚文放：《大众审美文化的复制性》，载《天津社会科学》1995年第2期。

取的一贯的鄙夷态度，也不说"人文精神"论者对"痞子文学"的激愤批判，只论现今国内大大小小的娱乐与理论期刊和网络上对影视剧、通俗文学、流行音乐的"模式""套路""招数"等进行的总结上，就颇带嘲讽、讥刺的意味。因而，琼瑶、周星驰、王国真以及众多网络小说作者等大众文本作家所遭受的轻视也就毫无稀奇可言了。

这其中，金庸似乎是一个例外，他及其武侠小说在20世纪90年代以来的国内理论界人气飙升，不仅赢得了内地一流大学著名教授的青睐，予以连篇累牍的著述与研究，而且还被誉为"二十世纪中国文学大师"，并直送到学术殿堂的博士生导师的宝座。这个"例外"难道显示着大众文本在中国已经被"刮目相看"和"平等对待"了吗？当然不是，当我们仔细阅读严家炎先生的《金庸小说论稿》、陈墨先生的《金庸小说艺术论》，以及王一川先生等遴选"二十世纪中国文学大师"的标准时，就可以明显感觉到，中国的大众文本分析，基本沿用的还是精英文本的批评模式，即对大众文本做主题意义、情节艺术、情感表现、现代性、传统性或历史地位、雅俗共赏等"经典"式解读。我们不能说这种解读是错误的，但至少它是错位的，错就错在这种批评方式是在拿一种完全不适合大众文本的分析方法来分析大众文本，结果将大众文本的真正本质给忽略不计或遮蔽了，从而并没有揭示出大众心目中的大众文本的真实面目，所以在"例外"的背后仍然是对大众文本的漠然视之，是一如既往的批评视角。

大众文本，难道真的如麦克唐纳所说："电影获得了什么？它们变得更复杂了，表演更精巧，布景趣味更高。但是，它们也成了标准化的……他们是更好的消遣，却是更糟的艺术"？[1] 或者如费斯克所说："大众文本是被使用、被消费、被弃置的，因为其功能在于，它们是使意义和快感在社会中加以流通的中介；作为对象本身，它们是贫乏的"？我们不相信看待事物只有一个角度，价值评估只有一种结论，而当什么都整齐划一的时候，也许问题就出现在这里。因此，我们就非常有必要对大众文本本身作一番认真而细致的探究。

三、文本规范的历史生成与理论呼唤

大众文本的历史，虽比不上精英文本那样悠久，但也已有了上百年的

---

① MacDonald, D, A theory of mass culture, Mass Culture, Glencoe, Free Press, 1957, pp. 64 – 65.

风雨历程。在英美，通常认为大众文本中的重要类型——言情小说的诞生，可追溯到18世纪中期英国小说家塞缪尔·理查逊的《帕米拉》和《克拉里莎》；恐怖小说类型起源于18世纪末流行于欧洲的哥特式小说，19世纪为其早期发展阶段；侦探小说之父（同时也是恐怖小说、推理小说的鼻祖）爱伦·坡最著名的作品《毛格街的谋杀案》《玛丽·罗杰之谜》《被盗的信》，主要创作完成于1844年与1843年两年。西方大众文学产生与发展的历时长短，由此可见一斑。而我国武侠小说发生的历史更为久远，早在宋元时期文学中就有所谓"豪侠类"与"朴刀杆棒"体文类的存在，明清两朝的"侠义小说"或曰"奇侠小说"如《三侠五义》等作品，更是从此开创了所谓旧派武侠小说的繁盛局面；我国言情小说的起源也可上溯至元杂剧及明清时期的《金瓶梅》《红楼梦》等作品，历时之长同样可观。至于作为大众文本的电影的诞生，只有一百余年，但电影发展的步伐之快，正如《中国大百科全书·电影卷》所指出的那样，其五年相当于其他艺术门类发展的十年，这种速度显然令任何文类都相形见绌；还有最年轻的电视艺术，它的诞生虽然更为晚近，但它的发展相较电影，更是有过之而无不及，甚至连风头正盛的电影业饱受其冲击，因而它的前行恐怕更为神速，所能换算出的历史长度恐怕也不会短暂。时间的长短，虽然不能说明什么实质性问题，但起码有一点能够证明，即大众文本有足够的时间去成长、壮大，去累积属于自身的历史与文化积淀。

事实上也正是如此。大众文本在上百年的历史发展中，取得了巨大的发展成就，创造了无数杰出的作品。在英美，塞缪尔·理查逊的《帕米拉》、夏洛特·扬的《雷德克利夫的继承人》、玛丽·布拉登的《奥德利夫人的秘密》、芭芭拉·卡特兰的《甜蜜的惩罚》、达芙妮·杜·莫里埃的《丽贝卡》、玛格丽特·米切儿的《飘》、菲利斯·惠特尼的《黑色琥珀》等言情小说精品；爱伦·坡的《毛格街的谋杀案》、威廉·柯林斯的《月亮宝石》、柯南·道尔的《福尔摩斯历险记》《巴斯克维尔的猎犬》、阿加莎·克里斯蒂的《东方快车谋杀案》《尼罗河惨案》、约翰·巴肯的《39级台阶》、伊恩·弗莱明的"007"系列小说等侦探、间谍小说的经典之作；玛丽·雪莱的《弗兰肯斯坦》、罗伯特·斯蒂文森的《化身博士》、儒勒·凡尔纳的《80天环游地球》《海底两万里》、埃德加·巴勒斯的《人猿泰山》、鲁埃尔·托尔金的《指环王》、艾拉·莱文的《罗斯玛丽的孩子》等科幻恐怖小说的代表之作；以及《火车大劫案》《一个国家的诞生》《卡里加里博士》《淘金记》《小凯撒》《关山飞渡》《乱世佳人》《雨中曲》《邦尼和克莱德》《教父》《克莱默夫妇》《星球大战》《辛德勒的名单》《泰坦尼克号》《阿凡达》等各种类型的杰出影片，以及《我爱露茜》《豪门恩怨》《总医院》《西蒙和西蒙》《洛杉矶的法律故事》《纽约警察局的故事》《兄弟连》《我们生命中的日子》《成长的烦恼》等经典电视剧等等，共同营造了一个星光璀璨、繁华似锦、盛极无比的大众文本的天空。

在我国及东亚、东南亚地区，吴趼人的《恨海》、徐枕亚的《玉梨魂》、张资平的《北极圈里的王国》、张恨水的《金粉世家》《啼笑姻缘》、秦瘦鸥的《秋海棠》、苏青的《结婚十年》、徐圩的《风萧萧》、琼瑶的《几度夕阳红》《窗外》、亦舒的《我的前半生》等言情小说的代表作；平江不肖生的《江湖奇侠传》、顾明道《荒江女侠》、还珠楼主的《蜀山剑侠传》、金庸的《射雕英雄传》《天龙八部》、古龙的《多情剑客无情剑》《天涯·明月·刀》、梁羽生的《白发魔女传》《萍踪侠影录》、萧逸的《甘十九妹》《马鸣风萧萧》等杰出武侠小说；《木兰从军》《火烧红莲寺》《龙门客栈》《精武门》《醉拳》《黄飞鸿》《双旗镇刀客》《卧虎藏龙》《花样年华》《我的野蛮女友》《英雄》《集结号》等优秀电影作品；《霍元甲》《射雕英雄传》（港版）、《上海滩》《萍踪侠影录》《义不容情》《四世同堂》《红楼梦》《围城》《三国演义》《渴望》《北京人在纽约》《爱情是什么》《雍正王朝》《铁齿铜牙纪晓岚》《潜伏》等电视剧精品，同样也搭建起了一个万众瞩目、流光溢彩、蓬勃兴旺的大众文本的大舞台。

而且，更重要的是，这些优秀的大众文本已经在创作中自然而然地形成了许多反复发生的、固定的而且是显而易见的元素或惯例，这些元素与惯例构成了大众文本的基本创作程式，以及各种各样的文本类型。美国学者伯格曾经对一些通俗文化样式（即本文所谓的大众文本的类型）中的一些元素与惯例即传统手法列过一个表格，如表 0 - 1 所示①。

表 0 - 1　　　　　　通俗文化样式中的传统手法

	西部	侦探	间谍	科幻
时间	19 世纪	现在	现在	将来
地点	美国西部	城市	世界	太空

---

① ［美］伯格：《通俗文化、媒介和日程生活中的叙事》，姚媛译，南京大学出版社 2000 年版，第 127 页。

续表

	西部	侦探	间谍	科幻
男主人公	牛仔	侦探	特工	太空人
女主人公	乡村教师	少女	间谍	太空姑娘
坏人	逃犯	杀手	潜伏间谍	外星人
情节	重建法律与秩序	寻找杀手	寻找潜伏间谍	驱逐外星人
主题	正义	找到杀手	拯救自由	拯救世界
服装	牛仔帽	雨衣	西装	高科技服装
运动方式	马	破旧汽车	双座敞篷运动汽车	宇宙飞船
武器	六响枪	手枪和拳头	带消音器的手枪	激光枪

这些通俗文化样式中不断重复出现的传统手法，相应地又构成了这些通俗文化样式的公式。伯格曾经在表格中所列传统手法的基础上描述了侦探小说的三种公式：

1. 经典公式利用像夏洛克·福尔摩斯和埃居·波洛这样的主人公，他们并非警察，但由于头脑聪明而为警察所用。他们通常是"顾问"侦探，极少冒险，也极少与女人有染。

2. 硬汉公式描绘像萨姆·斯佩德和迈克·哈默这样的主人公，他们是私人调查员，与警察有着矛盾的关系。他们常常与女人有染，也经常深处危险之中（愤世嫉俗者也许会说女人与危险结伴而行）。

3. 程序公式有像迪克·特雷西这样的主人公，他们是警察，利用警察部门的资源（实验室等）追踪罪犯。①

应该说，这种由一些反复发生的、固定的而且是显而易见的元素或惯例来构成某种大众文本样式因因相袭的创作程式的现象，几乎已是大众文本创作中一个普遍的规律，或一种基本的创作法则。因而，凡是进入大众文本研究的人，首先莫不是总结文本的公式或模式。如言情小说的研究者就曾经指出过其研究对象最经常出现的三种情节模式："1. 自强不息式。女主人公或为寡妇或为贞女遭遇不幸，失去了原有的财富和幸福。但自强不息，历尽磨难，终于追回了失去的一切。2. 自我牺牲式。女主人为了丈夫和孩子，放弃了个人的一切，如理想的恋人、成功的机会等。3. 悲

---

① ［美］伯格：《通俗文化、媒介和日程生活中的叙事》，姚媛译，南京大学出版社 2000 年版，第 127～128 页。

剧受难式。多描述误入歧途的丈夫、变心的情人、分崩离析的家庭、使人绝望的疾病给女主人公带来的伤害。"① 而关于美国西部片的创作程式的研究与描述就更加多了。据本文作者的翻阅，仅知名的专门性著述就有罗伯特·沃肖的论文《电影记事：美国西部人》、安德烈·巴赞的评论《论西部片》、吉姆·基特西斯的著作《西部见地》或译为《西方地平线》、约翰·卡维尔蒂的著作《六响枪的奥秘》、威尔·赖特的著作《六响枪与社会：西部片的结构研究》等。由此可见，大众文本的程式的确存在，而且久经考验，相对固定，得到了广泛的承认。美国学者安·图德说，"这些程式受到广泛承认的最好的证明就是它们在那些依赖它们而存在的影片中随处可见"。②

除了文本的程式化，大众文本还在其生产过程、传播、发行与接受实践等方面，都形成了其一整套规范化的发生、构成与运作方式。如在生产过程中，好莱坞的大制片厂制度中的制片人制度、明星制、院线制等，已经构成了一整套直接决定着其电影产品性质的"体制"，而这个"体制"的核心原则就是"观众／票房原则"。也就是说，好莱坞所有影片的制作或创作都必须迎合观众的美学趣味和道德信念，必须取得商业上的成功。否则，就犯下了好莱坞不可饶恕的罪过：票房失败。因而，在这种"体制"下，制片厂对影片从策划、生产、发行乃至放映的各个环节进行全面控制。而每一部影片的具体控制者，就是从经济角度负责监督影片从故事选择到拍摄直至剪辑的整个生产流程的制片人。影片生产过程中的各个阶段性主管，如编剧阶段的主管编剧，拍摄阶段的主管导演，剪辑阶段的主管剪辑师等，都要对制片人负责。这种集成式的生产体制，一方面，通过制片人——这个观众间接的代表或者说是发行商和放映商的代表，显示了观众的价值观、情感或商业利益在影片制作原则中的至高无上；另一方面又"直接带来了影片各个环节的程序化生产：从构思阶段，到筹备阶段，投产拍摄，剪辑完成直至市场经营都实现了标准程序化"③。好莱坞电影体制的核心原则与标准程序化生产，造就了其电影的工业化生产体系，而这个体系早在20世纪30年代就得以确立，之后被不断发展，早已经完备无比。虽然在六七十年代时曾经遭遇过"新好莱坞"电影运动的冲击，但

① 王晶：《西方通俗小说：类型与价值》，云南人民出版社2002年版，第47页。
② ［美］安·图德：《类型与批评的方法论》，引自比尔·尼科尔斯主编：《电影与方法》第一卷，加州大学出版社1976年版。
③ 陆川：《体制中的作者——新好莱坞背景下的科波拉研究（上）》，载《北京电影学报》1998年第3期，第75～103页。

"新好莱坞"并没有能够动摇这个庞大的、早已根深蒂固的工业化体系，相反，却使之更为加强了自我调节以适应新的时代、新的观众群体的能力，具有了更强大、更机智的能产性。由此好莱坞也就成为了全球高度产业化和最为发达的文化企业群落。

也许有人会说，好莱坞电影的产业化运作模式，只是大众文本生产中一个极端的个案，在全球任何一个地方，都很难找出第二个这样的文化产业帝国。的确，好莱坞"体制"的健全、体系的完备、规模的超大化，无与伦比，但其大众文本生产的方式，却具有普遍性。即好莱坞电影生产中的程序化、标准化、观众/票房原则，以及制片人制度、明星制度等，已经遍地开花，在任何国家的任何大众文化产品生产中都能够见到，而且蔚然成风。中国香港地区、中国台湾地区、日本、韩国等已经较为发达国家和地区的大众文本的生产是如此，中国大陆文化产业中的大众文化产品生产也是如此。王朔的"调侃"风格的影视剧、海岩的"爱情＋侦破"叙事模式与赵宝钢的唯美煽情的导演风格组合起来的电视剧文本结构，冯小刚的"贺岁片"类型，以及张艺谋电影《英雄》体现出来的明星、娱乐路线，已经打造出了文化市场上的著名品牌；还有赵薇、章子怡、周迅、徐静蕾、陆毅、范冰冰等国内影视明星的大红大紫……受这种种文化"风气"的影响，出版界甚至早在 21 世纪初就开始有了筹划打造"类型小说工厂"的想法，意欲募集一批有潜质的流行小说作者，培植由言情小说、武侠小说、侦探小说、推理小说、科幻小说、恐怖小说、商战小说等构成的畅销书市场。从这些举措和现象中，不难看出，好莱坞式的大众文化产品的生产与商业运作方式，已经成为大众文本的普遍生产现实。

显而易见，大众文本这种上百年来的巨大创作成就，及其在实践中形成的、在实际操作中广泛存在的一整套规范化的生产、构成与运作方式，已经宛若一座大山，矗立在全球文化的前沿，占据了国际文化发展的主航道。面对这座大山的巍峨之势，理论界想要回避，不仅已然不可能，而且还会阻碍理论本身的发展。因为在今天，理论界一贯专注的精英文本，也已经发生了变化。它们在一如既往地表达作者的"自我"追索与艺术个性的同时，有许多作品也表现出了浓郁的大众化或通俗化色彩与倾向。或者说，以往界限分明的精英文本、大众文本的分野，已经变得模糊不清，呈现合流之趋向。詹姆逊认为，这是后工业社会文化的特性，"到了后现代主义阶段，文化已经完全大众化了，高雅文化与通俗文化、纯文学与通俗文学的距离正在消失，商品化进入文化意味着艺术作品正在成为商品……

商业化的逻辑已经影响到人们的思维。总之，后现代主义文化已经从过去那种特定的'文化圈层'中扩张出来，进入人们的日常生活，成为消费品"①。而其实，"后现代主义文化作为一种文化倾向，其影响的范围远远超过后工业社会，它与其他国家（包括前工业社会的国家）在向发达的市场化进军的过程中出现的一些文化趋势相互呼应，形成全球性的后现代主义的文化思潮。20 世纪 90 年代后中国文化的变化明显受到这股后现代主义文化的影响"②。因此，在世界上的许多地方，只专注于精英文本的批评与理论研究，已经很难与社会文化现实之间建立起积极有效的联系，也很难实现自身更大的理论突破。因此，一方面，理论界（尤其是我国的理论界）对大众文化及大众文本较少予以细致而深入的理论关注与总结，从而导致自身的理论逼仄；另一方面，高度发达、影响日甚的大众文本、文化的创作、生产及其各种体制性、商业化运作的实践，已经向理论研究提出了严正的挑战与要求。对实践进行经验总结和理论概括，建立与大众文本相适应的大众文本、文化的理论生长，已经成为当下时代的急切呼唤，成为理论研究走向生活、走向现实的突破口。

从某种意义来说，一个全球性的大众文本与文化的理论研究时代已经到来，我们因无法逃避而必须应对它。欧美的理论界早已迈出了他们的步伐，短短几十年间涌现出了大量的研究著述和各种各样的观点；我们的理论"跟进"也是势所必然。当然，"跟进"不是步欧美理论后尘，亦步亦趋。各个国家、各个民族的大众文本与文化研究都应是特色研究，符合其国家与民族大众文化与文本现实的研究。这样的理论研究在国内也一定会很快发展起来，并不断完善。

---

① ［美］弗雷德里克·杰姆逊：《后现代主义和文化理论》，唐小兵译，北京大学出版社1997 年版，第 162 页。
② 陈刚：《大众文化与当代乌托邦》，作家出版社 1996 年版，第 40 页。

第一部分　大众文本：一种配方式媒介

美国学者荷拉斯·纽肯莫曾经指出，包含了各种不同节目的电视是一种"配方式媒介"，"成功的电视配方被广为摹仿——能够存在下来的配方一定都是广有观众的"。[①] 这里的"配方"，其实就是对包括电视节目在内的大众文本中普遍存在的各种程式的形象化指称。程式或曰配方，显然是大众文本无法摆脱的胎记和普遍存在的叙事特点，是大众文本的核心要素，而拥有程式或配方的大众文本，可以说是一种配方式文本。当然，大众文本不是电视、广播、报纸等大众传播媒介，但其程式却是"传达一系列特定的心态和某种特定美学效果的被确认的媒介"[②]。因而，根据大众文本的这种叙事和表意特点，我们把大众文本定义为一种配方式媒介。而我们对大众文本作为配方式媒介的分析，也就从"程式"及其所具有的表意"媒介"作用开始。

---

　　① 徐贲：《走向后现代与后殖民》，中国社会科学出版社1996年版，第304页。
　　② ［美］T. 贝沃特、T. 索布夏克：《类型批评法：程式电影分析》，载《世界电影》1997年第1期。

第一章

程式：大众文本的核心理论范畴

在国内外有关大众文化和大众文本的研究中，"程式"是出现得最频繁的一个词语。它有时跟"模式""套路"等交互使用，并且与"类型"紧紧捆绑在一起。不管这些研究者们在使用这些词汇时是褒是贬，起码说明一个问题，即"程式"的确是大众文化研究中不可回避且无法绕过的基本问题。大众文化的程式，无疑是由大众文本直接体现出来的，而大众文本也正因此而蒙受了无数的诟病，一切的批评、指责和鄙夷莫不与此相关。可见，我们研究大众文本，首先应该回答的，便是这个横亘在大众文化探索之路入口处的"斯芬克斯"之问——"程式"问题。不仅如此，在连篇累牍的大众文化研究著述中，美国著名大众文化学者、肯塔基大学教授考维尔蒂①指出，出现了四个广泛使用的概念："文化主题分析""媒介概念""神话概念""程式概念"，而其中"最有发展前途的"、最重要的普遍概念是"程式"。② 这也是我们首先选择"程式"作为探讨论题的原因之一。

"程式"，是一个在古今中外文艺、文化史上屡见不鲜的概念。在我国，戏曲被认为是最典型的程式化艺术，它们"在文学、表演、音乐、唱腔、锣鼓、化妆、脸谱等各方面，通过无数艺人的长期舞台实践，构成了一套互相制约、相得益彰的格律化和规范化的程式。它们作为创造舞台形象的艺术手段是十分丰富的，而用法又是十分严格的。"③ 其实，不仅是中国的戏曲，中国的章回小说、山水画，欧洲的骑士文学、古典主义戏

---

① 美国著名大众文化研究学者 John G. Cawelti 的姓名，国内有时翻译为"考维尔蒂"，有时又译为"卡维尔蒂"。为了明确与统一，本书一律采用译名"考维尔蒂"。

② ［美］J. G. 考维尔蒂：《通俗文学研究中的"程式"概念》，引自周宪、罗务恒、戴耘主编《当代西方艺术文化学》，北京大学出版社 1988 年版，第 425 页。

③ 中国大百科全书出版社编辑部主编：《中国大百科全书·戏曲、曲艺》，中国大百科全书出版社 1983 年版，第 163 页。

剧、十四行诗等，以及各个国家、民族的神话、民间文艺等，内中"程式"的影踪，都触目即是。程式作为一种对已成规矩的准则、标准或规范的坚守，在某种程度上可以说体现在人类的一切物质、文化、社会活动中，所谓"没有规矩，不成方圆"，正是这种活动规律的写照。正因如此，人们对于"程式"的关注与理论研究也就由来已久。早在古希腊罗马时期亚里士多德就开始在《诗学》中论述古典戏剧的结构程式，后来，20世纪的原型批评、结构主义和后结构主义批评也无不是围绕着程式展开。当然，这些理论批评中的程式内涵与大众文本的程式概念还是有所不同的。

一、大 众 文 本 的 程 式

程式，在英语中被写作"formula"或"pattern"，翻译成汉语时，有时也混同于"模式"或"套路"。美国学者考维尔蒂认为，"程式"是与"形式"密切联系、相互对峙的两个概念，其中"程式是构造文化产品的传统体系"，而"形式是作品结构的新创体系"，它们共同构成了一个在"程式"与"形式"两极间的连续统一体。也就是说，所有的文本都处于由"程式"与"形式"这两个极点所连接的中轴线上，"程式"一极是"传统因素的传统化构造"的程式化文本，即大众文本，它由于因袭传统"提供的是众所周知的形象与意义，它们维护的是价值的连续性"；而"形式"一极是"对新创东西做完全创造性安排"的创新性文本，即精英文本，它"呈现给我们的则是我们先前未曾认识到的新的概念或意义"①。考维尔蒂举例说，最靠近"程式"一极的大众文本如"孤独的冒险家"或者"人猿泰山"的故事，而"形式"一极的精英文本则如乔伊斯的小说《为芬内根守灵》、雷斯内的电影《去年在马里昂巴》、艾略特的诗歌《荒原》及贝克特的戏剧《等待戈多》等。正是在与精英文本的"形式"进行比照的分析中，考维尔蒂界定了他关于大众文本"程式"的概念，即"程式"是一种传统因素的传统化改造。

虽然考维尔蒂在描述"程式"与"形式"之间的区别时强调指出，"形式与我在本文使用的程式之间的区别，与其说是性质上的，还不如说

---

① ［美］J. G. 考维尔蒂：《通俗文学研究中的"程式"概念》，引自周宪、罗务恒、戴耘主编：《当代西方艺术文化学》，北京大学出版社1988年版，第429页。

仅是描述上的。尽管可能有不少理由使人相信，一部更具形式的作品也许要伟大得多，但我们仍应在通俗文化（作者注：此处所言"通俗文化"即大众文化）的研究中避免这种轻率的结论。在把形式与程式相区分时，我们所力图加以处理的是作品与其文化之间的关系，而不是作品与艺术特质之间的关系"，也感觉到"在判断程式时是否另需一套与程式化作品相对的美学标准，这是一个重要的和有趣的问题，不过却需要另作思考"①，但他在界定程式时主要考虑的是大众文本的"因袭"的一面，却是毋庸置疑的。我们以为，因袭只是程式的习见意义，或者说，只是传统认识框架里大众文本程式的一个主要面孔，它忽视了大众文本时常会有的另一副表情，即变化、出新的表情。这个表情也许出现的频率要远远少于因袭，但却是不可忽视的一个重要组成部分，一个制衡因素。没有了这个部分，大众文本的程式就会失去半壁江山，失去内在的平衡，丧失活力。因此，本书不同意考维尔蒂在下断语"大多数艺术作品都包含着因袭因素与创新因素"时，将大众文本剔除在他的"大多数艺术作品"之外，而主要是指荷马与莎士比亚等创作的那种"既有因袭的一面又有天才创新的一面"的经典作品的观点，笔者认为大众文本的"程式"与精英文本的"形式"同样都是一个由因袭与创新所构成的复合体概念，它们之间的区别，只在于因袭与创新的分成比例。即"程式"中的因袭成分多于创新，而"形式"中的创新比例大于因袭。

　　关于"程式"与"形式"的关系，我们用一个图形（图 1 - 1）来加以说明，并且将考维尔蒂的论述也绘成图形（图 1 - 2），以便对二者进行比较。

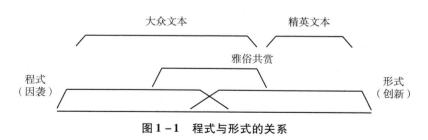

图 1 - 1　程式与形式的关系

　　①　［美］J. G. 考维尔蒂：《通俗文学研究中的"程式"概念》，引自周宪、罗务恒、戴耘主编：《当代西方艺术文化学》，北京大学出版社 1988 年版，第 430 页。

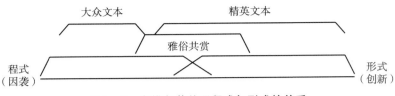

图 1-2　考维尔蒂关于程式与形式的关系

从图 1-1、图 1-2 中，我们可以看到的内容有：

第一，两个图示中的"因袭"与"创新"，都分居轴线的两个极点，在两极之间存在着一个广阔的"中间地带"，而这个"中间地带"意味着无以尽数的艺术可能性。所不同的是，图 1-2 中的"因袭"与"程式"、"创新"与"形式"同义，图 1-1 中的"因袭"与"程式""创新"与"形式"之间则不能等同。在一定的意义上，"程式"大于"因袭"，是增加了创新因子的"因袭"；同样，"形式"大于"创新"，是融合了因袭成分的"创新"。

第二，大众文本与精英文本同时并存于这个"中间地带"，也就表示着它们同时拥有因袭与创新的双重因子。但明显存在的区别是，图 1-2 中的精英文本的领地要大得多，它囊括了绝大多数具有创新成分和创新主体的文本，只给大众文本留下了一个接近纯粹因袭的文本空间；而图 1-1 则恰好相反，只给精英文本划定了一个几乎是纯粹创新的文本领地，而余下的大部分文本空间都归属于大众文本。也就是说，只要存在着较多程式因素的文本，就都是大众文本。

第三，大众文本与精英文本在兼备因袭与创新因子时在文本构成上有所不同。在大众文本中，因袭是高高在上的主宰者、统治者，而创新居于次要、边缘位置；在精英文本中，创新是压倒一切的"达摩克利斯剑"，因袭则尽可能地被挤压到细瘦弱小、似有若无的状态。可见，因袭，之于大众文本，是本体，之于精英文本，则是达成人们理解的基础和手段；而创新，之于精英文本，是主体，之于大众文本，则是赢得更多观众的创作策略。所以，为了区别起见，我们有时把大众文本的创新称作"出新"，"出新"与"创新"是不同的，这一点我们在以后的论述内容中会专门谈到。

第四，雅俗共赏的文本横跨在程式与形式文本之间，处于因袭与创新轴线的居中位置。雅俗共赏的文本，是俗到"雅"处的文本，它因巧妙、均衡地处理了因袭与创新之间的关系，使得文本既有接受者所熟悉的传统因素，又能给人以一定的出乎意料之感，而深得大多数或雅或俗的接受者的喜爱。这样的文本常常既可以被归结为大众文本的精品，又可以被看作是精英文本，因此才有图1-2将之归结为精英文本、图1-1将其划定为大众文本的分歧发生。虽然图1-2对于雅俗共赏文本的精英化定位有其"创新"依据，但我们以为，雅俗共赏文本的"创新"程度，远远抵不上那些真正的精英文本的创新求索，充其量它不过是在因袭的基础上适当地求新而已，因此很难谈得上是上乘的精英文本。事实上，这样的文本主要以程式（而非形式）为依托，往往深得大众文本的精髓，可以看成是大众文本阵营中的出类拔萃者，它们往往成为被学院派"经典化"的猎取目标，如莎士比亚的戏剧、巴尔扎克的小说与谢晋的电影等，因而雅俗共赏的文本更适合划归大众文本的范畴。而一旦雅俗共赏的文本被指称为大众文本，大众文本的创新因素也就显而易见了。当然，这里必须排除低劣的精英文本就是大众文本的观念，那些既不能圆熟地使用"传统因素"又无多少创新性的作品，其实是在大众文本和精英文本之间两头不讨好的作品，既算不得精英文本，也绝不是优秀的大众文本。只有将因袭与创新两种因素巧妙、有机地结合起来，达到雅俗共赏的作品，才能成为大众文本的精品。

综上所述，在因袭与创新的中轴线上，以程式为主要或重要特征的文本，包括雅俗共赏的文本，都是大众文本。它往往有两种构成成分：一曰因袭，二曰创新，但以因袭为主体，创新其次，所以，大众文本是具有一种因袭与创新兼具而因袭占据主要地位的文本素质的文本。而作为大众文本核心特征的"程式"，则大致沿用常规语用上的、与因袭同义的内涵，是指大众文本中普遍存在的"传统体系"。但需要特别指出的一点是，"程式"与因袭不能完全等同。因袭，在《辞海》中，被释义为"沿用过去的规章制度或方式方法"，有沿袭、照旧不改的内涵。而大众文本的程式是不可能像规章制度那样完全因循依旧的，否则就无异于物质产品。事实上，大众文本的程式对于具体作品来说，只是一个大致的结构和局部的叙事功能的组合，在整体的结构和局部的叙事功能之间还留有大量的空白地带等待去填充，而填充者也正可以借此展示自己的才华与个性。因此，大众文本的程式并不是僵化死板的禁锢，在某种意义上，反而是创作者或生产者可以利用的、有接受基础的创作或生产资源。

二、大众文本的程式与类型

"程式"与"类型（genre）"，是人们在研究大众文化与文本时被最频繁提及的术语中的两个。那么，这两个术语分别属于一种什么样的概念，相互的区别是什么呢？对于这两个术语的鉴别，将有助于我们更深入地认识大众文本程式概念的内涵。

美国学者斯坦利·J·所罗门在他著名的《超越程式》一书中曾经对电影中的程式研究与类型研究做过区别。他说，程式研究是"几乎所有旨在分析类型并将它们分类的长篇著述的实质"，在这种程式领域里"可能发生类型分析与文化分析的局部重迭——后者宣传这样的观点：某一程式的频频重复出现本身就表明了社会学的意义"，他认为，这种程式研究"通常无法表达美学品质，因为普通程式本身吸引了所有的注意力"；而在他心目中，类型研究应该是一种探究的方式：它应该透过程式研究所关注的具体细节的表面，"探究与具体作品中可见的形式紧密相联的一切意义的重要性"①。从所罗门的论述中，我们不难看出他对程式和类型的基本界定，即程式是一种运用广泛、限于一般模式而无关文本美学品质的概念，而类型则具有与具体作品形式相关联的意义。

对所罗门的阐述，我们不尽赞同，但在概念界定的基本方向上却大抵一致。我们以为，大众文本的程式是指大众文本一种共有的文本特点，它贯穿在所有的各种各样的大众文本中，也贯穿在大众文本的情节、结构、人物、语言、场面和文本间的关系、文本生产方式，以及文本接受心理、消费行为等各个层次、各个方面。因而它是一个包容性很强、涵盖面很宽的概念，也就是说，凡是与大众文本相关联的具有明显的因袭性、标准化特性的成分、事物、制度与活动，就都可以被纳入到大众文本程式的阵营中。它可以体现为大众文本的叙事模式、人物谱系、语言惯例、类型文本，也可以体现为制作制度、接受习性、消费模式以及创新规律等。这个意义上的程式，有些类似施特劳斯、普洛普、托多洛夫、巴特等结构主义者的笔下以每一部作品作为具体体现的那个共同的"结构""抽象结构""惯例"或"一般叙述"，但又比后者的适用范围更广泛，更机动灵活，

---

① Stanley J. Solomon, Beyond formula: American film genres, New York, Harcourt Brace Jovanovich, c1976, P2.

同时增添了创新性成分。

　　与大众文本的"程式"相比，大众文本的"类型"显然就是一个视阈狭窄得多的概念。当然，这种"狭窄"是在大众文本的视野之内、在一定的意义上加以限定的。因为"类型"是一个运用广泛的术语，也是一个歧义迭出的概念。在现有的文艺学体系中，它是与风格、典型截然不同的概念。风格往往指文艺创作中具有标志性的个人特征，独特是其根本。这与富于雷同感的文本类型有天壤之别。在福斯特的《小说面面观》里，性格复杂、立体的"圆形人物"是典型形象，相反，性格单一、简单的"扁平人物"就是类型化形象。在这种比较中，类型化的基本特征已然显露，即雷同、单一，文本之间相互模仿，不同文本中的形象大同小异，因袭之处甚多，创新之点少有。当然，对于类型，还有其他用法，如在美国弗吉尼亚大学坎南英文讲座教授，《新文学史》杂志主编拉尔夫·科恩那里，类型则被大致定义为两类："一类列出长串共同特征、态度、人物、范围、场所等等——即强调组成类型的语义因素。另一类则强调未确定的或可变因素之间的关系——这些关系可称为类型的基本句法。不难看出，语义方式强调类型的建构材料，而句法方式则关注这些材料安排在一起的结构"①。在比较文学范畴中，"类型学"中的"类型"，"指的是时空不一的文学现象在诗学品格上的类似、遥契、相近、相合，指的是世界文学进程中那些彼此之间并无直接历史接触、或这种接触并未构成主要动因的不同民族、不同国度、不同文化圈里，于不同时代以不同的文学语言从事文学创作而产生的文学现象，基于艺术意识、艺术思维、艺术品质上的相通所呈现出来共通的诗学特征"②。然而，无论哪一种定义，对于类型或类型化的基本内涵的运用，对于其基本特征的把握，大致相同，即共同性、单一性。自然，笔者也认同类型的这种基本特征，但又认为在这种基本特征的概括里，只有对于同一类型中事物相同特质的关注，而缺少对于不同类型之间的事物的差别的把握。因而鉴于此，笔者认为，类型主要用来指称大众文本之间、与具体作品紧密相连的关系，这种关系既可以是相类似的文本族群相互之间的关系，也可以是相异文本族群之间的关系。这也就是说，类型既显示着同一类型的大众文本的相似，也显示着不同类型的大众文本的差别。一组文本的相似，昭示着一种类型的成立，而与其他

---

　　①　［美］拉尔夫·科恩：《类型理论、文学史与历史变化》，载《天津社会科学》1996 年第 5 期，第 79～89 页。
　　②　周启超：《类型学研究：定位与背景》，载《中国比较文学》1997 年第 3 期，第 13～25 页。

类型文本的差别，则是一种类型的个性的显现。

大众类型文本的出现，是程式化创作水到渠成的必然结果，它体现为程式化文本的集合体属性，意味着一组文本在题材选择、叙事方式、形象处理、场景安排、表现风格上相近的一系列的程式性。因此，在大众文本的程式与类型之间，存在着一种互为因果、相辅相成的关系，即文本的程式导致了类型的出现，而类型文本中又无处不渗透着程式的踪迹。没有程式，就没有类型；同样，没有类型化的文本，程式将失去它在文化领域最重要的一片栖身之地。

程式作为一种文本的准标准化因素，几乎在各个国家、民族的大众文本乃至精英文本中都存在。我们四处看到它的身影，看到它戏剧性的效果随着全球化进程的加快，在全世界跨越历史时空地蔓延，而且大同小异；看到它由于产业化生产而日递月进的巨额经济效益，以及越来越多的国家将其作为重要经济支柱的发展趋势；看到由于文化产业快速膨胀的需要对于大众文本程式化、标准化的巨大和迫切需求……我们只能感叹，程式真正是一种"放之四海而皆准"的"真理"，它不分民族、国家，不分地点、场合，不分媒介、体裁，也不分男女老少，人人喜爱，时时风靡，地地火爆。或者说，大众文本可以以纷繁杂多、姿态各异、不可胜数的状貌出现，然而万变不离其宗，程式却往往只有屈指可数的几个、十几个而已。而类型却非如此，同样的叙事程式常常会以不同的类型呈现，如"故事"型叙事模式就会有各类通俗小说类型（武侠小说、侦探小说、言情小说、玄幻小说等）、各类影视剧类型（肥皂剧、情景喜剧、西部片、歌舞片、科幻片等）等；同样的类型还会有许多不同的变体，如同样是枪战影片，就有强盗片、西部片、黑帮片、警匪片乃至恐怖片、惊险片、战争片等；因而类型之繁多恰与程式形成鲜明对比。因而，在某种意义上，大众文本的程式是"源"，类型是"流"。"源""流"一体，"源"中孕育着"流"，"流"中渗透着"源"头水。"流"从属于"源"，同时又丰富、壮大、发展着"源"。

大众文本的程式因其身处"源"头、涵盖广泛而具有普适性，类型因其变化多端而兼容时代、历史、文化特性。如果说大众文本的程式是一种结构主义意义上的"惯例"的话，那么，类型则是在大众文本程式的基础上添加叙事特性、增多文化功能的体现。前者有许多具体的文本对其加以体现，后者在体现"程式"的过程中文本被打上了不同的色彩。这正如我们看到的典型"武打"片，在好莱坞体现为西部片，在日本体现为武士片，在中国体现为动作片，而之所以会有这些差别，一个民族、国家的文化积淀与风尚是始作俑者。试想一下，如果没有 19 世纪崇尚自由与个性的美国牛仔用枪弹征服蛮荒、建起一个现代化的美国的故事，如果没有日本大和民族的"武士道"精神，如果没有中国历史上崇侠尚武的民族习性，西部片、武士片和动作片的存在根本就是不可能的事情。正是在此意义上，美国学者安·图德指出，"类型是存在于任何特定群体或社会中的一种文化概念"①。这样一种"文化概念"，往往与一个民族的文化心理相对应，体现为一个民族近乎天然的、习惯性的文化与心理需求。因此，区别某种类型的关键因素并不仅仅是文本自身固有的特征，而且还依赖于文本置身其中的特定文化。作为大众文本程式的从属概念，类型的这种文化含量，无疑使普遍、抽象的大众文本程式获得了具体可感性、社会性和历史性。

　　大众文本的程式与类型概念的鉴别，并不意味着我们只关注程式，而忽略类型，事实上，由于类型从属于程式，是包含于程式范畴之中的概念，是程式的一个组成部分，论述程式就必然论及类型，研究类型，而且我们相信，对类型的探讨还一定会有助于程式理论研究的深入阐发。

三、程式化大众文本的特征

　　程式作为一种文本素质，使得大众文本表现出其自身的特征。这种特征是它区别于精英文本的标志。

　　关于程式化大众文本的特征问题，不少研究者都提出了各自的观点。考维尔蒂认为，程式化大众文本通常有两个主要特征：一是它们具有普遍吸引力的标准情节；二是它们体现在那些被广泛传播的作为文化符码的人物身上，体现在背景和复杂紧张的场面中。②还有的学者在论及影视剧等大众文本"类型"的时候，对类型化文本也作了阐述，如我国学者邵牧君在其《西方电影简史》中分析道："一般说来，类型电影有三个基本元素，一是公式化的情节，如西部片里的铁骑劫美、英雄解围；强盗片里的

---

　　① ［美］安·图德：《类型与批评的方法论》，引自比尔·尼科尔斯主编：《电影与方法》第一卷，加州大学出版社 1976 年版。

　　② J. G. Cawelti, Adventure, mystery, and romance：formula stories as art and popular culture, Chicago：University of Chicago Press, 1976, p28.

抢劫成功、终落法网；科幻片里的怪物出世，危害一时等。二是定型化的人物，如除暴安良的西部牛仔或警长，至死不屈的硬汉，仇视人类的科学家等。三是图解式的视觉形象，如代表邪恶凶险的森林，预示危险的宫堡或塔楼，象征灾害的实验室里冒泡的液体等。"[①] 这些议论如此惊人的相似，甚至已成为一种公议或常识，无疑是诸多大众文本中存在的最显而易见的事实所造成。

然而，我们发现，这些关于程式化大众文本的公议或常识，几乎无一例外地聚焦于文本的叙事模式，而且是故事性大众文本的叙事模式上。其实，如前所述，程式化大众文本的特点体现在诸多方面，叙事的模式化不过是其中重要的一种，因此，用叙事模式来替代程式化大众文本的所有特点，显然有以偏概全之偏颇。

笔者以为，程式化大众文本的特征既体现在叙事上，也体现在语言上，还体现在生产上，归结起来，则为模式化叙事、符号性语言和生产者式文本。

（一） 模式化叙事

对叙事模式化的认识，最早可追溯到亚里士多德在《诗学》中对古典戏剧结构的论及，但是真正把古典戏剧结构用明确的图示法表示出来的是德国学者古斯塔夫·弗莱塔格，他用一个倒"V"字形图示说明了这个叙述模式："叙述结构从一次公开的冲突开始，在随后的行动的逐步升级的场面中冲突越来越激烈。与冲突无关的细节被删除，或者当作插曲来处理。主要人物与他或她的对手之间的斗争在高潮时达到顶点，在冲突的解决中，故事的线索结束，动作停止，生活恢复正常。"[②] 这个戏剧结构模式的总结堪称经典，对许多叙事类的文本创作具有重要影响，而对大众文本的影响就更为直接而恒久。如果说精英文本在创作中有时也会遵循这种叙事模式，但作者总是试图打破模式，重建某种叙述方式和程序，以体现创新性、个性化的追求的话，那么，大众文本的作者却总是有意顺从或采用这种叙述模式，以取得与接受者的亲近感和认同感。因此，模式在两种文本叙述中体现的程度自然相异。这也就是精英文本总是给人以陌生感、距离感和新鲜感，而大众文本常给人以似曾相识的印象的缘由。

---

① 邵牧君：《西方电影史概论》，中国电影出版社 1984 年版，第 33 页。
② ［美］路易斯·贾内梯：《认识电影》，胡尧之译，中国电影出版社 1997 年版。

大众文本有意识地顺应这种古老的故事性的叙事模式，这在诞生才百年有余的世界电影尤其是 20 世纪 30、40 年代的好莱坞电影中体现得淋漓尽致。无论是夸张逗笑的喜剧片、美轮美奂的歌舞片，还是惊险刺激的西部片、强盗片等，无不在讲述着一个又一个线性结构的故事。这故事的情节紧张曲折、悬念迭生，主人公历尽艰难坎坷，终于使小人物走向成功，使有情人终成眷属，使匪徒受到应有的严惩，从而得到一个皆大欢喜的大团圆结局。其实，不仅是在电影中，电视剧、通俗小说等叙事类大众文本同样遵循着这个模式。电视肥皂剧如《豪门恩怨》《情义无价》以及我国的宫斗剧等，虽然情节不断延伸，但始终跳不出美国学者博德维尔所予以总结的"平静阶段—动荡—斗争—解除动荡"的叙述循环圈。电视系列剧尤其如此，几乎每一集都要演示一遍这个流程，而集与集之间则构成不断的往复、循环。曾在中国播出过的美国室内电视系列剧《成长的烦恼》是这样，中国的《编辑部的故事》等同样如此。

　　大众文本的叙事，当然不仅仅只是表现为上面这一种故事性或情节性模式，除此之外，一种带有后现代叙事症候的叙述模式，在后现代主义文化大潮下也蓬勃兴起。这样的大众文本如周星驰的"无厘头"电影、王朔的狂欢式小说及影视剧作品等。这些文本表现出反情节、拼贴式、闹剧化的结构形式，而这种结构的经典表现是，从多方面进行模仿、移植精英文本或故事型大众文本，然后进行拼贴、戏拟、反写或改编，以达到一种破坏秩序、解构正统的语义，文风上肆意狂欢、嬉笑怒骂、玩世不恭，是一种解构性的文本叙事程式。

　　大众文本的叙事当然还有其他各种各样的模式或模式的变体，但笔者以为，最基本、最具概括性的为上述两种。

（二）符号性语言

　　大众文本的模式化叙事，势必导致大众文本程式的出现。这些程式经过长时间的积累，在社会、历史、文化、政治等多种环境因素的氤氲下，会逐渐生成各种文本类型。而一种文本类型的形成，往往是以其较为稳定的叙事程式的彰显为标志。如好莱坞的盗匪片总是以有组织的暴力活动为故事主线，以强盗、匪徒为主人公，讲述强盗、匪徒怎样由一个"小人物"最后成为匪帮老大的故事；恐怖片则往往叙述的是危害一时的吸血鬼、怪物、机器人和疯狂的科学家等最后被正义所战胜的故事；中国的武打片总是写英雄侠客历尽苦难、奸险，以超强的武功和高尚的人格力量战胜仇敌的遭遇，而言情片则是一个个千回百转、凄婉动人的"有情人终成眷属"的故事，等等。这些程式，往往就是一种文本类型中反复出现的视觉图谱、人物形象和情节模式，它们像一个个语汇和连接语汇的句法，串起同一类型的文本。因而叙事程式，究其实里不过是一些相对稳定的叙述构件及其构件的结合形式的联合体。如有人就曾经对琼瑶的言情影视剧的基本语汇或构件作过一个梳理："1. 哭：这是琼瑶的绝招，她能让心软的观众跟着主人公哭得死去活来，虽然'还珠'是部喜剧，可观众照样能哭得天崩地裂。所以琼瑶选的演员一定要漂亮，女演员一定要有一双大眼睛。2. 多角恋情：不用过多解释，是杀伤力极强的催泪弹。3. 几代的恩怨：阴错阳差，由于上一代的悲剧，给主人公制造恋情的麻烦，除了《情深深雨蒙蒙》，还有《几度夕阳红》等。4. 好听的歌曲。5. 完美的结局：琼瑶的作品日益变得理想完美，包括主人公都是完美无缺的，以至于许多人开玩笑说，看多了琼瑶作品找不到伴侣。6. 文艺腔重：琼瑶的语言基本上一听就能分别出来，有人觉得肉麻，有人觉得感动。"[①] 这些构件显然是琼瑶才有的语汇，它们被琼瑶用惯常的叙述语法组合起来，便成就了一部又一部让人心动让人哭的作品。

当一种文本的程式走向成熟的时候，它的某些常规构件及其组合就成为一种类型文本的标志性符号。"符号"一词在现代语言学之父索绪尔那里，开始成为能指和所指的组合。在此基础上，罗兰·巴特进一步阐述道，"任何符号学都主张一种介于能指（signifiant）和所指（signifie）之间的关系"，能指和所指"是一个联合的整体"，它们"在连结并形成第三种物体之前已存在，这就是符号"。[②] 但是在罗兰·巴特的现代"神话"学那里，符号的概念有两个层面之分[③]：一是语言层面上的由于语言惯例的能指和所指的组合所构成的符号；二是现代神话层面上的由使用的语言符号转变而成的能指和所指的组合所构成的符号。我们在此沿用罗兰·巴特的两种符号概念，但概念所指有所变化。

在符号的前一个层面上，我们认为，一种类型文本的形成和成熟的过

---

① 兆麟：《偶像＋破案＋言情＋搞笑——四部电视剧荧屏大会餐》，载《北京青年报》2001年9月16日。

② ［法］罗兰·巴特：《神话——大众文化诠释》，许蔷蔷、许绮玲译，上海人民出版社1999年版，第171页。

③ 关于这两种符号概念之分，罗兰·巴特曾用一个图示来加以说明。这个图示见［法］罗兰·巴特：《神话——大众文化诠释》，许蔷蔷、许绮玲译，上海人民出版社1999年版，第173页。

程，就是形成和确立其语言层面的符号及其组合的过程，也就是形成和确定一种类型文本之所以为类型的过程。在这个过程中，程式的常规构件及其组合方式就被"符号"化了，成为能够被公众所辨识的语言符码。正因为能够像影视明星一样被广为辨识，它们也就可以游离并存活于原有类型文本之外，获得了再使用或再生产的价值与功能。

在符号的后一个层面上，程式的语言符码成为新的生产的材料与手段，用以构成新的文本结构，因而新生产出来的大众文本，我们可能说不出它属于哪一种类型或哪一种叙事程式，但又分明能感觉到它对当年那些类型文本众多语言符号及组合惯例的汲取、选择与重新编排。这种编排表现在大众文本上的一个直接后果，就是各种似曾相识的语言符码的拼贴。如对武打、言情、历史、传奇、古装剧（片）等各种因素的拼贴，或对惊险、警匪、动作、纪实剧（片）等因子的拼贴，对都市、青春、时尚、偶像、爱情、喜剧的拼贴等，形成了非类型影视剧；对主持人、小品、歌舞、相声、明星、豪华布景、现场观众等语码的拼贴，构成了电视晚会……这种拼贴实质上就是"合成"，就是"超越类型界限的不同话语合成在一起"①。这就像北京海淀国家图书馆对面曾经悬挂过的一个巨幅广告的宣传内容：

如果有一处房子，拥有北欧的园林，新加坡的规划，德国宝马级的外窗和遮阳卷帘，美国白宫的围栏，瑞士的健康新风系统，保温隔热技术达到世界先进水平，你信吗？

这样一幅关于一家房地产公司的新公寓风格的"荟萃"式的广告，与专栏作家赵来发在《明报》上谈商业电影时的说法如出一辙，即世界最棒的商业电影制作是"美国的科技＋欧洲的言情＋日本的恐怖＋中国功夫＋非洲的山河景色"。同样的拼贴，同样的合成，如此这般的相似相近，只能是包括广告、电影在内的众多大众文本本身符号化、拼贴式文本结构的写照。

（三）生产者式文本

我们知道，罗兰·巴特在他的著作《S/Z》中，将他的类型学建立在了作者式文本和读者式文本两个概念的区分基础上，而费斯克又对巴特的

---

① ［美］拉尔夫·科恩：《类型理论、文学史与历史变化》，载《天津社会科学》1996 年第 5 期，第 79～89 页。

这一理论进行推衍，提出了大众文化的"生产者式文本"的概念。

在巴特的定义中，读者式文本是一种易于阅读和理解的相对封闭的文本，它没有意义设置上的障碍，不需要读者有多么高的学识水平和文本参与能力，因而吸引的是一个本质上消极的、接受式的、被规训了的读者，这样的读者倾向于将文本的"所指"作为既成的意义来接受；与此相对峙的作者式文本，则由于文本结构中充满了各种陌生化处理和意义的模糊性、多重性，而凸显出文本本身的"被建构性"，以邀请本质上积极的、富于创造性的接受者参与意义的建构。两相比较，读者式文本更浅显明白且更流行，而作者式文本则更难把握、更具先锋性，因此只对少数人有吸引力。很显然，在传统文化价值的天平上，在巴特和法兰克福学派那里，也在中国和世界上大多数学者那里，作者式文本的经典是精英文本，是出类拔萃的高雅文本；读者式文本的典型则是大众文本，是平庸肤浅的低俗文本。这种区分在中国古人那里早已经被描述为"阳春白雪"和"下里巴人"的分界。用罗兰·巴特的文本标尺来考量，大众文本显然属于读者式文本。

然而，罗兰·巴特所划定的读者式文本的疆界，却并不能用来框定费斯克眼中的大众文本。因为在他看来，跨越边界的"大众的作者式文本"，即生产者式文本，才是真正的大众文本。

费斯克在其著作《理解大众文化》中认为，生产者式文本像读者式文本一样容易理解，但它同时又具有作者式文本的开放性，使读者能够在文本的间隙中创造出新的不守规训的意义，从而参与文本意义的建构。也就是说，大众文本看起来是无须费神就可以对其意义"一目了然"的封闭式文本，缺乏精英文本由于"陌生化"、距离感而自动引发的对读者或观众的参与邀请，但实质上并非如此。因为精英文本的这张邀请函的发出是有条件的，它需要相当的学识、修养和鉴赏能力，需要潜至作品深层以达成接受者与作品交互对话的能力。这个先决条件是一道高高的堤坝，将大众彻底地挡在了堤外，它只是少数人的文本。相反，大众文本以毫无阅读障碍的平面结构，接纳了几乎所有的大众，任大众在其中纵情狂欢，并任意组装和拆解。费斯克说，大众文本不过是大众"权且利用"（making do）的一种"文化资源"，大众利用这个资源，进行自我文化的建设，即大众"会在他们（指大众文本——引者注）的场所内部，凭借他们的场所，建构我们的空间，并用他们的语言，言传我们的意义"①，这就是大众文化。

---

① ［美］约翰·费斯克：《理解大众文化》，王晓珏、宋伟杰译，中央编译出版社2001年版，第44页。

在费斯克的理论体系里，牛仔裤以"牛仔美国"的能指符号的身份，成为一个非常引人注目的大众文本。在费斯克看来，人类社会的商品具有"物质的"与"文化的"两种功能，"牛仔裤的物质功能，是要满足对保暖、大方、舒适等的需求。其文化功能则关乎意义与价值观：所有商品均能为消费者所用，以构造有关自我、社会身份认同以及社会关系的意义"①。在文化向度上的牛仔裤，由资本主义的大工业生产出来，又由社会上大多数人所穿着，因此它已经构成了某种占据主流的社会意识形态。而通过穿牛仔裤，表明消费者已经接受了此种文本，进而也就顺理成章地"接受了此意识形态之内的主体位置，成为该意识形态的共谋者，并因而赋予它一种物质性的表达"。但消费者显然不仅仅满足于被主流意识形态所"收编"，费斯克揭示道，消费者很快就将完整如新的牛仔裤"撕裂"或"变形"了，或者铰一个破洞，或者将裤角处理成毛边，还有的故意打补丁，或使之褪色变旧。这种对商品的"撕裂"与"变形"，实质上是"对商品化的拒绝，亦是对个人权利的首肯，即，每个人都可在商品系统所提供的资源之外，创造自己的文化"②。正是在这个意义上，人们对牛仔裤的"撕裂"和"变形"，就是大众对牛仔裤这一原初文本的意义的重新生产，是大众文本的生产性、开放性的反映。

为了进一步论证大众文本的这种生产性、开放性，费斯克还设计出了一个梯子式的大众文本的构成形式，我们称之为"梯级文本"。他举例分析说："麦当娜本身决不是一个自足的文本，她是意义的煽动者，她的文化效果只能在她众多的、经常相互冲突的流通中加以研究。大众文化以互文的方式，流通于我称之为初级文本（原初的文化商品，如麦当娜本人或一条牛仔裤）、与初级文本直接相关的次级文本（如广告、媒体故事和评论）和持续存在于日常生活过程中的第三级文本（如对话、穿牛仔裤的方式，居住在公寓中的方式，逛街观赏橱窗或在高中舞会上采用麦当娜的舞姿）之间。不论是初级、次级或是第三级的文本，所有麦当娜的文本都是不充分和不完整的。麦当娜只是她的意义与快感的互文式流通；她既不是一个文本也不是一个个人，而是一组发生的意义。"③ 可见，费斯克所论

① ［美］约翰·费斯克：《理解大众文化》，王晓珏、宋伟杰译，中央编译出版社 2001 年版，第 18 页。
② ［美］约翰·费斯克：《理解大众文化》，王晓珏、宋伟杰译，中央编译出版社 2001 年版，第 19 页、第 22 页。
③ ［美］约翰·费斯克：《理解大众文化》，王晓珏、宋伟杰译，中央编译出版社 2001 年版，第 150～151 页。

及的大众文本并不是某一个单一的文本自足体，而是一个有三级文本构成的梯式的文本集合，集合中的各文本之间具有某种互文性，意义便在互文性中被生产出来，流通起来，于是造就了大众文化。

如果按照费斯克的逻辑推衍，其实，大众文本的梯形结构还远不止是费斯克所说的三级，在某些初级文本那里，甚至能够引发更多的梯次。因为在被"撕裂"和"变形"的牛仔裤第三级文本出现之后，厂商们会"迅速地开发利用破的（或旧的、褪色的）牛仔裤的流行性"，开始"生产'工厂制造的'破洞牛仔裤，或者在销售之前，先在工厂里对牛仔裤进行'洗磨'或褪色加工"，然后大量推销给消费者时，这"制造"的破牛仔裤表面上看是又一轮的新的初级文本，但严格说起来应是第四级文本，因为它与前几级文本具有相关性，而且创作者主要是大众自己，厂商不过是"仿制"而已。只是这种"仿制"品在意识形态上具有极大的倾销性，这也是费斯克感叹厂商"这一公然采用抵抗的符号的过程，则将这些符号收编到宰制性体制当中，从而有意剥夺着任何一种对抗的涵义"① 的缘由。可见，这第四级文本往往是资本主义工业从大众那里剥夺来、又用以统领大众的文本，与初级文本相似但已有所不同。接下来，媒体上开始轰炸起第五级文本，第六级文本又开始在生活中现身……也许还会出现第七、第八、第九级文本，这是必然的，因为事实上牛仔裤已经不知流传了多少代，代代有变化，但隔代之间总有某些相似性，就好像裤腿的宽窄变化似乎每十年就要轮回一次一样。或许正是这不知会延伸多长、多久的大众文本的梯级结构，告诉了我们许多大众文本长久不衰的奥秘，如西部片之于美国，武侠片之于华人，琼瑶之于女性和青少年，等等。但是，这里要明确的一点是，即梯级文本中的第四级文本与第二级文本、第五级文本与第三级文本乃至第六级文本与第四级文本之间，在呈现方式上虽然基本相似，具有某种程度的重复性。但是由于发生事件的前后不同，其内涵已发生了相当大的变化，文本的意义也由于梯次的增加，发生了实质性的转换。因而透过这个多梯级的大众文本，文本间的相关性、互文性清晰可见。

很显然，费斯克关于大众文本的梯级结构的区分，打开了一个使我们洞悉大众文本的新窗口，也使我们更进一步明晰了其界定的大众文化的内核与边界：大众文化产品（初级文本）并不是大众文化，大众文化产品越

---

① ［美］约翰·费斯克：《理解大众文化》，王晓珏、宋伟杰译，中央编译出版社 2001 年版，第23 页。

过媒介，与人们的日常生活产生相关性，形成多级文本的集合，才是大众文化。这无疑是费斯克在大众文化研究方面的一个创举。然而，这里我们也会产生一个疑问，如果将大众文化的一切表现都归之于文本，尤其是将初级文本在生活中引发的流行现象也当作一种文本的话，那么，大众的解读位于何方？当引起流行的起因和流行本身混为一谈的时候，大众文本虽然获得了较任何文本都要宽阔的空间，但同时却使得对真正的流行的大众文本的认知趋于模糊。真正的大众文本在哪里？这是一个连费斯克自己都时常会迷惑乃至混用的问题。

就像我们从不把对于精英文本的认同与批评看作精英文本的次级文本一样，在本书里，我们只承认大众文化的产品即费斯克所谓的初级文本，是大众文本；而次级文本，是大众文本的传播；三级文本，则是关于大众文本的解读。而大众文化，是关于大众文本的生产、传播、接受及其产生的社会效应的总和。这种划界由于过于明晰可能会导致对于历史事实的某种肢解甚至扭曲，但这是无可奈何的事情，因为当我们使用语言来发言的时候，语言本身就已经脱离了生活和事实，成为一种自成体系的逻辑符号，而我们又必须使用语言才能够认知世界和阐释世界。这不仅是我们的遗憾，也是整个人类的遗憾。

虽然我们不完全认同费斯克的梯级大众文本结构，但从他演绎的这个结构中，我们显然是再清楚不过地看到了大众文本的一个重要特征——既强调文本的读者性又强调读者的参与性的生产者式文本的特点，以及从中体现出来的无限蓬勃的生产能力和生命活力。

模式化叙事、符号性语言和生产者式文本等特征，无疑既概括了大众文本的叙事特点、表现特点，还体现了大众文本的生产、接受特性，因而它们是大众文本程式的最好写照，是其内在本性。

第 二 章

大众文本程式的历时性追溯

大众文本的程式，因其模式化，常被人视为固定不变、陈词滥调的代名词。对此，我们不以为然。固然，由于程式意味着一种"传统体系"，而且，这种"传统体系"是历史层峦叠积的遗留物，是人类文化艺术活动中屡见不鲜、人们司空见惯的"一般叙述"、文化"惯例"或经典"样式"，但是历史实践也证明，"传统体系"总是在不断添加、更新之中，由此大众文本也一直处在变动不居的状态之中。

我们认为，大众文本的程式及大众文本本身都存在着一个历史变化、发展的过程，这个过程又是有规律可循的。这种规律大体表现为从"配方程式"到"程式配方"、再到"配方程式"的类型化之路。

一、从"配方程式"到"程式配方"

（一）配方程式

所谓配方程式，是指已经发展成熟了的各类大众文本的经典①程式，这些程式在文本中常常体现为叙事方式、形象配置及表现手法等方面一系列因素的相对稳定的搭配。这种搭配在一组或一群大众文本中反复、频繁出现，从而成为一种能够被广泛、迅速识别的程式体系。这些程式体系是制作者在大量的文本创作中一方面极力迎合大众的接受需求、另一方面研究和揣摩大众的观赏趣味而逐渐形成的，并且多次得到了"畅销"的印证，因此它们的出现势必引发观众的兴趣，而观众的兴趣又注定使它们成

---

① "经典"在此主要指那些已被广泛承认、广为应用的程式。

为了一种轻易难以更改的配方程式。

配方程式，是大众文本中最常见的叙事和生产现象。它不仅在影视作品中大量出现，也在大众小说、流行音乐、商业广告中俯拾皆是。如美国好莱坞的西部片，作为最能反映出美国人的民族性格和精神倾向的一种影片，就有着鲜明而清晰的配方程式。这个配方中，不仅有着"白人移民遭威胁，英雄牛仔解危难，除暴安良歼歹徒，英雄美女大团圆"的基本情节模式；有着"善恶分明，好的极好，成为理想的美国精神的化身，坏的极坏，集中了一切不法之徒的残暴与贪婪"的定型人物形象，和由西部牛仔或警长、西部生活放荡但见义勇为的酒吧女郎、来自东部的文明淑女等一系列固定的角色所构成的人物形象体系；有着"无边的蛮荒之地，尘土飞扬的大路，碑式的巨大山岩和起伏的群山"的相似背景，和"柯尔特连发手枪、温彻斯特来复枪、马、篷车、原始的火车，以及人物身上的宽边帽、紧身裤、皮上衣、子弹袋、彩色羽毛头饰等"① 等重复性道具；还有着一些每片必见的场面，如牛仔骑着马从遥远的地平线上出现，由远及近地推到观众面前。酒吧的门突然被推开，陌生的客人缓步走向柜台，突然与对手迎面相逢，大打出手，一阵混战之后，对手已或死或伤，而客人则安然无恙。大队人马从西部小镇的街道快速穿过，激起阵阵尘烟，一种不祥气氛油然而生。大群的印第安人骑着马在山头上列成一线，同山下平原上行进的骑兵队或篷车紧张地对峙着，等等。它们和璀璨的明星风采、奇观化的场面盛景等好莱坞特色制作方法一起，在西部片中反复出现，形成了西部片经典乃至传统的文本配方程式。

配方程式，因其在不同的文本中反复出现，就使得每一个大众文本都与其同类的文本一起构成一个整体，一种文本类型。一般来说，一种文本类型有一个配方程式，而众多的类型就有众多的配方程式。如好莱坞歌舞片的配方，表现为小人物成为大明星、有情人终成眷属之类的基本情节，能歌善舞然而命运多舛的定型人物，以及五彩缤纷如入仙境的宏大歌舞场面等；强盗片的配方，体现为以禁酒时期进行的有组织的暴力活动为故事主线，以强盗、匪徒等为主人公，讲述他们怎样由一个"小人物"（一个从战场上复员的老兵，或一个贫民窟的失业年轻人）最后成为匪帮老大的故事，以及半记录性的表现手法和报道性的格调等；而恐怖片的配方，则呈现为吸血鬼、僵尸、怪物、有毁灭欲的疯子、机器人和疯狂的科学家等

---

① 邵牧君：《西方电影史概论》，中国电影出版社 1984 年版，第 53 页。

主人公形象，他们往往危害一时，引起社会秩序的混乱和人们的极度恐慌，但最后，经过正义力量或人类的拯救，社会重新进入正常轨道，而其基本主题是人类对科学或未知的超自然力量的本能恐惧，等等。这些配方程式因其贯穿同一类型中的各个文本，而成为一种文本类型具有标识意义的形式结构。

其实，不仅是在文本类型中，在某一个创作者那里，其创作的大众文本也同样存在着某种配方程式。如查理·卓别林自编自导自演的喜剧默片《寻子遇仙记》《淘金记》《城市之光》《摩登时代》等，其中的程式化痕迹触目即见。那个流浪汉查利，就有一个固定的外在形象：又短又瘦的上衣，过于肥大的灯笼裤，特小的圆礼帽，一小撮黑胡子，一根细小的手杖，一双硕大的皮鞋，迈着外八字形鸭子步。查利的性格定位也基本不变：是一位纯朴、正直、惹人喜欢的小人物，是一个经常处于尴尬之中却又永远不安于命运的倒霉者，是一个穷困潦倒又强扮绅士模样的流浪汉。甚至查利的隐喻内蕴也相同：从表面上看是一个喜剧丑角的形象，其实包裹着深沉的悲剧的内核，表现出现实生活中无处不在的"小人物"的共同的悲剧色彩。至于一贯的演员的夸张表演，巧遇、误会等喜剧元素的频繁配置，以及扔奶油蛋糕、舞会上出洋相等场面的反复出现，都在鲜明地昭示着卓别林喜剧片的配方化特点。希区柯克同样如此。希区柯克早在英国时就拍过一部名为《三十九级台阶》的影片，正是这部影片奠定了他后来声名显赫的"惊险片"的基本程式。尤其是《三十九级台阶》中经典的"麦克古芬"叙述方式，几乎贯穿了他后来的绝大多数影片。而"麦克古芬"的基本配方，就是由一种话题或一个简单的情节意念，生发出悬念和情节。也就是说，影片一开场就将全片事件的核心即"真相"向观众和盘托出，然后在"追"与"逃"的角逐中营造情节，将观众的注意力集中到主人公的命运或他能否完成自己的使命上。阴森恐怖的环境，惊险迷离的情节，吊人胃口的悬念，充满神秘、紧张和幽灵般的气氛和最后的大团圆结局融合在一起，共同构成了他的影片的配方程式。从卓别林、希区柯克等这些被人们称为是"电影大师"的作品中呈现出来的配方程式，使我们确信了亚里士多德在《诗学》中所说的一句话，即程式从性质上来说是不偏不倚的，经典悲剧的程式基本上是相同的，无论是被一位天才利用还是被一位雇佣文人利用。当这种程式被艺术家所利用时，就被渗透了许多创新性因素，赋予更深的意蕴。

配方程式是大众文本中的经典程式，这个"经典"不仅是指它已被广泛承认、广为应用的接受史实，而且还特指它与"精英文本"或"伟大传统"之间不可分割的联系。我们知道，在相当多的知识分子心目中，大众文化与"少数人文化"、大众文本与精英文本、"垃圾文化"与"伟大传统"是根本不可比肩的两种事物。他们认为，代表着"少数人文化"、体现并传承着"伟大传统"的精英文本，是"复杂和不确定到了足以给我们留出必要的多元性的地步"① 的作品，它意味着"一件作品直接说话的持久力量基本上是无止境的"，② 它会"永远通过重新解释而获得更新，这样它们就能有助于我们与过去保持联系，同时又能调整自己以适应当代关注的问题"。③ 这样的经典文本，从表面看，的确是大众文本、文化难以企及、难以跨越的高标杆，但这并不是说，大众文本就与精英文本相距遥远、无从搭界。事实上，在大众文本与精英文本之间，有着非常多的千丝万缕的联系。甚至在某种程度上，大众文本的配方程式就是传统精英文本的翻版或浓缩。对此，理查德·凯勒·西蒙在其著作《垃圾文化——通俗文化与伟大传统》中进行了分析。

理查德·凯勒·西蒙在其著作一开篇就言道："发生在我们日常生活周围的故事与以往伟大的文学非常相似。当你看电视，看电影，读通俗杂志或看广告时，展现在你眼前的，将是和西方文明史上各种巨著研究者所读到的同样的故事，你要做的只不过是以不同的方式看待这些故事而已。"④ 之后，他指出，"像《国民问讯报》这样的小报是那些伟大悲剧的零星散卷，是欧里庇得斯，易卜生或斯特林堡作品的名人闲话版……古代贵族的痛苦和没落如今变成了过时明星们的痛苦和沉寂，虽然他们所使用的不再是那种戏剧的语言，但同样痛苦并日渐沉寂，并且以极其相似的方式重新认识自己。与此相类似，电影《兰博：第一滴血》第二部是荷马史诗《伊利亚特》的现代翻版，漫长可怕的越南战争取代同样漫长可怕的特洛伊战争；肌肉发达的西尔维斯特·史泰龙表演了当代版本的阿基利斯。《星际旅行》中包含了《格列弗游记》中的基本情节、人物类型和总体戏剧主题；乔纳森·斯威夫特的尖锐讽刺几乎荡然无存，新政治现实取而代

---

① ［美］弗兰克·克默德：《经典：永久的和变更的文学形象》，引自王先霈、王又平主编：《文学批评术语词典》，上海文艺出版社1999年版，第167页。
② ［德］汉斯－格奥尔格·伽达默尔：《真理与方法》，洪汉鼎译，上海译文出版社1992年版，第372页。
③ ［美］华莱士·马丁：《当代叙事学》，伍晓明译，北京大学出版社1990年版，第209页。
④ ［美］理查德·凯勒·西蒙：《垃圾文化——通俗文化与伟大传统》，关山译，社会科学文献出版社2001年版，第1页。

之：一帮装备齐全的太空遨游者而不是孤独悲观的格列弗正遨游在太空。Cosmopolitan 是一本花哨的商品化杂志，是过去 200 年来有关女子成长问题名著的主题经过改写的现代版，是诸如《理智与情感》《包法利夫人》和《欢乐之家》这类小说的后继者。爱丽诺·达什和玛里安·达什姐妹，爱玛·包法利和丽莉·巴特所面临的问题是这本杂志的大主题。"①

　　理查德·凯勒·西蒙的研究，无疑是大众文本与精英文本之间存在着直接的传承关系的一个有力证明。而经由这个证明，我们认识到，大众文本的配方程式也往往来源于精英文本的构造肌体，或者说是精英文本结构的延伸。美国著名电影学教授路易斯·贾内梯曾经指出，通常被称为"经典的"好莱坞电影的"经典模式"，往往就是古斯塔夫·弗莱塔格倒"V"字形古典戏剧模式的翻版，它对"戏剧的整体性、表面上合理的动机、各个组成部分的连贯性"的强调，对"冲突的紧迫感"和"感情"的强化，对"线性的"的"经典的情节结构"的采用，对"一次旅行、一次追逐或一次搜索的形式"的采取，以及对传统形式的结局——"在喜剧中是婚礼或舞会，在悲剧中是死亡，在一般戏剧中是团圆或恢复正常生活"的沿袭，和最后一个镜头"往往是某种哲学概括，总结前面的这些素材的意义"②的惯例，等等，无不都是西方古代经典戏剧作品、甚至也是神话、史诗、小说、民间故事类等作品的结构与叙事模式的反映。其实，不仅是好莱坞的电影，不仅是西方，在中国，在中华民族特有的大众文本如武侠小说、功夫片、言情剧中，又何尝不是时时都能觅到中国古代杂剧、传奇、章回小说乃至神话传说、民间故事的叙述程式呢？而且，中国大众文本中的叙事模式与西方是非常的接近，都注重故事的讲述，都重视戏剧性，结局都有一定之规……这种接近，当然不是一般意义上的类同，它是一种"不约而同"和"约定俗成"，在一定的意义上，它是人类童年时期特定精神需求和心理状态的反射。

　　也许正因为大众文本的配方程式延续了人类历史上经典精英文本的构成因素，因为它是如此古老和历史悠久，我们又把这种配方程式看作是"元"程式。"元"程式概念的提出，其意义在于指出配方程式的故事性、原型性、主导和权威性。

　　大众文本配方程式的故事性，是指配方程式最主要的表现为故事型结

----

① ［美］理查德·凯勒·西蒙：《垃圾文化——通俗文化与伟大传统》，关山译，社会科学文献出版社 2001 年版，第 1～2 页。

② ［美］路易斯·贾内梯：《认识电影》，胡尧之译，中国电影出版社 1997 年版，第 212 页。

构。这里的故事，不是笼统地指文本中"一种编排（ordering）的结果"①，也不是明确地作为"故事的布局"②的情节，而是一种如前所述"叙述结构从一次公开的冲突开始，在随后的行动的逐步升级的场面中冲突越来越激烈。与冲突无关的细节被删除，或者当作插曲来处理。主要人物与他或她的对手之间的斗争在高潮时达到顶点，在冲突的解决中，故事的线索结束，动作停止，生活恢复正常"的戏剧性故事结构形式。这种结构形式，是一种以俄国形式主义文论家托马舍夫斯基笔下的"关联细节"为主、辅以"自由细节"的情节构成，或是一种以罗兰·巴特理论中的"分布类"功能为主、以"归并类"功能为辅的情节组合，即主要是一种文本情节发展中不可或缺的、前后关联的"细节"或"功能"的组合。也就是说，配方程式文本往往注重故事情节的完整、连续和紧凑，强调情感的渲染，重视表现语言的明白晓畅、耳熟能详。应该说，这种故事型结构形式，应算是人类叙事艺术中最古老、应用也最多的一种创作形式了。它在远古的神话故事中就初露端倪，在古希腊悲喜剧中大显身手，在中国古代的杂剧、传奇、小说中源远流长，在晚近的世界电影、电视等现代传媒艺术中更是花开满都……在此意义上，我们称之为"元程式"应不为过。

大众文本配方程式的原型性，是指配方程式体现出来的神话色彩。我们知道，诺思罗普·弗莱在其《批评的剖析》中曾经指出，原型"是一种典型的或重复出现的意象"，而这些在文学作品中反复出现的意象，几乎都与神话有关，或者说，"最基本的文学原型就是神话，神话是一种形式结构的模型，各种文学类型无不是神话的延续和演变"③。那么，大众文本的配方程式作为"一种典型的或重复出现的意象"，显然，也理应与"神话"有关。只是"神话"的概念在此已经发生了变化。众所周知，"神话"一词在文艺、文化批评史上运用广泛，除了指称远古人类创作的神话作品之外，还有多种含义。韦勒克、沃伦在其《文学理论》著作中曾经梳理到，亚里士多德《诗学》中的"神话"，"是一种叙述、故事"，"意味着'情节'、'叙述性结构'、'寓言故事'"；在17、18世纪启蒙主

① ［荷］米克·巴尔：《叙述学：叙事理论导论》，谭君强译，中国社会科学出版社1995年版，第54页。

② ［英］威·毛姆：《论小说创作》，引自吕同六主编：《20世纪世界小说理论经典》上卷，华夏出版社1995年版，第261页。

③ 陈慧、袁宪军、吴伟仁：《一部眼界宽宏的文学批评专著——〈批评的剖析〉译序》，引自［加拿大］诺斯罗普·弗莱：《批评的剖析》，百花文艺出版社1998年版，第3页。

义者眼中，"神话"是"不真实的""虚构"；而到了德国浪漫主义者头脑里，"'神话'像诗一样，是一种真理，或者是一种相当于真理的东西，当然，这种真理并不与历史的真理或者科学的真理相抗衡，而是对它们的补充"①。在罗兰·巴特那里，神话则是"一个交流的系统，是一种信息"，它是"一种意义的模式，一种形式"，是"有一种话语传达的……一种说话的类型。神话不是由其信息的对象来确定的，而是由它说出这些信息的方式确定的"②，可见，这是一种符号学的神话概念。这些论述，显然无不是在说明，神话概念早已经变异为一种特定性质的指代，这种性质，我们或者可以称之为"神话性"。神话性，是一个抽绎了神话的本质性规定而常谓之以"原型"的概念，它大致有两个方面的所指：一是原型往往体现了人类集体的想象。这种"集体的想象"，在某种意义上，是荣格所谓的"原始意象"和列维—布留尔所谓的"集体表象"的同义词。荣格认为，"原始意象……是同一类型的无数体验的心理残迹。……每一个原始意象中有着人类精神和人类命运的一块碎片，都有着在我们的祖先的历史中重复了无数次的欢乐和悲哀的一点残迹，并且总的说来始终遵循同样的路线。它就像心理中的一道深深开凿过的河床，生命之流在这条河床上突然奔涌成一条大江，而不是像先前那样在宽阔而清浅的小溪中漫淌"③。而列维—布留尔指出，他的"集体表象"，在"该集体中是世代相传；他们在集体中的每个成员身上留下深刻的烙印，同时根据不同的情况，引起该集体中的每个成员对有关客体产生尊敬、恐惧、崇拜等情感"④。这两个概念的阐释使我们认识到，原型是一种通过生活遗传下来的深层心理模式，是一种"普遍一致和反复发生的领悟模式"⑤。这种模式通过人类"遗传的大脑结构本身"进行传递，因而是人类生命中、体验中最共通、最本质、最永恒之所在。二是原型往往在文本上表现为一些不断重复的结构或程式。这些结构或程式，在弗莱看来，是文学的核心，而且，它还决定着内容，或者说，它本身就构成了内容。因此，这些结构或程式，在文本上就成为一种隐喻，一种关于原型的隐喻，或者一条通向原型意义的媒介。应该说，大众文本的配方程式，以其"不断重复的结构或

---

① ［美］韦勒克、沃伦：《文学理论》，刘象愚、陈圣生等译，生活·读书·新知三联书店1984年版，第206页。
② Barthes, R. Mythologies, London, Paladin Books, 1973, P117.
③⑤ ［瑞士］荣格：《心理学与文学》，冯川、苏克译，生活·读书·新知三联书店1987年版，第121页。
④ ［法］列维—布留尔，《原始思维》，丁由译，商务印书馆1981年版，第5页。

程式"所表达的情爱、英雄等母题，正是种种"集体的想象"。在这个意义上，可见大众文本的配方程式的确具有原型色彩。

配方程式的故事性、原型性，使得它在大众文本的历史时空中占据着主导和权威的地位。这种主导性，一方面体现在故事性作品占据着大众文本的最大数量，另一方面这类文本早已经得到了绝大多数观众的认同与共鸣。罗伯特·麦基曾经描述道："人类对故事的胃口是不可餍足的，设想在地球上的普通一日，有多少故事以各种形式传送着：翻阅的散文书页、表演的戏剧、放映的电影、源源不断的电视喜剧和正剧、二十四小时的报刊和广播新闻、孩子们的睡前故事、酒吧内的自吹自擂、网上的闲聊。故事不仅是人类最多产的艺术形式，而且在和人类的一切活动——工作、玩乐、吃饭、锻炼——争夺着人们每一刻醒着的时间。我们讲述和倾听故事的时间可以和睡觉时间相提并论——即使在睡着以后我们还会做梦。为什么？我们人生的如此之多的时间为什么会在故事中度过？因为，正如评论家肯尼思·伯克所言，故事是人生的设备。"[①] 这种故事性作品的普及程度，无疑使配方程式理所当然地成为大众文本中最具主导性的文本形式，并且因为主导性而具有了稳定和难以推翻的权威性。但是，我们在这里指出配方程式的主导和权威性，目的并不仅限于一种事实或经验描述，而在于指明，配方程式因为身居主导、权威位置而同时具有了被边缘化乃至被颠覆的危险和可能。这种被边缘化、被颠覆的途径大致有两个：一是现代主义的抗逆，二是后现代性的解构。前者的抗逆，是反故事情节、反完整结构，在孤独、荒诞的图景中刻绘心灵；后者的解构，是意象的翻新、程式的拼贴，在戏拟、反讽中诉说故事。而在这两条路途上，大众文本基本倾向于后者。也就是说，大众文本的配方程式也会被大众文本自身所推翻、所颠覆，颠覆的方式便是打破程式、重新配方。当然，这种颠覆是暂时的，也是过渡性的，它是打破旧的平衡机制的手段，也是建立新的平衡系统的前奏。事实上，大量的大众文本实践证明，新的平衡系统健全的时候，也就是配方程式再度占据主导及权威地位的时候，只不过这个时候的配方程式已经由于历经动荡添加了新的质素，是适应新的时代与大众的配方程式。这也正如美国电影从"好莱坞"走向"新好莱坞"，中国武侠小说从"武侠"走向"新武侠"，而后又都归结于经典好莱坞电影或武侠小说配方程式的征途。这一点，我们在后文中还

---

① ［美］罗伯特·麦基：《故事——材质、结构、风格和银幕剧作的原理》，周铁东译，中国电影出版社2001年版，第13页。

会讲到，这里不再赘述。

（二）程式配方

如前所述，配方程式由于其故事性、原型化，在相当长的时期里它一直占据着大众文本的主导和权威地位。直到今天，依赖配方程式的文本样式，如肥皂剧、情景喜剧、好莱坞电影、武侠小说等，依然是最流行、最占主流并且数量最大的大众文本。也许正因如此，配方程式已经凝定为了一种稳定结构，一种叙事惯例，轻易难以改变。这种难度不是由于创作者缺乏创造力和艺术追求所导致，而是因为久长历史的烟熏火燎，已经造就了大众近乎天然的、惯性的接受与消费心理。要改变这种心理，对于以获得大众青睐、赢取最大利润为至上目的的大众文本来说，无疑是一件困难重重的事情。

业已形成的配方程式虽然难以更改，但当一种类型发展到巅峰、市场价值下滑时，对商业利润的无尽追求就会使创作者们自动启动一个打破类型、重新配方的转型期。在这个转型期里，配方程式开始遭到抵制、嘲讽和颠覆，配方化的结构被打碎，各种构件分崩离析，又被捡拾、拼贴到各种嬉笑怒骂、奇形怪状的文本中。因而在这个转型期里出品的文本，我们可能说不出它属于哪一种程式，但又分明能感觉到它对当年那些配方程式诸多构件的汲取，众多图谱符号的选择和重新编排。文本依然是配方式的，只不过配方不再以原有的程式现身，而是将原有程式打乱之后进行拼贴、重组、合成，从而呈现出了新的面貌。我们把这种打破原有配方程式，然后对各种程式以及精英文本中的构件随心所欲地加以拣用，然后用新的配方重新加以组织、合成的方法，就称作"程式配方"。这里的"程式"指原有的配方程式，而这里的"配方"指将原来的配方程式打乱之后重新进行的组合或合成。

20世纪60年代产生的"新好莱坞"电影中的许多作品，就是这种"程式配方"结构的经典文本。作为新好莱坞电影开山之作的《邦尼和克莱德》，在讲述美国30年代经济大萧条时期一对银行抢劫犯邦尼和克莱德的真实故事时，就一改过去经典强盗片的配方程式，将它拍成了一部具有强盗片、惊险片、警匪片、传记片、喜剧片等许多电影配方程式的因素但同时又不属于任何既有影片配方的影片；它的社会评论性质，它的情节淡化、分段结构、基调和节奏的转换等，令人想起欧洲的艺术影片，但分明又与欧洲影片有区别。这种超越既定配方程式界限的不同话语合成在一起的现象，应该说，就是新好莱坞电影的根本特征。之后，各种"程式配方"的影片在好莱坞层出不穷。如鬼怪科幻歌舞片《摇滚恐怖图片展》、黑色惊险科幻西部片《刀刃警探》、恐怖神幻喜剧《捉鬼队》、侦探恐怖片《安格尔之心》、黑色喜剧恐怖片《米泽丽》（又译《危情十日》）、科幻恐怖片《异形》（以及续集）、家庭喜剧、滑稽强盗片和迪士尼卡通片的叠加的《独自在家》、纪录戏剧式电影《辛德勒的名单》《刺杀肯尼迪》，等等。这众多的电影实例，显然已经向我们昭示出，这种运用"配方程式"的构件加以合成的新的创作形式，在新好莱坞电影数十年的实践中已经形成了相对稳定的配方，构成了名副其实的"程式配方"结构。

同样，中国香港的影视剧也有许多作品呈现出"程式配方"的叙事原则。周星驰的"无厘头"拼贴电影且不必说，因为我们会在后面专门分析它，即使是香港"新浪潮"代表人物徐克，他的不少影片也是"合成"之作，如《小倩》，是动画片、功夫片、科幻片和鬼怪片的杂交品种，《黄飞鸿》系列、《笑傲江湖》系列，是硬派功夫和古装武侠的合成与重构。而且，中国大陆也很早就出现了类似配方的影片，如功夫片因素加喜剧因素的《神鞭》、犯罪片元素加心理剧元素的《最后的疯狂》、音乐剧因子加犯罪片因子的《疯狂歌女》等，以及后来的电影《疯狂的石头》、电视剧《武林外传》等。

其实，不仅是在电影中，在其他大众文本体裁中也存在着同样的"程式配方"构架。如我国1990年前后文艺界兴起的"调侃"风，就是一种"程式配方"结构。而当时所谓的"调侃"，是由这样一些典型句式来加以体现的：

回到家，吴胖子他们在玩牌，见我就说："我媳妇回来了，所以我们这个党小组会挪到你这儿继续开。"他又指一个大脸盘的陌生人说，"这是我们新发展的党员。由于你经常缺席，无故不缴纳党费，我们决定暂时停止你的组织生活。"

（王朔《玩的就是心跳》）

戈玲："我觉得还是牛大姐的办法好。舍不了孩子，打不着狼。他们来一个，咱们去仁。现在光澳大利亚一个资本主义国家就有咱四五万孤胆英雄，这其中要有一半今后成了地下工作者，就够他们那制度一受的。"

"是吗？牛大姐，您真把孩子送到对敌斗争的最前线去了？"李冬宝装出吃惊不小的样子。

（冯小刚《编辑部的故事·谁主沉浮》）

与这些语句相仿的还有流行音乐中崔健的在"新长征路上"缅怀"两万五千里"，踏着"摇滚""走过来走过去寻找根据地"等歌词，《红太阳》歌带中革命老歌曲与新节奏、新配器的搭配等。这个典型句式其实是当时王朔、崔健等创作者的许多流行作品整体结构的缩影，它显示了一种拼贴方式，一种革命时代的具有固定指涉语义的政治性术语（如"党小组会""组织生活""交纳党费""对敌斗争的最前线""阶级敌人""无产阶级专政"等，也可以是一首老革命歌曲，如《南泥湾》《太阳最红，毛主席最亲》《大海航行靠舵手》等）与现代生活语汇（这种语汇有时出现在文本的表层语言上，如"玩牌"，摇滚节奏、现代配器等；有时则隐含在语言的暗喻乃至隐喻之中，如牌友、牌局、留学等）的搭配，其实也就是一种旧有价值规范与现代生活语境的杂交。革命时代的文艺语汇与价值规范曾经自成一个强大的体系，现代社会的生活与表达方式在当时的中国也已成轮廓，它们之间存在着极大的差别，这种差别使它们曾经而且仿佛只能"各自为政"。然而，调侃文本将它们中的一些构件拼贴与杂交在了一起，这一拼贴与杂交，就使得文本呈现出了一种全新的结构和全新的形式语义。

由此可见，"程式配方"在各种大众文本形态中都存在，而且选取的"配方程式"的构件各种各样，搭配方式多姿多彩。但一般来说，"程式配方"的搭配方式大致有两种：一种是拼贴，一种是戏仿。

所谓拼贴，是指在新编故事的基础上，对多种配方程式的构件或因素进行"引经据典"，以达成程式配方结构的表现方式。这样的大众文本的数量是很多的，我们在前文中提及的《邦尼和克莱德》《刀刃警探》《异形》（以及续集）《独自在家》《辛德勒的名单》《小倩》《神鞭》以及中国大陆20世纪90年代王朔等人的"调侃"文本等，都是拼贴文本。这种文本的拼贴，既可以是不同配方程式的典型符码的搭配，也可以是不同程式构件与精英文本的典型元素之间的组合，还可能是某种文化传统中最具标志性的符号或象征物的拼贴……拼贴的结果，便是文本的"似曾相识"与"四不像"，便是满目熟悉的奇观盛景但不同于往常的排列组合。当然，拼贴的结果，还有更丰富的内容，更好看的场面，和更惊心动魄的效果。

所谓戏仿，是主要针对特定作品或特定故事的滑稽模仿（parody），当然，其中也不乏对其他文本程式的"引经据典"。这类电影作品在美国较著名的有：戏仿《航空港》系列影片的《飞机!》，戏仿 60 年代警探系列电视短剧《刑警队》的《裸枪》，戏仿整部《最好的枪》并戏引几十部名片"经典镜头"的《飞机总动员》，戏仿经典名片《双倍赔偿》为主的《致命的本能》，戏仿《致命武器》为主的《国讽：子弹上膛的武器》（第一集）等，其中最后两部影片都穿插调侃了许多当代名片（如《本能》等等）的"著名"段落、对白和配方程式。① 中国香港有影响的影视剧如：《黄飞鸿》系列、《新梁山伯与祝英台》《唐伯虎点秋香》《青蛇》《九品芝麻官白面包青天》，以及戏仿《西游记》《花木兰》等古典名著和金庸武侠小说的大量作品等。这些戏仿式大众文本，往往沿用所模仿作品或故事的主要情节、人物形象甚至视觉语言，但却又肆意篡改，任意戏谑，此乃所谓"戏说"。戏仿文本的"戏说"方式样态种种，或古代人的装扮行头，现代人的生活语言；或由伟大的民族英雄，变成了现代社会的无赖；或把最著名的崇高场面，用于最无聊的事务或状态表达；或者最应婉约的画面，反而用最豪壮的方式表现……这样的处理，在与接受者惯常经验的比照之下，无疑会给人带来出乎意料、新鲜滑稽之感。

由于拼贴和戏仿，程式配方文本显然已经不像配方程式文本那样单纯、专一于一个故事、一种程式谱系了，斑驳陆离的杂色成为它的基调。在这种杂色中，文本可能有完整的故事结构，也可能只有叙事的碎片；可能有高大的英雄形象，也可能只有平凡窘迫的小人物；可能是令人唏嘘不已的悲剧，也可能是戏谑滑稽令人捧腹的闹剧……程式符码的丰富，选择的多种可能，都使程式配方文本的结构形态、风格样式表现出了从未有过的多元性。无疑，这种多元，拓宽了大众文本的前行之路。

（三）从配方程式到程式配方

如果说，我们在前面两节内容中主要分析的是"配方程式"和"程式配方"的结构形态的话，那么，下面本文将把二者放在一个历史流程的剖面上加以考察。

从配方程式到程式配方，显示的是大众文本的一种发展过程、发展规律和发展趋势，这种过程、规律和趋势无疑是由大众文本的多种实践来验证与昭示的，而这"多种实践"既包括整体的文本实践路线，也涵盖个体

---

① 李迅：《当代美国电影》，载《电影艺术》1995 年第 1 期，第 46～53 页。

创作者的文本实践走向。

从大众文本的整体路线来说，好莱坞的电影历程、我国的武打电影的发展等，显然是我们论述从配方程式到程式配方的最好例证。而在个人创作向度上，金庸的武侠小说、琼瑶的言情小说则是首当其冲的话题。

众所周知，在全世界已成蔚为大观的好莱坞电影，在长达一个世纪的发展历史上，走过了一个从"好莱坞"到"新好莱坞"的过程。"好莱坞"意味着20世纪20、30、40年代好莱坞黄金时期的电影创作。"新好莱坞"指称60年代好莱坞的反类型化电影作品。这两个时期的电影各有特点，这种特点就在于"好莱坞"的电影文本结构主要为"配方程式"，而"新好莱坞"的电影文本结构则基本为"程式配方"，这一点，本文在前面已作过分析。现在的问题在于强调，"新好莱坞"是在"好莱坞"的基础上发展起来的，或者说，正是"好莱坞"的发展引出了"新好莱坞"电影。因为如果没有"好莱坞"电影对"配方程式"的充分发展，没有法国"新浪潮"电影的现代叙事手法的冲击，尤其是没有戈达尔以"反电影"大开好莱坞配方程式的玩笑，把它们肢解之后再随意拼接，结果"精华"尽失，只剩一堆滑稽和笨拙的话，"新好莱坞"电影的出现根本就是不可能的。事实上，"新好莱坞"对"好莱坞"的反叛，就是从在"好莱坞"时期以拍西部片而著称的约翰·福特开始的，他1956年拍摄的《搜索者》就开始颠覆西部片的配方程式。其后，资深的希区柯克也以《精神病患者》（1960年）和《群鸟》（1963年）开始对惊险片的惯常程式进行了局部的阻断和拆解。而真正导致"新好莱坞"电影出现的那一批新锐导演的作品，如阿瑟·潘的《邦尼和克莱德》（1968年）、山姆·派金帕的《野帮》（1968年）、迈克·尼克尔斯的《毕业生》（1967年）和罗伯特·阿尔特曼的《陆军医院》（1970年）等，也都无不是利用影片类型的既有模式来实现其颠覆类型影片的配方程式，以摆脱"好莱坞"时期确立下来的叙事传统和技巧规范，建立新的叙事法则的企图。而他们的影片，也恰恰大都是游刃在传统"配方程式"之间，跨越边界，实现了诸多程式元素的"联合"，走向了"程式配方"。由此可见，"新好莱坞"的成功，与"好莱坞"的成就密不可分。这也就是说，"程式配方"必须站在"配方程式"这个巨人的肩膀上才能够凌空一跃。否则，"程式配方"就成了无源之水，或者空中楼阁。

同样，我国的武打电影也走过了一段从配方程式到程式配方的历史。我国的武打片自1928年《火烧红莲寺》以后，已风风雨雨地走过了近70

年的历史。在这并不短的历史时期中，它早已形成了其作为一种类型片的配方程式，即"它的基本元素有三，一是武，二是侠，三是传奇"①，其中"'武'指影片中的打斗、技击场面和具体武功的套路；'侠'指片中人物侠义行为和侠义精神；'传奇性'则是利用历史人物、事件展开传奇的故事。这三个基本元素相互渗透、组合构成武侠电影的基本框架"②。除此之外，还有以武星为主，追求真打实斗，外景往往采用真实自然的奇山异水、荒野丛林等。这种配方程式在《少林寺》等优秀传统武打片中得到了近乎完美的体现。然而，这样的配方程式，在20世纪90年代以来的新武侠电影中却遭到了拆解。而拆解的重要方式，就是把其他配方程式的因素，如喜剧片、西部片、科幻片的因素等，掺入到武打片中来，从而使其呈现出了新的面貌。《双旗镇刀客》《新龙门客栈》在许多方面，尤其是在布景、造型上拼贴了美国西部片配方程式的一些典型元素。《英雄本色》的黑社会英雄片模式是黑帮片、枪战片与武打片程式的诸多因子的有机融合。《小倩》是武打片与动画片、科幻片、鬼怪片等程式的多种因素的混成品。这种由各种"配方程式"的元素混合、拼贴而成的"程式配方"结构，不仅使得我国的武打片更新换代，走上了新的艺术台阶，而且同样揭示出了一个道理，即大众文本的"程式配方"的发展一定根基于"配方程式"的深厚土壤。

在大众文本的个体创作中，著名武侠小说作家金庸的创作历程是一个典型案例。金庸一生共创作了15部武侠小说，大都基本沿袭了他一贯的武侠小说的配方程式：与历史事件纠缠在一起的关于"国仇""家仇"或"帮仇"的复仇式故事情节；盖世英雄或极尽狡诈奸猾的小人，绝美香艳的女子或丑陋至极的老太婆等善恶、美丑分明的人物谱系；基本结构为诞生、劫难、考验、退隐的侠客模式；男女主人公至真至诚的世间奇情和有情人终成眷属的结局；武林人争相抢夺的独门武功秘籍或宝刀、神剑，以及出神入化的武功描述；激烈紧张的打斗场面和武打文写的手法；悬念频生、环环相扣的线性叙述结构；以及对侦探、推理、言情小说因素乃至电影、戏剧的表现技巧等诸多元素的汲取……在这种种程式配件中，应该说，有的来自传统武侠小说的真传，有的属于作者的原创（如对其他类型小说和影视剧程式因素的掺用等），而正是原创性与武侠传统模式的融通，

---

① 陈墨：《武侠电影漫谈》，载《当代电影》1994年第4期。
② 金均海：《九十年代新武侠电影漫论》，载《杭州师范学院学报》1995年第5期，第56~59页。

带来了包括金庸小说在内的新武侠小说的繁荣和今天它在中国的声望。然而，即使是由这种配方程式所构成的金庸小说的核心结构，在金庸最后一部作品《鹿鼎记》中，也得到了解构与颠覆。于是，我们看到，小说的主人公韦小宝依然屹立于天地之间，但已经不再是作为一个历经磨难、坚持正义的侠客，而是以一个既无"武"又无"侠"的小无赖形象，在各种矛盾的缝隙中游刃有余；韦小宝不再是立场分明的正道人物，而是亦正亦邪，在"道"也在"魔"；韦小宝也钟情于女子，但已不是杨过那样的情痴，而是"见了女人便搂搂抱抱、勾勾搭搭"、最终娶了好几个老婆的"好色"之徒；武打场面依然精彩，但韦小宝唯一学会的武功是逃命用的"神行百变"，因而逢到打架，多半是脚底抹油——溜得快……《鹿鼎记》就是在这种变形、戏仿以及世俗化人物与武侠语境的"拼贴"中，成就了它的"程式配方"结构。

金庸的创作历程如此，琼瑶的小说及影视剧创作又何尝不是这样呢？琼瑶一生创作了几十部风花雪月的言情小说，拍了十几部影视剧，绝大多数是曲折坎坷然而美丽极致、缠绵悱恻、凄婉动人的爱情故事。而这些故事的讲述也大都有一定的配方程式。有人曾经对这个配方程式的基本构件梳理为："哭"、"多角恋情"、"几代的恩怨"、"好听的歌曲"、"完美的结局"、"文艺腔重"等。这种梳理虽然很难说它准确或合适，但它确实揭示了琼瑶作品既有程式中的某些核心因素，如纯真圣洁、令人既陶醉又痛苦的恋情，美丽温柔善良而又历经磨难的楚楚动人的女主人公，一往情深、风度翩翩的"白马王子"，常以意境深远的古典诗词入文的优美语言，等等。这些构件显然是琼瑶才有的基本语汇，它们被琼瑶用惯常的配方程式组合起来，于是成就了一部又一部让人心动让人哭的作品。然而，这种配方程式在琼瑶的转型作品《还珠格格》中却遭遇了解构。如果说，《还珠格格》中的紫薇形象还延续着琼瑶一贯的程式的话，那么，小燕子的横空出世却给作品平添了一种叛逆的色彩。小燕子不再是温文尔雅、小鸟依人的淑女，而是身怀武功、天不怕地不怕、能打能闹的小悍妇形象；她不懂封建礼仪，想要学习，关键时刻却还是依照本能地率真行事，结果闯祸连连；她不懂诗词，不愿咬文嚼字，对很多正经的知识或学问往往胡诌乱侃一通，令人捧腹；她虽然善良仁义，但已不再完美，撒谎、使小性儿、大大咧咧。另外，作品在言情中还融进了武侠小说、"戏说"古装剧、闹剧等文类的因素。这也难怪有人说，看着小燕子，就想到了韦小宝。其实，《还珠格格》与《鹿鼎记》还有相仿的地方，即正如韦小宝颠覆了金庸的武侠程式一样，小燕子也阻隔了琼瑶多年的叙事惯性，将其配方程式拆解，在戏仿与拼贴中使之转换成了"程式配方"。因此，可以说，琼瑶的转型是其作品结构从"配方程式"到"程式配方"的转型。

以上之所以从方方面面罗列这许多文本实例，是为了有说服力地证明一个道理，即从"配方程式"到"程式配方"，是大众文本结构上的一个发展规律。这个规律，不仅体现在某一文本类型的整体发展中，也呈现于个体的文本创作历史。既然从"配方程式"到"程式配方"体现着一种经典的结构发展规律，那么，这个规律发生的动因在哪里呢？或者说，"配方程式"为什么会发展到"程式配方"，创作者的意图何在呢？

我们不能否认，创作者在选取"配方程式"的元素形成新配方时的意图也是因人而异的，但在共同的问题中有着共同的思考与选择也是非常常见的，对于大众文本的创作来说，尤其如此。一般说来，寻求模式的突破，大致有两种目的：一是探索新的文本结构与表达方法，二是表达创作者对既往文本的批判。达到这两种目的同样是大众文本创作者们的图谋。

众所周知，"新好莱坞"电影的出现，是在"好莱坞"类型电影衰落之后，新武打片的成就是建立在传统武打片的基础之上，同样，金庸的《鹿鼎记》、琼瑶的《还珠格格》也是根基于它们之前众多作品的既定程式。这也就是说，大众文本"程式配方"形成的基本前提，是"配方程式"文本繁盛之势的逝去，和创作者们寻求新的文本形式的心理动因。然而，新的文本形式的获得并非平地掘穴，也非一日之功，不能一蹴而就，它的新芽只能发生在虽已衰弱但并未僵死的先驱的大树上，因而，新的文本形式的探求必然只能从批判既往文本的配方程式入手。批判的方式呈现在文本上便是对配方程式的戏仿和拼贴，对此，德国学者格尼玛拉指出，新好莱坞电影的发起者之一罗伯特·阿尔特曼，在他的一些影片中"使用了一些类型电影的规律，目的是为了在一些方面用类型电影的方法讽刺类型电影，从而反抗构成美国基础的基本理念"①。而阿尔特曼的影片《麦凯布与米勒夫人》就是一部用西部片和喜剧片等配方程式的因素结合起来的反西部片，《外科医生》则是将战争片和讽刺剧因素组合起来的对战争片的模仿与嘲讽。同样，吉姆·萨曼拍摄的歌舞片《摇滚恐怖图片展》，用带着恐怖与迷信的欢闹气氛，嘲弄了鬼怪片、科幻片和歌舞片的配方程式。应该说，正是在电影创作者们这种有意识的抗逆和追求下，新好莱坞

---

① ［德］格尼玛拉：《电影》，白春、桑地译，黑龙江美术出版社2001年版，第173页。

电影打破了传统类型电影的各种界限，走向一种类似于惊险动作恐怖片、卡通生活故事片、科幻惊险战争片等混合体形式。毫无疑问，这种"混合体"是创作者批判性地寻求新的文本建构的起步和探索，是"新好莱坞"电影用以反抗"好莱坞"电影的武器，是对经典"好莱坞"电影的超越。同理，当新武打电影《黄飞鸿》系列把传统武侠电影中侠义、爱国的英雄黄飞鸿形象，与滑稽闹剧中市侩味十足的黄飞鸿形象拼贴在一个角色中时，当具有现代世俗小人物品性的油滑、无赖、好色的韦小宝，被传统武侠小说语境中的皇帝和众多武林中人当成英雄、认作亲信和同道时，《黄飞鸿》系列和《鹿鼎记》就表达了对前此同类文本的嘲弄、讽刺与批判。

批判旧有文本程式的最终目的，是为了建构新的文本形式。而这种文本形式，在经过了"程式配方"的冷嘲热讽、混合重构之后，往往会再度表现为"配方程式"，于是新的大众文本类型成长起来。在好莱坞，"新好莱坞"电影提倡者们抗逆"好莱坞"电影程式的初衷，在经历了短暂的欣喜之后，很快就烟消云散，进而转化成了开启新的电影配方程式大门的钥匙。20世纪70年代，一批从电影学院毕业的才华横溢的青年导演，科波拉、卢卡斯、斯皮尔伯格等，拍出了《教父》《现代启示录》《星球大战》《大白鲨》《侏罗纪公园》等一批屡创票房新高并横扫世界电影市场的大片。当他们被美国人亲切地称为"电影小鬼"并引以为豪的时候，他们成功的秘诀，就是在继承"好莱坞"传统电影程式的基础上锐意创新，或者说，他们的成功影片"都是根据好莱坞的成功模式定做的，同时又加入了现代动画制作技术和他们高质量编剧的新标准"①。这批青年导演对"好莱坞"电影程式的敬重，一方面表现在他们对一些经典"好莱坞"影片的重拍上，如卡蓬特以极大的热情重拍了霍克斯的《东西》，并且把经典西部片《里约刺客》改变成了大都市里的西部片《袭击13区》。帕尔玛以经典的强盗片为原型拍摄了《疤脸大盗》，以希区柯克的《眩晕》为原型重拍了《黑天使》，以《精神病患者》为原型改拍了《怕到死》等。更重要的方面，是他们重新开始回归自60年代起就不再流行的经典电影类型，将它们的配方程式付诸实践并超越了它。因而我们看到，《教父》在回归强盗片程式框架的同时，又赋予了它一些新的思想内涵和人物品质；卢卡斯、斯皮尔伯格承续了科幻片的传统配方，并用高科技、新创意将其发扬光大成如今好莱坞最为显赫的现代影片类型。在中国（甚

---

① ［德］格尼玛拉：《电影》，白春、桑地译，黑龙江美术出版社2001年版，第168页。

至包括日本、韩国），武打片、言情片在滑稽闹剧之风盛吹之后，又开始了"返璞归真"的新趋向，新的武打、言情类型影视剧重新露出端倪。无论是《卧虎藏龙》、《天地英雄》，还是《情深深，雨蒙蒙》，正义与邪恶的较量，英勇无畏的侠客武士，紧张曲折的故事情节，以及令人心痛的多角恋情、令人怜爱的女主人公，强烈的煽情效果等，这些在既往同类作品中不可或缺的程式因素，如今再次担纲起了主角，并且打上了美学化的新色调。因此，基于这样的大众文本发展历史及趋势，我们推断，从配方程式到程式配方，并不能完全概括大众文本的发展历程，或者说，它只是大众文本发展的一个部分、一个阶段。只有"配方程式—程式配方—配方程式"这样一个永远可以延绵下去的轨迹描述，才能缩微出大众文本历时发展的全息版本。

由上述可见，由于对大众文本"配方程式"的反叛，才导致了大众文本"程式配方"的出现，但"程式配方"产生的最终目的是为了催生新的文本形式，而当新的文本形式真的诞生的时候，人们才发现，所谓新的文本形式，不过是以往的"配方程式"的回归。尽管这种回归是汲取了"程式配方"成果，在新的意义上的返回，但它多少总是有些令人失望的。失望的是大众文本竟如此没有长进，来来回回地只是在类型化的道路上踯躅、徘徊，永远无法上进到更高的创新境界。也许这正是大众文本难移的本性，是它无法摆脱的规律与界域。

二、"类型"与"类型化"道路

如前所述，一般情况下，一个配方程式意味着一种大众文本类型，众多的配方程式就有众多的类型。也就是说，配方程式与大众文本类型之间互为因果、相辅相成，配方程式是文本类型的形式结构和基本语言，是它内在的规定性；文本类型是配方程式不断复制的必然生成物，是它的集聚地和团队形象。因此，配方程式文本的历史，自然是并且只能是难以逃脱地在类型化轨道上向前滑行。

"配方程式"造就了大众文本的类型化，使大众文本的类型像雨后春笋一般涌现出来。而"程式配方"，其实同样是一种"类型化"呈现，也会产生多种文本类型。当以它为基本结构方式的作品纷纷采用戏仿和拼贴方法，来重组配方程式的各种元素时，它的类同性也就显而易见。

我们知道，《邦尼和克莱德》是"新好莱坞"电影的开山之作，创新性不言而喻。但是在它问世之后，立即就有《毕业生》、《狂野团伙》等相似影片的出现。这些影片与《邦尼和克莱德》一样，充斥着社会暴力、种族冲突、道德沦丧等内容，影片中的形象也大多是反抗现行社会规则与观念、甚至犯罪的叛逆者或"反英雄"。并且都以亡命或囚禁为结局，用剧中人的虚无、苦闷、自由不拘及反叛的生活方式来反映"二战"后一代青年人的精神危机。此外，这些影片也都不再注重情节的精巧与人物性格的展示等传统表现方法，而侧重于探索人的内部世界的复杂性，极大地凸现人物，并以人物行为决定叙事，结构松散多样。由此看来，类型化的确像一个梦魇，是好莱坞怎样挣扎也摆脱不了的宿命。

中国的武侠小说、武打影视剧又何尝不是如此呢？《鹿鼎记》之后，后续的武侠小说、影视剧中已经不知出现了多少个"韦小宝"，连黄飞鸿这样著名的民间英雄、唐伯虎这样文雅的风流才子，不是也同样一幅没头没脑、没着没落的"无厘头"扮相吗？而徐克的各种拼贴与戏仿，更是同样引出了一堆数不清的武打"戏说"之作。可见，"程式配方"虽然一时新鲜，但毕竟是仍是一种"配方"，而"配方"的最终结果必定还是程式，还是类型。

既然"程式配方"文本最终导致的结果也是复制，也是类型的出现，那么，从逻辑上推理，它那起初逆反配方程式、抵抗类型的姿态，后来启动的就必然会是又一个类型化过程，必然预示着新的"配方程式"、新的文本类型的形成与发展。因而当"新好莱坞"的许多作品，后来也渐成程式、趋于类型化的时候，我们也就不足为怪了。其实，这样的因果链在文艺创作史上并不鲜见。19世纪末20世纪初产生的现代主义作品，的确曾以割断传统、另构体系的大破大立而惊世骇俗，它给我们带来了表现主义、意识流、抽象派、达达主义、魔幻现实主义等众多闻所未闻、激动人心的创作方法。然而，最初的创举之后，后继者也大都陈陈相因，少有超过"巨人"肩膀之作。因而，难怪罗伯特·麦基把"艺术电影"也归结为一种类型，指出："艺术电影已经变成了一个传统类型，可以分为两个次类型，最小主义艺术和反结构艺术。其中的每一种类型都有自己关于结构和宇宙论的一系列常规组成的体系。就像历史剧一样，艺术电影是一个超大类型，包含其他基本类型：爱情故事、政治剧，等等。"① 当然，以

---

① ［美］罗伯特·麦基：《故事——材质、结构、风格和银幕剧作的原理》，周铁东译，中国电影出版社2001年版，第100页。

"创新"为名片的艺术电影、探索小说等文本，在程式与创新的中轴线上偏向"创新"一极，也就是说，其文本构成中的创新成分要大于其程式化的因素。然而，无论它的每一个文本在怎样的求新，创新的程度如何，其创新的开端与后继文本的类型化结局之间的连接与过渡，却是一种具有普遍性、共通性的现象。只不过在大众文本中，这种普遍性、共通性表现得更直接、更鲜明罢了。

应该说，正是在此意义上，当人们经常把新好莱坞电影指称为非类型影片，以为是对昔日配方式、类型化道路的离弃与超越的时候，在我看来，其实不然。"新好莱坞"的所谓"非类型"化，只不过是对原有影片类型的悖逆，而非对电影类型化道路的背叛，实质上，它是对一个新的类型化阶段的启动，和新的"配方程式"的形成与发展。它在时间上的延续，落实到文本上，必定是又一个类型电影时代的到来。也就是说，"新好莱坞"与经典的"好莱坞"电影一样，在文本结构上，是程式化的；在文本特征上，是类型化的。唯一的不同，只在于"程式"的配方的差别。因此，无论是"配方程式"的大众文本，还是"程式配方"的大众文本，都是类型化文本，都各自存在或包含着诸多文本类型。

我们说"程式配方"文本往往启动了一个新的类型化时代，但这并不是说，这个新的类型化时代与传统配方程式的类型时代，只是时间差异。本书以为，由于时间的流逝而带来的时代需要和社会心理问题，只是新、旧类型之间区别的一个重要方面，是可能决定着一种类型在一个社会时期的兴盛或衰落的方面；而更多、更本质的区别表现在类型文本的品质上，表现在它汲取各种其他类型及非类型因素之后的融合，和这种融合势必呈现出来的一种新质上。尽管这种新质未必能导致美学上的提升或改进，但却是一种实实在在的程式上的"进化"。"这种进化是不可避免的"①，是必然的，因为如果没有这种进化，配方程式就可能僵死，文本类型也就走到了尽头。事实上，大众文本在其迎合大众、热衷流行的追求中，从来不为陈规而固守，为了吸引更多大众的眼球，它非常灵活变通，只要大众喜欢，哪怕为"艺术"都行。它之所以执著于类型，是因为类型拥有稳定的接受群体；它之所以改进类型，是因为接受者已经改变了兴趣，需要它变通。因此，这种随时追逐大众趣味的动机与姿态，一方面决定了大众文本类型的稳定性，另一方面也决定了大众文本类型的变通性。当然，这种变

---

① 〔美〕路易斯·贾内梯：《认识电影》，胡尧之译，中国电影出版社1997年版，第224页。

通是有限度的，它不可能完全背离类型的配方程式，那样会使文本的创作者感到有失去大众的危险，最安全的做法无疑是在持有类型的基础上修正类型、改良类型，将"配方程式"的元素重新配方。而修正、改良的结果，无疑会使传统的类型增添新的元素、新的元素搭配方式和新的价值观念，并且因为这些新的成分与原有机体的有效融合而在思考与表现上走上一个新的台阶。因而，新的类型化时代的大众文本类型，是一种位于更高层次或更高阶段的文本类型，而非对既往类型时期的各种类型及其配方程式的完全重复。

关于大众文本类型的发展过程，路易斯·贾内梯曾经在类型电影分析中将它划分为四个主要阶段：

1. 原始阶段。这个阶段的类型片通常是幼稚的，尽管它在感情上有着强大的冲击力，部分的原因是它的形式新颖。类型片的许多程式是在这个阶段确立的。

2. 经典阶段。这个中间阶段使诸如平衡、丰富和自信之类经典的理想具体化。类型片的价值观念得到确认并被广大观众所接受。

3. 修正阶段。类型片通常比较具有象征性和模棱两可，它的价值观念不太肯定。这个阶段倾向于复杂的风格，更多地求助于理智而不是求助于感情。类型片预先确定的程式往往被当作讽刺的陪衬来利用，怀疑和破坏大众的信念。

4. 拙劣模仿阶段。类型片这个发展阶段彻底地嘲弄了它的程式，把这些程式贬低为陈规陋习，并以一种可笑的方式来表现。①

路易斯·贾内梯的划分细致而具体，他将一种文本类型的起始、发展、变化和衰落的历程勾勒了出来，但是这里的衰落，即"拙劣模仿阶段"，并非意味着一种文本类型的消失，而旨在说明一种文本类型的配方程式怎样被拆解开来，成为戏仿、嘲弄的对象，也就是进入了本文所谓的"程式配方"阶段。即使是一种类型的配方程式被解体了，也并不表明这个文本类型就从此消亡了。路易斯·贾内梯以好莱坞的"西部片"为例说，"《火车大劫案》（1903 年）是西部片原始阶段的范例"，"几十年来，这部影片一直在被模仿和润色"；"西部片的经典阶段可以由约翰·福特的许多作品来代表，尤其是《关山飞渡》（1939 年）"；"《正午》（1952 年）是第一批经过修正的西部片之一，嘲弄地怀疑这种类型片经典阶段的许多

① ［美］路易斯·贾内梯：《认识电影》，胡尧之译，中国电影出版社 1997 年版，第 225 页。

民粹主义价值观念。在后来的整整 20 年里，大多数西部片一直保持这种怀疑论的方式"；"梅尔·布鲁克斯的模仿之作《闪耀的马鞍》（1973 年）是对这种类型片的致命一击，因为它的许多程式遭到了无情的嘲弄"；"不过这种类型片在得到几年的休养生息之后，有办法突然恢复生命。例如，克林特·伊斯特伍德的《面色苍白的骑手》（1985 年）是一部当之无愧的经典作品"。① 在这段陈述中，路易斯·贾内梯特意声明，"拙劣模仿阶段"之后西部片又"突然恢复生命"，再次焕发了生机。虽然他没有进一步探究"突然恢复生命"的"办法"是什么，但他对西部片貌似死而复生命运的陈述是实事求是的。本文以为，他所谓的西部片"突然恢复生命"，其实并不突然。因为西部片从来就没有僵死过，长时间的"怀疑"和"嘲弄"只是它的调整期，是它尝试着"程式配方"的时期。当应该融进的新因素已经被吸收，值得怀疑的价值观念得到了逐步修正的时候，西部片自然会"恢复生命"。而且，此时的西部片与以往经典西部片相比较，必定也已经站在了一个更高的层次上。

同时，我们从路易斯·贾内梯的陈述中，还看到了西部片作为一个电影类型，由于重新"恢复生命"而步入了一个新时期。在这个时期里，经过调整和修正的西部片，开始保持相对稳定的故事结构、形象体系、意义模式和语言图谱，也就是说，西部片开始再次步入相对稳定的配方程式时期。于是，我们看到，在 1990 年的奥斯卡获奖西部片《与狼共舞》中，许多以往经典西部片所没有的新添因素，如牛仔形象的非英雄化、印第安人形象的再认识，一定的反思色彩等，在此前此后的其他西部片中也同样存在。究其个中缘由，一方面是由于出品人"跟风"所至，另一方面也是类型程式稳定性的需要和规律使然。这也就是说，西部片会在一段时期内保持其现有结构，现行配方程式，直到再一次变动，重新进行程式因素的重组。因此，西部片已经踏上了又一轮的从配方程式到程式配方或者说是从西部片到反西部片的行程。其实，不仅是西部片的演变历史是如此，恐怖片、科幻片、武侠小说、言情剧甚至各类时装等大众文本类型的发展，又何尝不是如此呢？时装界所谓十年一个"流行周期"，紧腿裤之后喇叭裤，喇叭裤之后紧腿裤，指代的就是这个道理。可见，研究者们从西部片中发掘出来的现象和规律，同样适用于其他大众文本类型。

---

① ［美］路易斯·贾内梯：《认识电影》，胡尧之译，中国电影出版社 1997 年版，第 226～227 页。

行文到这里，我们终于可以得出一个结论了，即从配方程式到程式配方、再到新的配方程式的大众文本发展过程，就是从类型文本到反类型文本、再到更高层次的类型文本的过程，在这个过程中后浪推前浪地向前发展，就是大众文本的类型化之路。大众文本的各种类型或绝大多数大众文本就是在这条道路上向前行进着。

第三章

大众文本程式的横剖面解析

如前所述，大众文本程式在其历时性的发展过程中，呈现为从配方程式到程式配方、再到配方程式的规律性演进。与这个演进过程中的配方程式与程式配方相对应，大众文本程式在具体作品里往往表现为两种基本的结构形态：故事型结构与"无厘头"型结构。本章内容就是对这两种基本结构形态的横剖面解析。

一、"讲故事"：大众文本的基本结构之一

"讲故事"在这里指称的是大众文本的故事型结构。因为"故事艺术是世界上的主导文化力量"①，所以，故事型结构的作品，在大众文本中所占的数量应该是非常巨大的；作为一种文本结构形式，也是大众文本中最基本、最重要的形式之一。

所谓故事型结构，自然是以"讲故事"为文本核心和主干的结构形式。而"故事"在这里，正如前文所述，不是笼统地指文本中"一种编排（ordering）的结果"，也不是明确地作为"故事的布局"的情节，而是爱·福斯特所定义的内涵，即"故事是叙述按事件顺序排列的事情——午餐跟在早餐之后，星期二在星期一之后，腐烂在死亡之后，等等"②。这也就是说，故事叙述的是"时间观念中的生活"③，是一种按照开端、发展、高潮、结局的线性顺序来叙述事情的结构。然而，"故事"与"讲故事"又有不同。如果说"故事"叙述的只是一件事情发生的前后经过或

---

① ［美］罗伯特·麦基：《故事——材质、结构、风格和银幕剧作的原理》，周铁东译，中国电影出版社 2001 年版，第 18 页。

②③ ［英］爱·摩·福斯特：《小说面面观》，引自 ［英］卢伯克等著《小说美学经典三种》，方土人、罗婉华译，上海文艺出版社 1990 年版，第 223 页。

主干经络，是类似于"国王死了，后来王后死了"的叙述方法的话，那么，"讲故事"则是将一个故事讲述得有声有色、有滋有味、有血有肉的一种方式，是类似于"国王死了，后来王后由于悲伤也死了"的一种叙述。这种也"叙述事情，不过重点放在因果关系上"①（其实，还有其他关系以及由于各种关系纠缠在一起而形成的复杂性——引者注）的叙事方式，在爱·福斯特那里则已经是"情节"了。可见，情节是"讲故事"的方式，而"讲故事"中显然又包含着"故事"，因此，大众文本的故事型结构作为一种以"讲故事"为文本核心和主干的结构形式，应该涵盖两个层次的内容：故事和情节。

我们知道，无论是"故事"，还是"情节"，在理论史上，都是论述颇多、众说纷纭的概念。有些人将故事与情节不加区分地使用，或者干脆用"故事情节"一词将一切相关因素囊括其中；有些人虽然将故事与情节予以严格的区别，但各自的概念界定依然不同，如俄国形式主义文论家托马舍夫斯基认为，"简单地说，本事（即故事——引者注）就是实际发生过的事情，情节是读者了解这些事情的方式"②。美国学者伯格概括道，故事是"叙事中发生的许多不同的事件。故事与文本并不是一回事情；某个特定的故事可以用许多不同的文本来讲述"，情节是"作者讲述故事和安排事件发生的方式"③；还有些人将故事与情节捆绑在一起加以区分，如托多罗夫称，"故事中一个平衡向另一个平衡过渡，就构成一个最小的完整情节"④。威·毛姆认为，"情节不过是故事的布局"⑤。"新批评"派代表人物克林斯·布鲁克斯和罗伯特·华伦说："情节无非就是在故事基础上对于动作富有意义的加以使用而已。"⑥ 上述各家的言说，由于各自属于自身所在的理论体系，可谓各有千秋。在此，我们无意比较彼此的高下优劣，而只倾向于多数人的看法，认为故事是按照事件发生的先后排列

---

① ［英］爱·摩·福斯特：《小说面面观》，引自［英］卢伯克等著《小说美学经典三种》，方土人、罗婉华译，上海文艺出版社 1990 年版，第 271 页。

② ［俄］托马舍夫斯基：《主题》，引自［俄］什克洛夫斯基等著：《俄国形式主义文论选》，方珊等译，中国社会科学出版社 1989 年版，第 239 页。

③ ［美］伯格：《通俗文化、媒介和日常生活中的叙事》，姚媛译，南京大学出版社 2000 年版，第 75 页、第 73 页。

④ ［法］兹维坦·托多罗夫：《从〈十日谈〉看叙事作品语法》，引自张寅德选编《叙述学研究》，中国社会科学出版社 1989 年版，第 180 页。

⑤ ［英］威·毛姆：《论小说创作》，引自吕同六主编：《20 世纪世界小说理论经典》上卷，华夏出版社 1995 年版，第 261 页。

⑥ ［美］克林斯·布鲁克斯、罗伯特·华伦：《小说鉴赏》上册，王万译，中国青年出版社 1986 年版，第 67 页。

顺序来叙述的事情，而情节是讲述故事的方式，是"故事的布局"。故事属于叙事作品的结构层次，情节属于叙事作品的表现层次。故事作为叙事结构，往往只有抽象的分类模式，而情节相当于"叙事话语"，可以有多种多样的形态。因为有了故事，大众文本（不止是大众文本）才能保持其各种叙事类型及其配方程式的相对稳定，因为有了情节，大众文本（更不止是大众文本）的各种叙事类型及其配方程式才能发生各种变化，产生各种变体，进而带来革命性的创新形式。可见，故事与情节是大众文本故事型结构不可分割的两个重要因素，而正是这两个因素的难分难解才造就了大众文本的故事型结构。

　　大众文本的故事型结构与精英文本中故事类作品的结构有相同点，也有不同之处。相同的地方在于，首先，二者都着眼于故事的讲述，而且所讲述的故事，无论是在精英文本内部还是在大众文本内部，都有文本之间相似、相近甚至相同的现象出现。对此，米克·巴尔曾经指出，"在欧洲，人人都熟知'拇指汤姆'的故事。然而，并非每个人都是从同一本文阅读这个故事的。有不同的版本，换句话说，有各种不同的本文，其中讲述的是同一个故事。在一系列不同本文中有一些值得引起注意的差别。有些本文被认为是文学的，而有些则不是；有的可给儿童阅读，而有的却很难"。[①] 这些在不同的文本中讲述的相似、相近甚至相同的故事，显然，大都是一些原型故事，一些存在于诸如神话传说、宗教故事、民间文艺、经典作品等文本中的故事。它们经过不同创作文本（包括精英文本和大众文本）的反复演绎、阐释，已经成为一个民族或全人类的共同故事。其次，即使是作为故事讲述方式的变化多端、仪态万千的情节，也存在着各种模式化倾向。这些情节模式里，有人分类说，有亚里士多德从古典悲剧中总结出来的戏剧性情节，也有"同史诗关系密切"的非戏剧性情节模式[②]。也有人认为，有一种"最基本故事"的叙述模式："最基本故事有三个相互联系的事件组成。第一和第三事件是静态的，第二事件是动态的。进一步讲，第三事件是第一事件的反面。最后，这三个事件是由某些连接性特征按以下方式连接起来：（a）第一事件在时间上先于第二事件，第二事件又先于第三事件，（b）第二事件是第三事件的起因。"[③] 无论这

---

　　① ［荷］米克·巴尔：《叙述学：叙事理论导论》，谭君强译，中国社会科学出版社1995年版，第3页。
　　② 刘世剑：《小说叙事艺术》，吉林大学出版社1999年版，第60页。
　　③ ［美］里蒙－凯南：《叙事虚构作品》，姚锦清译，生活·读书·新知三联书店1989年版，第32页。

些情节模式的总结是否得当，我们从中起码能够看到，情节模式的确是很多人亲历亲见的文本存在，既非子虚乌有，也非个案特例，而且得到了许多研究者的关注。当然，这些情节模式也绝不只是出现在大众文本中，也存在于精英文本中。

然而，精英文本与大众文本的故事型结构毕竟不同，不同点在于：第一，从原理上讲，精英文本更重视故事的原创性，大众文本则多为故事的翻新。精英文本的创作由于重视个人表达，常常从现实生活和个人经历中寻找素材，构成叙述事件，所以其故事往往具有原创性；大众文本则着眼于大众的趣味，更愿意从能够引发大众观赏或阅读愿望的习见题材中寻求叙述内容，因而其讲述的故事多为老故事的新版本。但是，有一点需要指出，这样的区别是相对的。精英文本有时也讲老故事，大众文本间或也有新故事显现。第二，讲述故事时的情节侧重点不同。托马舍夫斯基曾经将"作品不可分解部分的主题叫作细节"，"细节相互组合，就形成作品的主题联系"。[①] 他将细节分为两种，一种是不可或缺的细节，称为关联细节，另一种是可以删减但并不破坏事件的因果、时间进程的完整性的细节，称为自由细节。他认为，对于情节来说，只有关联细节才有意义，而自由细节的目的在于艺术地建构故事。异曲同工，罗兰·巴特也曾将叙事作品的最基本单位定义为"功能"："一部叙事作品从来就只是由种种功能构成的，其中的一切都表示不同程度的意义。这不是（叙述者方面的）艺术问题，而是结构问题。"[②] 并且也将功能分为两类，一类是前后关联的行动，叫作"分布类"，另一类涉及功能的所有迹象，叫作"归并类"。分布类功能主要展示情节的进展，归并类功能则基本是关于性格、感情、气氛及其他静止状态的因素的描述，因此，归并类功能也主要与艺术地建构故事有关。正是在此意义上，我们说，大众文本的故事型结构是以托马舍夫斯基笔下的"关联细节"为主，辅以"自由细节"的情节构成；或是以罗兰·巴特理论中的"分布类"功能为主，以"归并类"功能为辅的情节组合，即主要是文本情节发展中不可或缺的、前后关联的"细节"或"功能"的组合。而精英文本的故事型结构，显而易见，就是以托马舍夫斯基笔下的"自由细节"为主，辅以"关联细节"的情节构成；或是以

---

① ［俄］托马舍夫斯基：《主题》，引自［俄］什克洛夫斯基等著：《俄国形式主义文论选》，方珊等译，中国社会科学出版社1989年版，第114页、第115页。
② ［法］罗兰·巴特：《叙事作品结构分析导论》，张寅德选编：《叙述学研究》，中国社会科学出版社1989年版，第11页。

罗兰·巴特理论中的"归并类"功能为主，以"分布类"功能为辅的情节组合，即主要在文本情节链上大力突出描述性"细节"或"功能"的关联。由此可见，同样是讲述故事，安排情节，故事型大众文本重视的是情节的故事化展示，叙事性精英文本重视故事的情节化展示。亦即前者的情节更倾向于故事的叙述，后者的情节则更多艺术性的描绘。当然，这种侧重同样只是相对的，故事型大众文本为了使情节好看，也会大肆进行艺术化的渲染，叙事性精英文本为了艺术表达的需要，也会精心营构情节。第三，所构成文本的特质不同。由于大众文本的故事型结构更侧重于情节的故事化展示，其文本往往也就以情节的"关联细节"或"分布类"功能的叙述为主体，特别注重故事的情节进程的完整性和连续性，强调能够加强故事的吸引力的情节品质，如曲折性、紧张感、悬念设置等。精英文本的故事讲述则往往无意于情节进程的完整、曲折与否，而只在乎怎样在故事之中蕴含一定的意义、情感、性格等，在乎怎样使故事是否适合个人表达的需要。因而，所构成文本的叙述重点往往在于情节的"自由细节"和"归并类"功能，在于人物性格的刻画，心理情感的描述，或人生哲理的象征等非故事性因素。因此，它的情节以阻隔故事进程、添加新的非故事性因素为主体，表现出了情节的丰富性与多变性。

通过与精英文本的故事性结构的比较，我们可以看出，大众文本的故事型结构由于倚重情节的故事化展示，而表现出情节完整、连续、紧凑的特点。而这种特点，与亚里士多德在《诗学》中所论述的古典戏剧的情节特征相一致，即作品应该表现一个完整的事件，情节应该是一个拥有开端、中间和结局等各个连续的发展阶段的有机整体。因而，这种情节形式又常称为戏剧性情节。戏剧性情节是人类最古老的情节形式，也是大众文本故事性结构最主要的情节形式。

戏剧性情节形式，由于长期以来一直在大众文本的叙述结构中占据着主流地位，逐渐成为大众文本的一种"经典模式"。这种模式之所为被称为"经典"，"是因为它是实际操作的准则，而不一定是因为它有高度的艺术性"，① 也就是说，它的经典，是因为大多数或优或劣的大众文本都遵循这种叙述模式，都以戏剧性情节为其故事型结构形式。

---

① ［美］路易斯·贾内梯：《认识电影》，胡尧之译，中国电影出版社 1997 年版，第 211 页。

（一） 经典模式

如前所述，大众文本故事型结构的经典模式，是一种戏剧性情节形式。对于这种情节形式，德国学者古斯塔夫·弗莱塔格在亚里士多德情节论述的基础上，又有过进一步的明确分析。他将古典戏剧的结构用一个倒"V"字图形一目了然地表示了出来，如图3-1所示。

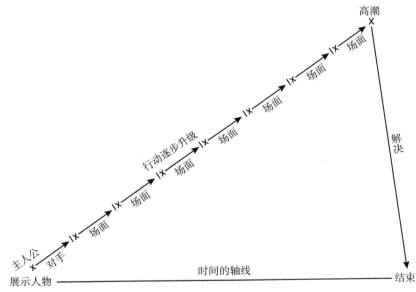

图 3-1 古斯塔夫·弗莱塔格的古典戏剧结构模式

资料来源：[美] 路易斯·贾内梯：《认识电影》，胡尧之译，中国电影出版社1997年版，图片8~9。

从图3-1中我们可以看到，古典戏剧的整个情节发展过程包括五个环节，即开场、展示（情节上升）、高潮、逆转（情节下降）、结局，并且，正是这五个环节的线性连接，使得戏剧的"叙述结构从一次公开的冲突开始，在随后的行动的逐步升级的场面中冲突越来越激烈。与冲突无关的细节被删除，或者当作插曲来处理。主要人物与他或她的对手之间的斗争在高潮时达到顶点，在冲突的解决中，故事的线索结束，动作停止，生活恢复正常"。① 古斯塔夫·弗莱塔格的这个关于戏剧性情节形式的图示

---

① [美] 路易斯·贾内梯：《认识电影》，胡尧之译，中国电影出版社1997年版，图片8~9。

说明堪称经典描述，它对许多叙事类的文本创作具有重要影响，而对大众文本情节结构的影响就更为直接。

古典戏剧的情节形式，后来成为大众文本叙述故事的经典情节模式。关于大众文本的这个经典模式的具体内容，罗伯特·麦基在分析电影的情节设计时描述道，它"是指围绕一个主动主人公而构建的故事，这个主人公为了追求自己的欲望，经过一段连续的时间，在一个连贯而具有因果关联的虚构现实中，与主要来自外界的对抗力量进行抗争，直到以一个绝对而不可逆转的变化而结束的闭合式结局"①。对此，路易斯·贾内梯论述的则更为详细，他说，好莱坞电影的情节叙述模式，"是以一位引起行动的主人公和反对这种行动的对手之间的冲突为基础的"，"以后的场面以一种动作逐步升级的形式强化这种冲突。这种升级按照因果关系来处理，每一个场面都和下一个场面有联系"，"冲突在高潮时发展到最强烈的程度。这时，主人公和对手公开发生对抗。一方胜利，另一方失败。在对抗以后，戏剧性的冲突强度便在冲突的解决中减弱。故事以某种形式的结局——按照传统，在喜剧中是婚礼或舞会，在悲剧中是死亡。在一般戏剧中是团圆或恢复正常生活——结束。最后一个镜头由于它的特殊地位，往往是某种哲学概括，总结前面这些素材的意义"。② 由这些论述可见，通常所谓"经典的"好莱坞电影的"经典模式"，其实就是古斯塔夫·弗莱塔格倒"V"字形古典戏剧情节模式的翻版。而这种"翻版"，又何尝只是在电影中，电视剧、通俗小说等其他故事型大众文本同样也在遵循着这种模式。中外电视里的肥皂剧、系列剧等，虽然情节不断延伸，但始终跳不出矛盾（开端）——冲突（发展）——对抗（高潮）——解决（结局）的叙述循环圈。系列剧尤其如此，几乎每一集都要演示一遍这个流程，而集与集之间则构成不断的往复、循环。

大众文本经典模式对于古典戏剧情节模式的翻版，使它汲取了自古典戏剧以来一切故事性文本的历史积淀与文化传统，借此也就拥有了古典戏剧及一切故事性文本所具有的戏剧性特点。这种戏剧性的情节经过历时长久的耳濡目染，早已培育出自己稳定的接受者。这些接受者遍布社会各阶层之广、世界各民族之多以及涵盖人群之众，无以计数，而正是由于戏剧

---

　　①　[美] 罗伯特·麦基：《故事——材质、结构、风格和银幕剧作的原理》，周铁东译，中国电影出版社 2001 年版，第 54 页。

　　②　[美] 路易斯·贾内梯：《认识电影》，胡尧之译，中国电影出版社 1997 年版，第 211 ~ 212 页。

性情节形式具备了广大的接受者这一前提条件，才使得以迎合大众为至上追求的大众文本自然而然地选择它成为本体性的经典模式。

戏剧性的经典情节模式主要有下列因素构成：

第一，完整和连贯的情节。即大众文本的故事讲述要有开端、发展、高潮和结局几个环节，并且环环相扣，使每一个环节都自然而然、而且仿佛是不可避免地过渡到下一个环节。既不能随意欠缺其中的一个环节，也不能随意阻断各环节之间的连续性。也就是说，侦探小说一定要有案件发生、迷雾迭生、紧急时刻及破案结果等环节的自然链接，言情剧一定要有男女主人公爱情萌发、遭受挫折、尖锐冲突和有情人终成眷属的结局之间的合乎情理的展开。这样就能使文本的情节形成一个内在的各个部分相互制约、相互依存的有机整体。

第二，线性的情节结构。路易斯·贾内梯指出，"经典的情节结构是线性的，往往采取一次旅行、一次追逐或一次搜索的形式"①。这种线性情节结构，既可以搭建在一种时间顺序关系上，也可以架构在一种因果推衍关系上，但往往是用严谨因果关系构成的、进程不可逆转的情节链锁。它在制造扣人心弦的悬念，在用事件与事件之间巧妙却又逻辑严密的组合关系极大地刺激人们的阅读或观赏快感方面，有着不可比拟的优越性。因而，线行的情节结构仿佛天然地就属于故事型大众文本。在故事型大众文本中，如果说《巴顿将军》等传记性的大众文本是线性时间结构的典型文体的话，那么，《福尔摩斯探案集》等侦探小说便是线性因果结构的典型文体。当然，线性结构并不意味着文本中只有一条情节线索，相反，在时间连接的总体情节结构上，或在因果关系驱动的情节主干上，可以有两条或多条情节线索穿插其间，并且，在时间线性结构上可以兼容因果性线索，在因果线性结构上可以兼容时间性线索。这些线索齐头并进，就形成了我们所谓的"复式结构"或"网状结构"。路易斯·贾内梯陈述道，"在好莱坞制片厂制度时代，经典模式往往有两条情节线索，与主要的动作线索同时展开一个罗曼蒂克的爱情故事。在爱情故事中，一对次要的恋人往往与一对主要的恋人同时出现"②。而这种情况显然在好莱坞电影以外的大众文本中也广泛存在。

第三，激烈的矛盾冲突。即大众文本中一定要有相互对立的两种力量。这两种力量往往竞相争夺着同一目标，于是，一种人与人、人与社会

---

①② ［美］路易斯·贾内梯：《认识电影》，胡尧之译，中国电影出版社1997年版，第212页。

机构或人与某种自然力量之间的外在矛盾冲突因之而生，情节也就在矛盾双方的激烈争斗中曲折前行。结构主义理论家普洛普，曾经在其《民间故事的形态分析》中就童话功能中的"两极对立"因素进行了列表。在这个列表中，他将"英雄"与"坏人"的对立行为进行了比照，如英雄要"寻找某物"，坏人就会"阻碍英雄"；英雄"遭难"，坏人就会"惩罚英雄"；英雄"受苦"，那一定是坏人"使英雄经受苦难"；英雄"得助（神奇的力量）"，坏人就一定"有亲信（邪恶的技巧）"来加以破坏；如果"女主人公被救"，就一定有邪恶的"女巫"对英雄施魔法，等等。这样针锋相对的矛盾冲突，这样激烈的"两极对立"，不仅是童话、民间故事的情节特点，也"可以应用于童话以外的其他样式和包含叙事的其他媒介——小说、戏剧、连环画、电影和电视节目"①。而且，在一些大众文本中，冲突更加激烈和复杂。伯格曾经用表 3 - 1 指出了西部片《正午》的多重叙事冲突。

表 3 - 1 《正午》中的冲突和对立

人物	范围	人物
威尔·凯恩	身体	弗兰克·米勒（及同伙）
作为治安官的威尔·凯恩	道德	哈德利镇居民
作为丈夫的威尔·凯恩	道德	作为治安官的威尔·凯恩
作为妻子的埃米	道德	作为贵格会教徒的埃米
威尔和埃米	道德	哈德利镇

资料来源：〔美〕伯格：《通俗文化、媒介和日常生活中的叙事》，姚媛译，南京大学出版社2000年版，第175页。

从表 3 - 1 中可以看出，在治安官威尔·凯恩和匪徒弗兰克·米勒及其同伙之间发生的"枪战及引起枪战的事件"，是影片引起观众极大紧张的有形的冲突；凯恩和胆小、冷漠的哈德利镇居民之间的道德冲突，使影片的次一级冲突；凯恩自身作为治安官和作为丈夫两重角色的内心冲突，凯恩的新婚妻子埃米内心也在发生着的作为妻子和作为贵格会教徒双重身份的矛盾，以及凯恩和埃米与整个哈德利镇居民之间在道德上的对立等，

---

① 〔美〕伯格：《通俗文化、媒介和日常生活中的叙事》，姚媛译，南京大学出版社2000年版，第27页。

则是影片中有效的补充性冲突。它们一起共同构成了《正午》丰富、紧张并富于张力的情节冲突。矛盾冲突，是推动情节进程的内驱力，同时也构成着跌宕起伏的情节。

第四，道德天平上的人物。大众文本经典情节模式中的基本人物，大都是被人类的道德天平称量过的形象，故而他们总是居于道德的两极：善与恶、爱与恨、美与丑、正义与非正义等，总是以"好人"和"坏人"、"英雄"与"恶棍"、"天使"与"魔鬼"等成对或成组的形象出现。这种道德称量，往往使得正面人物总是盘踞着道德的一极，反面人物则总是被驱赶到非道德的一极，就如谢晋的电影在时常"用道德的高尚和卑鄙、奉献与自私、勇敢与怯懦代替政治上的'是非'"① 的同时，将命运多舛、品质高尚的"好人"与一时得势、为非作歹的"恶人"进行道德映照，最终落得一个"善有善报，恶有恶报"的结局一样。在有的大众文本中，甚至几乎所有的人物都被排列在一个道德连续体中。邵牧君曾经指出，在西部片的经典之作《关山飞渡》中，"各个人物都在道德等级表上占有自己的位置。他们按照从正面到反面的次序，依次为达拉斯和灵果、蓬纳和卷毛、彼柯克、露茜、赫脱飞和盖特乌"，"作为道德连续体，处在两个极端的人物都不会在文明与蛮荒的冲突过程中发生什么变化（纯洁无辜的牛仔灵果和心地善良的妓女达拉斯，以及贪婪的银行家盖特乌——引者注），而处在中间位置上的则变化最大（胆小的酒商彼柯克终于'像个男子汉那样讲话了'，而自私、庸俗的露茜则被达拉斯的善良深深感动——引者注）"。此外，他还分析道，导演"福特出于对文明的既爱又恨的矛盾心情，显然把那些被文明排斥但又善于适应蛮荒的行事方式的人视为真正文明的人，视为边疆的正面力量。只有那些在生活中坦诚相见、不事矫饰的人才是西部的民间英雄，而正是他们才使中间人物发生了戏剧性的转变"②。由此可见，道德不仅是大众文本中衡量人物价值的天平，还是促使人物形象发生道德品质变化的驱动力，道德的力量无处不在。

第五，圆满的结局。大团圆式的圆满结局曾经是我国古代戏曲中最常见的一种结尾方式，它往往以有情人终成眷属、善恶有报等内容为标志，让主人公的目标得以达成，心愿得到满足，欠缺得以补充，让接受者被挑起的情感得到慰藉，遭到的挫折得以缝合，于是戏曲结束时一切皆大欢

---

① 尹鸿：《论谢晋的"政治/伦理情节剧"模式》，载《电影艺术》1999 年第 1 期，第 43 ~ 47 页。

② 郑雪来：《世界电影鉴赏辞典（续编）》，福建教育出版社 1993 年版，第 76 页。

喜。这种圆满结局其实也是大众文本中最多见的结尾方式，因为我们看到，大众文本中绝大多数的浪漫爱情故事，在遭遇重重挫折之后最终以男女主人公得到幸福而结束；绝大多数的枪战片、功夫片，在历经战斗的腥风血雨之后总是以英雄打败敌人、凯旋而告终；绝大多数的科幻片，在尽情表现各种虚构的奇形怪状的邪恶势力对人类的巨大危害之后，也总是以人类的最终胜利而结尾……这样的圆满结局，在罗伯特·沙基看来，是一种"闭合式结局"，即一种"故事提出的所有问题都得到了解答；激发的所有情感都得到了满足。观众带着一种完满的体验而离开——毫无疑虑，充分满足"① 的结局。这种结局可能不会给人们留下多少思考的余地，更难有悠长的韵致留给人们去细细地品味，但它会让接受者们在毫无遗憾地离开时感到心满意足，享受到快感。这也正是大众文本诉诸接受者的最终目的。因而，这种圆满的"闭合式结局"，就像罗伯特·沙基在界定故事的经典设计时所指出的那样，已经成为大众文本经典模式的一个组成部分。

上述几个方面的因素构成了大众文本的经典情节模式，这个模式是许许多多故事型大众文本的基本结构，是其文本躯体的筋骨。而在这个基本结构或躯体筋骨上，还附着有不少模式化的表现方式，如强烈的煽情性、语言的图谱化等。

强烈的煽情性，是指故事型大众文本在情感的表现上常常浓彩重墨地大加渲染，以加强文本的情感感染力，诉诸接受者的情感体验。世界上的情感不外乎两种："快感"与"痛感"，但"每一种都有其不同程度的变体：前者有欢乐、爱情、幸福、狂喜、愉悦、销魂、刺激等等；后者有痛苦、害怕、焦虑、恐怖、悲伤、屈辱、病魔、凄凉、紧张、悔恨等等"②。无论是哪一种情感内容，故事型大众文本在表现时都力求将其渲染到极致，使爱情幸福到让天下所有人都羡慕不已的地步，使病魔可怕、痛苦到非常人所能忍受的程度，让欢乐充满人间，让悔恨无地自容，让刺激令人智昏，让恐怖侵入骨髓……如此的情感煽动，使大众文本讲述的故事完全区别于现实日常生活，而具有了超"凡"脱"俗"的神话色彩。我们至今还记得，当年谢晋在《天云山传奇》里叙述到"好人"冯晴岚受尽苦

　　① ［美］罗伯特·沙基：《故事——材质、结构、风格和银幕剧作的原理》，周铁东译，中国电影出版社 2001 年版，第 56～57 页。
　　② ［美］罗伯特·沙基：《故事——材质、结构、风格和银幕剧作的原理》，周铁东译，中国电影出版社 2001 年版，第 283 页。

难在小屋里离开人世时，影片一连用了8个空镜头，来极尽渲染周边凄凉、孤苦的环境，使观众在环顾主人公生前用过的物品时悲伤的情绪升至极致，而无不凄然泪下。我们也还记得，《罗马假日》、《人鬼情未了》、《泰坦尼克号》等好莱坞爱情片中那一曲曲对"人间至爱"的歌咏，正是由于它们中充满了对理想爱情的激情抒写，才成就了一番完全可以用"惊天动地"、"永垂不朽"、"千古流传"等词汇来形容的爱情佳话，也才能令观众无不为之动容。不言而喻，这就是大众文本煽情的力量。

语言的图谱化，是指在故事型大众文本中反复出现的一些基本表达形式。这些表达形式，由于在某一种大众文本类型中经常被采用，而往往成为此种类型的标志性符号。在好莱坞电影中，图谱化的语言常被称为"视觉图谱"，即在每一种好莱坞电影类型中必然会出现的一些"外部形式"或视觉惯例。英国学者爱·布斯康布认为电影类型的分类标准，首先就是作用于视觉的"外部形式"，如背景、衣着、职业工具及一些起造型作用的杂品①等。如荒原、山岭、酒店、宽边帽、紧身牛仔裤、马刺、高跟皮靴、柯尔特45、温彻斯特和斯泼林菲尔德来复枪、马匹、原始的火车等造型元素，就是美国西部片的外部形式，是在几乎每一部西部片中都会出现的视觉元素，因而成为西部类型片区别于其他类型影片的标志。类型小说、电视剧同样如此。如武侠小说的图谱性因素有名山宝刹、武学秘籍、神剑宝刀、打斗场面等。情景喜剧则总是固定的地点，有数的人物，必不可少的噱头，及场外配置的笑声等。这些图谱性的因素就好像是十四行诗的诗体一样，为叙事提供了一个框架，甚至还影响到了所叙述故事的性质，使武侠小说乃至武打影视剧都充满了气壮山河的仙剑豪情，情景喜剧似乎永远是就事论事的戏剧小品，明显地有别于缠绵缱绻的言情和扑朔迷离的侦探等其他类型的小说及影视剧作品。

正是上述几个方面的情节因素与表现因素的相互融合，构成了大众文本的经典模式。经典模式是大众文本最主要的结构性程式，但这并不是说，经典模式的存在就意味着所有的大众文本千篇一律，缺乏任何变化。事实上，不少大众文本在套用经典模式时对它进行了变通处理，从而导致了大众文本经典模式变体的出现。

---

① ［英］爱·布斯康布：《美国电影中的类型观念》，引自《电影理论文选》，邵牧君等译，中国电影出版社1990年版，第345页。

（二）经典模式的变体

大众文本经典模式的变体，顾名思义，一定是在大众文本经典模式的母体上衍生出来的。因此，这种变体不是对经典模式的颠覆，而只是一种对经典模式的部分改动而已。并且，一般来说，这种改动也只限于经典模式的个别构成因素的变化。

大众文本经典模式的变体常常是由以下几个构成因素[①]的变化而形成的：

第一，变外在冲突为内、外在冲突相融合。如果说经典模式中的矛盾冲突主要是一种外在冲突，具体体现为主人公与他人、主人公与社会机构、主人公与某种自然力量的冲突的话，那么，大众文本经典模式的变体就时常从冲突入手，将外在冲突部分转化为内在冲突，将重笔聚焦在主人公内在的心理矛盾上，这样无疑增强了大众文本人性表现的深度。如好莱坞影片《温柔的怜悯》，有着好莱坞经典模式中的许多典型因素：完整的情节，线性的结构，激烈的冲突，圆满的结局，以及强烈的煽情性和熟悉的电影语言等，但是为人所不注意的是，它已经悄然把外在的冲突转换成了主人公内在的心理矛盾。

第二，变圆满结局为缺口式结局。大众文本经典模式的圆满结局，无疑使人们饱尝了大团圆的欣喜、甜蜜与满足。然而，总是泡在这样的蜜罐里，有时也会令人厌倦，于是，一些大众文本将圆满结局稍加改动，使之成为缺口式结局。所谓缺口式结局，是指文本故事提出的问题并没有得到全部解答，或激发的情感也没有得到完全的满足，留下了一个问题或情感的缺口，任由接受者自己去想象和填充。这样的结局出现在大众文本中，显然强化了大众文本思考问题的深度与表现韵味。如好莱坞的电影杰作《克莱默夫妇》，就是在故事的高潮——法庭陈述之后，影片的结局逐渐明朗：确定了孩子的监护人问题，增进了男女主人公之间的相互理解，女主人公也回来了。至此观众似乎已该满足了，但是，无论谁看过影片，都会提出一个问题：相互理解了之后的男女主人公能够破镜重圆吗？影片没有做出任何回答就结束了，问题是特意留给观众去思考和回味的。这

---

① 本书在讨论这个问题时，借用了罗伯特·沙基《故事——材质、结构、风格和银幕剧作的原理》中的一些概念，如外在冲突与内在冲突、单一主人公与多个主人公、主动主人公与被动主人公等，但这些概念的内涵已经有所变化。

种缺口式结局无疑也是该影片走向成功的因素之一。无独有偶，《克莱默夫妇》式的结局又被中国内地的电视连续剧《牵手》所搬用，用于表示一对中国年轻夫妇的婚姻爱情故事，从而使缺口式结局又增加了一个典型的版本。

第三，变单一主人公为多个主人公。在大众文本的经典模式中，故事讲述的中心通常是一个单一的主人公——一个男人、一个女人或者一个孩子。他或她是所有矛盾冲突的焦点，是所有描写、所有场面烘托的中心人物。他的遭际和命运构成了文本的主要情节。这样的主人公如果在小说中一定是最耗费笔墨的人物，如果在影视剧中则一定是明星角色。单一主人公的故事，以及单一主人公的魅力，我们在观看成龙的电影、阅读英国作家伊恩·弗莱明的"007"系列小说等影响甚大的大众文本中，能够切身感受和体会到。但是也有一些大众文本，由于文本在结构上是由"若干较小的次情节故事"① 组成，每一个"次情节故事"都有一个主人公，因而文本中出现了多个主人公的形象。这些主人公在文本中不分主次、地位相当，与单一主人公文本中的主要、次要角色不同。格里菲斯的《党同伐异》和金庸的《天龙八部》，都是非常典型的多主人公作品。前者在4个不同时代的故事中分别讲述了现代青年"心爱女"、基督耶稣、1752 年时的法国天主教徒拉杜尔和巴比伦王子贝尔萨扎的故事，后者则在宏大的文本结构中讲述了乔峰、段誉和虚竹等三个主要人物的命运遭际。这些多主人公的作品创造出了一种自 80 年代以来渐趋流行的经典模式的多情节变体。

第四，变主动主人公为相对被动的主人公。所谓主动主人公，即主人公"多为主动的和动态的，经历了不断升级的冲突和变化，一直坚定地追求欲望"；而"被动主人公表面消极被动，但在内心追求欲望时，与其自身性格的方方面面发生冲突"。② 主动主人公的故事在大众文本中比比皆是，那些"虽九死其犹未悔"的西部牛仔、武林大侠、战争英雄、反战勇士、运动健将、殉道者，等等，早已以其坚定不移的意志、坚忍不拔的奋斗，成为大众文本中象征人类追寻理想、自由和幸福的最常见的形象。而被动主人公，在大众文本中也时有所见，如《天龙八部》中的虚竹，在练

---

① ［美］罗伯特·沙基：《故事——材质、结构、风格和银幕剧作的原理》，周铁东译，中国电影出版社 2001 年版，第 58 页。

② ［美］罗伯特·沙基：《故事——材质、结构、风格和银幕剧作的原理》，周铁东译，中国电影出版社 2001 年版，第 59 页。

就一身上等武功、成为一代武林大侠的过程中，处处显得被动，先是为了救人误打误撞地破解了珍珑棋局，迷迷糊糊地被无涯子化去了少林武功，灌注了一身逍遥派的功力；接着看到无涯子将要死去、迫不得已答应了做逍遥派的掌门；后来为了救小鹿，救天山童姥，不得不答应跟天山童姥学武功；甚至连破佛门荤戒、淫戒都是在被逼迫或者不知情的情况下发生的。这一切行动与结果，处处与虚竹憨厚老实、不贪图名利的性格及潜心佛门、一心想回少林寺去做小和尚的愿望相冲突。然而，冲突之中也有坚持，虚竹的行为虽然发生了变化，但他内心趋仁向善的人生观念从未改变，而正是这一点，使他成为一代大侠。像虚竹这样的被动主人公的塑造，无疑使得大众文本的经典模式又出现了一种变体。

大众文本经典模式的变体，是由于上述几个因素的变化而形成的。但这并不是说，必须具备上述所有因素的变化，才能构成经典模式的变体。而是只要具备上述变化因素中的任何一种，就能造成经典模式的变异，而带来新的变体。所以大众文本经典模式的变体是对经典模式的一种"最小主义"的变更。然而，即使是"最小主义"的变更，也显示了大众文本经典模式的可变通性。而正是这种可变通性，带来了故事型大众文本结构的多种变化，带来了故事型大众文本的多样性。

大众文本的经典模式及其变体，是故事型大众文本赖以存在的基础。如果没有这个基础，别说是故事型大众文本，就是所有的大众文本的生存，都是不可能的。因而大众文本的"天职"应当是"守成"，即持守经典模式，然后再在经典模式的基础上去创新，而不是纯粹的创新。如果大众文本一味地去追求创新，那么，它就已经不是大众文本而成为精英文本了。

大众文本的经典模式及其变体，还是形成各种故事型大众文本类型的前提。也就是说，只有先有了经典模式及其变体这一相对稳定的文本结构形式，才能在此基础上进一步延伸，形成各种各样的相对稳定的配方程式，也才能出现各种大众文本类型。由此可见，以不同的配方程式而安身立命的大众文本类型，都是大众文本经典模式及其变体的产物，因而也都是故事型大众文本。

二、"无厘头"：大众文本的基本结构之二

20世纪90年代以来，随着周星驰作品的走红及其所掀起的"大话"

之风的盛行，"无厘头"一词迅速成为了时代最流行的语汇之一。所谓"无厘头"，源自广东佛山等地的粤语方言，是俗话"没来由"之义，指一个人说话做事都没有明确目的，无中心，无逻辑，令人难以理解，但也并非没有道理。这里我们用来借指大众文本的一种基本结构形式——"无厘头"结构。

那么，什么是大众文本的"无厘头"结构呢？

众所周知，最早使众多的中国人对"无厘头"作品耳熟能详的人，是周星驰。他的电影，在中国人所在的地方，无论是大街小巷的录像厅、电影院，还是千家万户的 VCD、DVD，随时随地都能看到。尤其值得一提的是，大学里的周星驰专场，每一次都是狂欢的节日，每一部都是怀旧的经典。因此周星驰电影的特色已为广大观众所熟悉，而这种熟悉又使得人们用周星驰的特色去概括更多的同类作品。于是，互联网上有了以"无厘头"为其诗学核心的"大话式写作"文本，《大话西游》《大话水浒》《大话三国》，乃至《××故事（之大话西游版）》之类的作品层出不穷；于是，陈佩斯、王朔乃至写《鹿鼎记》的金庸、写《故事新编》的鲁迅等等，都被拉扯进来，成为了"无厘头"文本的创作者。至此，"无厘头"终于成为了一种文本类型的称谓。

然而，"无厘头"文本决不仅仅是一种类型，更重要的，它是一种从周星驰"无厘头"电影中体现出来的特有的叙事方式或文本的基本结构形式。关于这种叙事方式，有人曾经做过总结，曰"'无厘头'10 法"：

1. 关公战秦琼法：这是大话的最基本的招数。其要领是将两个毫不相干的人物和事件生拉硬拽到一起。（用学术术语来说，也叫"历史主义"手法，是从历史学（考据学）那里借鉴而来的。）

2. 张冠李戴法：故意弄错一些基本常识，或者将常识曲解、误解。（此招来历不明。）

3. 指鹿为马法：故意颠倒通常意义上的正确结论，将通常意义上的谬误当作真理来宣传。（这在美学上也被称之为"现实主义"手法，是通过模仿现实生活而得出的一种表现手法。）

4. 含沙射影法：大量使用暗讽、反讽等手段，具有明显的攻击性。（这是从批评家那里学来的手法。）

5. 缠夹不清法：故意在一些常识性问题上纠缠不休，将本来已经一目了然的问题搅得一团糟，而且故意大发啰里啰唆、不着边际的长篇大论，使对手不胜其烦。（这一招是效仿学院派学者。）

6. 鱼目混珠法：在一本正经的言论中，突然插入一些莫名其妙的词句，搞得真假难辨，似是而非，其真实意义模糊不清，以搅乱对手的视听。（此招来历不明。）

7. 鹦鹉学舌法：故意模仿某人说话、写作或某种文体的特征，而且模仿得惟妙惟肖，但意义却完全相反或者是彻底消解其原有的意义。多用于对经典的滑稽模仿和故意改写。也叫"滑稽模仿"。（如，在 BBS 里则是在跟帖中套用主帖的句子，篡改主帖的意思。）

8. 瞎子摸象法：故意将一个片面的逻辑和细枝末节的观点无限扩大，推向极端。（这一招是效仿逻辑学家。）

9. 唾面自干法：实际上就是玩弄矛盾修辞或悖论修辞，故意制造前后矛盾的观点，自我否定，甚至自我贬低。说白了也就是自己打自己的嘴巴子。（这一招看上去很熟悉，好像是从当代某些作家和批评家那里学来的，名字一时想不起来了，读者诸君若有兴趣，不妨考证一番。）

10. 撒娇发嗲法：这是大话者的最后一招。该招数具有大规模杀伤性，等到此招用出，观者无不绝倒。（出自"小资"和"美女作家"，读者诸君大多领教过。）①

由上述"'无厘头'10 法"可见，"无厘头"已经成为了大众文本的一种结构性模式，一种在情节结构和表现手法上都体现出来的模式。概括地说，这种模式的经典表现是，从多方面模仿、移植精英文本或故事型大众文本的故事、情节及其他表现因素，然后进行拼贴、戏拟、反写或改编，以达到一种破坏秩序、解构正统的语义，文风上肆意狂欢、嬉笑怒骂、玩世不恭，是一种"戏说"加"程式配方"的文本结构形式。

一般来说，"无厘头"大众文本的模式具有下列构成因素：

第一，阻隔性的小情节。"无厘头"大众文本也"讲故事"，营造情节，但"故事"的内容和情节的结构，已经有所不同。"无厘头"大众文本的故事，大多源于对已有的精英文本或故事型大众文本的模仿、反写或改编；而它的情节营造，也是更多地致力于打破经典情节模式，不仅削弱了完整的从开端、发展、高潮到结局的情节发展过程，而且还随意中断或阻隔情节链的时间顺序或因果联系，或者将毫无关系的事物生拉硬扯到一起，或者插入过多与情节进程不相关的噱头或"废话"。这使得"无厘头"文本颇有些"反情节"的气息，但这种气息仅仅只是一种嫌疑。在

---

① 张闳：《大话文化的游击战术》，载《二十一世纪》2001 年第 12 号，第 120 页。

某种意义上，它只能称得上是罗伯特·沙基所谓的"小情节"，即一种"作者从经典设计的成分起步，然后对它们进行削减——对大情节（指经典设计——引者注）的突出特性进行提炼、浓缩、削减或删减"① 的情节。因而从理论上讲，"无厘头"文本的情节结构只能算是大众文本经典模式的一个变体。然而，这种变体是如此的特殊，它的变异决不仅仅是冲突、结局或主人公等某一个情节构成因素问题，而是情节设计的整体观念问题。当文本从一种"解构"原有故事型文本的情节模式的角度来运用经典模式时，经典模式就由文本的主导因素变成了一个构成因素，一个可能遭遇解构和颠覆的因素。因此，严格地讲，"无厘头"文本不能算是经典模式的常规变体，或者说，即使有时是经典模式的变体，也是一种特殊的变体。这就是本文之所以将"无厘头"文本独立出来予以专门分析的原因。

第二，庸常的小人物形象。"无厘头"大众文本的人物，不再是善恶分明的道德君子，而主要是一些庸常的小人物形象。一方面，无业青年、流氓、罪犯、流浪者等一些社会边缘人物，纷纷登堂入室，成为"无厘头"文本的主人公；另一方面，以往在经典模式大众文本中辉煌耀眼的英雄类人物，在"无厘头"文本中也被降格成了普普通通甚至是"歪瓜裂枣"似的小人物。如在常规警匪片中，警察是正义、勇敢、出生入死的正面形象，但在"无厘头"影片《咖喱辣椒》中，咖喱与辣椒这对警察不再百战百胜威力无边，而是懦弱恐惧、遭女性遗弃的普通人。而原本在经典武打片里英雄一世、雄傲天下的大侠客，在《武状元铁桥三》《白莲邪神》等"无厘头"影片中，也被塑造成了嬉皮笑脸、毫无正经的无赖或满口脏话的泼妇。而金庸《鹿鼎记》中的韦小宝和琼瑶《还珠格格》中的"民间格格"形象，相对于英雄辈出、大侠云集的金庸小说的"英雄谱"，以及高贵森严、戒律甚多的皇宫皇族来说，也是一种小人物。"无厘头"文本对这种小人物形象的大量塑造，无疑也是对大众文本经典模式的一种悖逆。

第三，拼贴性的"程式配方"结构。"无厘头"大众文本在其文本构成上，常常将不同文本类型的配方程式中的某些元素加以合成，表现出一种拼贴性的"程式配方"结构。这种结构，在对既往文本进行戏仿的"戏说"式大众文本中，体现为被模仿文本的因素与"戏说"内容的拼贴

---

① ［美］罗伯特·沙基：《故事——材质、结构、风格和银幕剧作的原理》，周铁东译，中国电影出版社2001年版，第54页。

与融合；在超类型化甚至现代类型大众文本中，体现为各种配方程式因素的拼贴。关于这种结构在具体文本中的体现及其特点，我们在前文中已经讲了很多，这里不再赘述。

第四，"戏说"式的文本风格。"无厘头"大众文本常常表现出一种戏谑、搞笑、嘲弄的喜剧性文本风格，这种风格，人们常谓之"戏说"。既然是"戏说"，就一定有一个与之相对应的"正说"（即经典文本），而"戏说"就是针对"正说"或"经典文本"，对其进行的一种戏谑性演义。可以说，正是这种戏谑性演义，导致了"无厘头"文本的"戏说"式文本风格。一般情况下，"无厘头"文本的"戏说"式文本风格主要表现在三个方面：一是荒诞的情节处理，二是调侃的语言形式，三是夸张的外部动作。

荒诞的情节处理。"无厘头"文本在"戏说"既往文本时，往往有意识地在情节上进行闹剧化、荒诞性的处理。诸如让原戏曲中的文弱书生梁山伯和贵族小姐祝英台学成武林高手，跟马文才大打出手；让在战场上刀枪相见的政敌项羽与刘邦，化身为多角恋爱关系中的情敌，在情场上厮杀得不亦乐乎；让万世师表的孔夫子，改行成为武林万代宗师；让凶残镇压白蛇娘娘的恶僧法海，转化为慈悲为怀普度众生的长老高僧，等等。再如美国影片《心中狂野》戏仿经典儿童幻想片《绿野仙踪》的框架和主题（"哪儿好也不如家好"），混合以"反社会"主题著称的"公路片"情节元素，将现代主人公精神上的飘无定所，配上虚幻女巫的"归家"感召，把疯狂的、性与暴力主宰的非理性"魔界"，让戏仿猫王的"温柔地爱我"的歌声去溶化，从而使文本的内容表现出一种恐怖与幽默相融、讽刺和同情交织的荒诞效果。如此这般生拉硬扯、近乎荒诞不经的情节内容，无疑让许多人们熟悉的故事、人物呈现出了一种新奇怪异的面目。而正是这种面目，令人们倍感新鲜刺激，从中体会到一种强烈的快感。

调侃的语言形式。调侃，这个20世纪90年代初在国内文学、艺术界颇为流行的语词，曾经是王朔小说语言的代名词。我们这里所谓的调侃，是指包括王朔小说语言在内的"无厘头"大众文本语言的一种特征。这个特征，具体是指"无厘头"大众文本常常将一些不同时期、不同领域的完全不相关的习用语词进行超常规搭配，从而产生新的语义和搞笑、戏谑、嘲弄、讥讽的表达效果。如《疯狂的石头》中，在道哥说的"你们这些个女人啊，真是难应付，你不知道现在正是我事业的上升期？"以及麦克的"出了点小意外，不过一切还在控制之中，我们最重要的就是信誉！"

等话语中，用"事业的上升期""信誉"等某种主流、正统、严肃或历史的话语，置放在盗窃、犯罪等一种新的生活化、娱乐化、边缘化语境中，就使得文本的语言起到了意想不到的搞笑作用和戏谑效果，文本的语义空间也呈现出严肃政治与市井生活相交织的纷杂的色彩，产生嘲弄、反讽的语义。有时，在一些文本中，将一种生活化、娱乐化、现代化的话语，置放在一种主流、正统、严肃或历史的语境中，也会起到同样的表达效果。

夸张的外部动作。"无厘头"大众文本常常以夸张的外部动作取胜。这里夸张的外部动作，是指"无厘头"大众文本中的小人物，常常表现出激烈夸张、滑稽可笑的肢体动作和面部表情。他们跌跌撞撞，似乎总是处于一种不尴不尬的状态，又总是笨头笨脑，或者没知没识，在不断的闯祸中洋相百出。就像《还珠格格》中的小燕子一样，宫廷礼仪学不会也不习惯，就总是在关键时刻"掉链子"，不是匆忙中摔倒在远道而来的贵宾西藏公主面前，就是满身油漆、头饰歪斜、狼狈不堪地去首次面见皇太后，令人捧腹不已。如果说小燕子动作的激烈夸张、滑稽可笑，是由于将一个民间女子放在戒律森严的皇宫，由于生活环境的错位而导致的话，那么，当《国产007》中一个操杀猪刀的肉贩子成了侦探、《大内零零发》里一个发明家成了皇上的保镖时，这种角色的错位同样会造成诸多张冠李戴、妙趣横生的外部动作及行为。夸张的外部动作给人物形象带来了一种滑稽可笑的品质，给文本则打上了一种"无厘头"的闹剧性、狂欢化色彩。

以上诸多因素的融合，构成了"无厘头"大众文本的叙述模式。但这并不是说，必须具备上述所有因素，才能被称为"无厘头"大众文本。一般来说，"戏说"式的文本风格是"无厘头"大众文本模式的核心要素。只有先拥有了这个核心要素，在一定的构成原则下再搭配以其他构成因素，才有可能是"无厘头"大众文本。而"无厘头"大众文本的主要构成原则或构成特点是拼贴性、戏拟性。此处所谓的拼贴性，主要是指将不同语境下的事物、人物或语言组合在一起，使其产生一种反讽、调侃的表达效果，它可以表现为多种形态；此处所谓的戏拟性，则主要是通过游戏性的模仿、反写或改编原有文本，以达成一种揶揄、戏谑、狂欢化的喜剧效应。而这两种构成特点或构成原则都形成了"无厘头"大众文本的一种互文性，一种在同一部作品中由不同语言方式的共存交互作用而建构起来的、巴赫金谓之以"多声部"或"复调"的性质。在巴赫金那里，多声部小说或复调作品在拥挤杂乱、众声喧哗的互话语空间中内存着一种和谐与统一；但在"无厘头"大众文本的"多声部"中，戏拟、拼贴式混合建构的意图与效果并不在于和谐，而在于冲突，在于"以解构消解结构，以互文替代模式、以游戏攻击精审"①的解构主义争斗。由此可见，以"拼贴""戏拟"相标榜的"无厘头"大众文本，是一种"解构主义"的叙事文本。它在"拼贴"与"戏拟"中不遗余力地所致力于的，就是对既往大众文本经典性的情节模式、配方程式、传统观念乃至精英文本的某些叙事与价值选择的解构与颠覆。当然，这种解构同时也意味着一种新的建构，意味着"无厘头"大众文本基本叙事结构的确立。

"无厘头"大众文本的解构主义叙事，与当代社会的后现代主义文化紧密关联，可归入后现代主义文化一脉。但它作为一种基本叙事结构或叙事方式，却由来已久。我们都知道，《堂吉诃德》是享誉世界、穿越时空的文学名著，但却不知道《堂吉诃德》也是一部"无厘头"文本。当一个夏天的早晨堂吉诃德全身披挂独自出发去实现他的骑士梦的时候，一场"无厘头"闹剧就开始了。首先是他骑着瘦马、一身不伦不类的骑士披挂的装扮，就已经令人忍俊不禁了；接着他把客店当城堡，把风车当成巨人，把羊群当军队，把修士当魔鬼，并勇敢地与他们战斗；他把粗俗的丑陋的乡下姑娘当成美丽无双的梦中情人并发誓永远忠诚于她；然后面对参孙学士假扮的"镜子骑士""白月骑士"，以及跟公爵有关的一次又一次故意捉弄人的骗局，他总是以假为真，认为眼前的现实是可恶的魔法师捣的鬼……这样一些丝毫不合乎现实逻辑的、荒诞不经的、滑稽可笑的行为举止，全都源于堂吉诃德对于骑士世界的幻想。他痴迷于骑士道，因而中世纪"骑士小说"里的所有套式，都成为他仿效的对象。于是，他"披上盔甲，拿起兵器，骑马漫游世界，到各处去猎奇冒险。把书里那些游侠骑士的行事一一照办：他要消灭一切暴行，承当种种艰险，将来功成业就，就可以名传千古"②。但他不知，他所在的时代早已不是"骑士"行侠天下的时候了，他的"种种行侠仗义的举动竟发生在一个农夫小贩、修士盗贼的世界里；一个人们只关心如何赚钱，如何享乐，如何到海外的西班牙帝国领土上谋个一官半职的世界里"③。在这个世界里，他的所作所为早已无法为他带来他所梦寐以求的骑士业绩了，反而成为了人们生活中的笑料，成为了被人们捉弄的小丑似的人物。这种幻想与现实的错位，自然使他的行为显得疯癫错乱，荒唐可笑。而以堂吉诃德的行事方式建构起

---

① 张首映：《西方二十世纪文论史》，北京大学出版社 1999 年版，第 428 页。
② ［西班牙］塞万提斯：《堂吉诃德》（上），杨绛译，人民文学出版社 1987 年版，第 9 页。
③ 周宁：《幻想与真实——从文学批评到文化批判》，中国工人出版社 1996 年版，第 8 页。

来的《堂吉诃德》作品，由于表现了对骑士文学的"戏说"，表现出了骑士小说程式因素与现实小说创作因素的拼贴，而成为了"无厘头"文本。当然，《堂吉诃德》不是大众文本，塞万提斯运用"无厘头"叙事结构或叙事手法的用意很深，他在幻想与现实的交错之间抒发的是一代理想的失落，和追寻这一理想所需要的不屈的抗争精神。这种深层意蕴自然不是大众文本所能承受的，但其"无厘头"叙事却又是切实的，这一切只能说明，"无厘头"叙事不是大众文本的专利，而是一种历史悠久的叙事方式或叙事的基本结构形式。

"无厘头"叙事方式或基本结构形式，我们在巴赫金论述的"梅尼普体"中也可找到踪影。巴赫金在其著作《陀思妥耶夫斯基诗学问题》中，曾经列举过文体"对话体"之一——"梅尼普体"的发展历史和文体特点。这些特点中有一些条目跟"无厘头"文本的叙事特点极为相近，如"增加了笑的比重"，"有极大的自由进行情节和哲理上的虚构"，"十分典型的场面，是种种闹剧、古怪行径、不得体的演说讲话"，"广泛采用各种插入文体……这些插入的文体，距作者的最终立场有远近的不同，也就是说它们在不同程度上具有讽刺的摹拟性，或在不同程度上具有客体性"，以及"狂欢式本质"①等等。这些条目不能涵盖"梅尼普体"全部的文体特点，"无厘头"也不是"梅尼普体"的本体性叙事方式，但我们从"梅尼普体"上述特点的条目中，确实看到了"无厘头"叙事方式或基本结构形式的一些构成元素。而这些元素又在希腊小说、古希腊罗马的空想小说、古基督文学、拜占庭文学、古代俄罗斯文化以及中世纪、文艺复兴时期、宗教改革时期直至今天的文学、文化中不断出现。这些元素，无疑恰好证明了"无厘头"叙事方式久长的历史渊源、顽强的生命力，以及它对各个时期各种文本中的渗透力与传承性。巴赫金说，"梅尼普体""这个被狂欢化了的体裁，如盲螈那样异常灵活善变，还善于渗透到其他体裁中去"②。其实，这不仅是"梅尼普体"的特点，也同样是"无厘头"叙事元素的特质。

如上所述，"无厘头"叙事不是大众文本的专利，它不仅在一些特定的精英文本中存在，而且对各种文本都有极强的渗透力。这说明"无厘

---

① ［俄］巴赫金：《陀思妥耶夫斯基诗学问题》，白春仁、顾亚铃译，生活·读书·新知三联书店1988年版，第165页、第169页、第170页、第181页。

② ［俄］巴赫金：《陀思妥耶夫斯基诗学问题》，白春仁、顾亚铃译，生活·读书·新知三联书店1988年版，第165页。

头"大众文本的叙事方式与基本结构形式并不是什么创新之物，也非毫无根基的无源之水或空中楼阁。它与故事型大众文本一样，有着极深的历史根基，是历史上精英文学、民间文艺等众多文本叙事结构与叙事方式的积淀与结晶。正因为有了历史文本的积淀与结晶，才会有"无厘头"大众文本今天的叙事方式与基本结构形式，同样，正因为有了历史文本长久的熏陶与培育，才会有"无厘头"大众文本今天广大的接受群体，和它今天的红火。

在前文中，我们分析了大众文本的两种基本结构形式：故事型结构和"无厘头"型结构。这两种结构形式无论哪一种，其实显示的都是大众文本程式的一个方面，一个由众多单个文本的叠加所构成的抽象的横剖面。这个横剖面的解析，也许使我们滤去了每一个大众文本依附在结构上的丰富性、特别性与活力感，令人遗憾，但同时也感到，正是这种过滤使我们找到了创作出更多骨架相似但血肉丰满、生动活泼的作品的途径。因而，寻找大众文本的基本结构模式并不是研究的最后目的，而如果能够促使人们在了解它之后再思考着去超越它，那么，我们的目标也就真正达到了。

第四章

大众文本的意义呈现方式

如果说我们在前文中探讨的主要是大众文本程式的情节结构模式的话，那么，这种情节结构模式最终的表现目的却是要生成某种意义。并且，由于大众文本程式的情节结构模式的存在，其表达的意义往往也会呈现出一种模式化的指向。下面的内容就是对大众文本的意义及其生成模式的探究。

一、"类型"：大众文本的意义媒介

我们在前文界定大众文本的程式概念时曾经指出，大众文本的程式具有很强的包容性和涵盖性，它贯穿在所有的各种各样的大众文本中，也贯穿在大众文本的情节、结构、人物、语言、场面和文本间的关系、文本生产方式，以及文本接受心理、消费行为等各个层次、各个方面。但是如果我们仅限制在严格的作品层面（即非文本生产方式、文本接受心理及消费行为层面）上看待大众文本程式，它就主要成为了约翰·考维尔蒂所谓的情节模式和文化模式的结合体。约翰·考维尔蒂说，所谓的文化模式，是指通俗小说中经常使用的反映一定时期和一定范围特征的文化形式。如西部小说中的牛仔、拓荒者、逃犯、印第安人、边塞城镇，等等；哥特小说中的城堡、寺庙、天真少女、邪恶势力，等等。而情节模式则是指通俗小说的相对稳定的故事框架。如西部小说的冒险故事，哥特小说的少女逃离魔掌的恐怖经历，等等。这一系列特定的文化形式与相对稳定的故事框架有机地结合，即构成了某一类通俗小说。因此，要创作西部小说，除了要有惊心动魄的冒险故事，还要有展示 19 世纪和 20 世纪美国西部文化特征的牛仔、拓荒者、逃犯、印第安人、边塞城镇等形式。同样，要创作哥特小说，也必须将城堡、寺庙、天真少女、邪恶势力等反映中世纪欧洲文化特征的形式体现在少女逃离魔掌的恐怖故事中①。由此可见，情节模式和文化模式的结合构成了大众文本的一般文本程式，也就是说，几乎所有的大众文本都是情节模式与文化模式的结合体，而特定的情节模式与特定的文化模式的有机结合，就构成了大众文本的各种类型。

由情节模式和文化模式的结合所构成的大众文本的一般文本程式，因其反映了几乎所有大众文本的性质，而很少有意义承载；由特定的情节模式与特定的文化模式的有机结合所构成的大众文本的各种类型，因其"特定"，而具有了表达意义的可能性。因此，在大众文本的意义生成上，相对于大众文本的文本程式来说，大众文本程式的从属概念——大众文本的类型是其更内在的本质规定。也正是在这个意义上，考维尔蒂给类型所下的定义是"统一地履行各种文化职能的叙事常规结构。"② 而美国学者安·图德则干脆认为，"类型是存在于任何特定群体或社会中的一种文化概念"③。这些论述显然无一不在说明，类型与大众文本的意义生成密切相关，或者说，大众文本的类型本身即可表达意义。由此，威尔·赖特才在《六响枪与社会：西部片的结构研究》一书中指出，"西部片就是这样建构起来的，……它通过具有简单象征意义却极其深刻的概念来体现美国的社会信仰"，吉姆·基特西斯在其《西部见地》中也才认为，"在许多类型中不仅可以找到一般的人类的价值观，而且往往还蕴含着历史与文化上特定的价值观"。④

大众文本的类型本身也具有表达意义的功能是毋庸置疑的，但这并不表明大众文本的类型就如精英文本那样，在不断地生成着新颖的、深入的意义。事实上，大众文本类型表达的意义大都有着一定的指向，并且这一指向常常多年保持稳定，变化很小。除非整个社会的价值观念发生了重大转折，对人们心理造成了极大影响，才有可能导致这一意义指向的自我调整，进而产生变化。就像西部片从诞生伊始的讴歌英雄主题，发展到成年西部片中的反思意味，经历了大约 50 年时间一样。因此，大众文本的类

---

① John. G. Cawelti, Adventure, Mystery and Romance, Chicago：University of Chicago Press, 1976，pp. 5 – 20.

② John. G. Cawelti, The six-gun mystique, Bowling Green University popular press, 1970.

③ ［美］安·图德：《类型与批评的方法论》，引自比尔·尼科尔斯主编：《电影与方法》第一卷，加州大学出版社 1976 年版。

④ ［美］T. 贝沃特、T. 索布夏克：《类型批评法：程式电影分析》，载《世界电影》1997年第 1 期，第 4 ~ 37 页。

型，就如罗伯特·沃肖在其《直接经验》一书中所指出的那样，"一种类型的成功就意味着它的那些常规已自动确立在人们的普遍意识之中，并已成为传达一系列特定的心态和某种特定美学效果的被确认的媒介"。① 与此类似的是，美国学者斯坦利·卡维尔也提出了"一个类型就是一种媒介"② 的观点，而这个观点的意思同样是在说，每一种类型都是给予一种表达可能性以特定意义的媒介。大众文本的类型成为了直通或者传递某种特定意义的媒介，这种关系和功能显然是经典文本的叙事与意义传达所没有的，它显示了二者的区别。

"一个类型就是一种媒介"的观点的提出，使我们认识到了大众文本类型在意义传达方面的某些独特性质。首先是传递性，即绝大多数大众文本类型作品只是某种"特定的心态和某种特定美学效果"的传递者，而不是承载者。也就是说，一种大众文本类型的特定意义，在类型自身确立的时候就由那个使得该类型成功的"名噪一时"的作品所基本奠定了。此后的该类型的大众文本，就大致沿袭原有的意义指向，成为其规定意义的重复者。即使是该类型的意义在以后得到了添加或者修正，那也是由该类型某一个出类拔萃的作品来完成的。一旦意义的添加与修正完成之后，该类型的其他文本就又会成为这个改良之后的意义的复制者。因此，绝大多数的大众文本类型作品，都只起着传递某种特定意义的作用，扮演的是球场上的"二传手"角色。第二是空洞性。"空洞性"一词，在这里不具有任何褒贬色彩，它只是指与大众文本类型的传递性密切相关的另一个意义传达特点。空洞性，是指绝大多数大众文本类型作品，在意义生成方面自身会呈现出一种了无新意的"空洞"状态。也就是说，大众文本的类型作品由于已经具有了某种特定的"所指"，因而就只剩下了"能指"的舞蹈。当绝大多数大众文本类型作品都以这样一种意义的真空状态存在于世的时候，历史所累积的往往是"能指"的重复性繁殖，而非"所指"的增加。所以，在大众文本盛行的社会与时代，"能指"空前的发达，而"所指"日渐稀薄。在这里要特别指出的是，文本"能指"的发达与"所指"的稀薄，并不是大众文本类型作品的缺陷，而是它们的特点。如果没有这个特点，它们可能就不成其为大众文本了。

---

① ［美］T. 贝沃特、T. 索布夏克：《类型批评法：程式电影分析》，载《世界电影》1997年第1期，第4～37页。

② ［美］斯·卡维尔：《看见的世界——关于电影本体论的思考》，引自《电影理论文选》，邵牧君等译，中国电影出版社1990年版，第289页。

　　既然大众文本的类型是直通或者传递某种特定意义的媒介，那么，这种特定意义是什么呢？或者，大众文本类型作为一种媒介，其意义的传递之路通向哪里呢？对此，斯坦利·卡维尔认为，类型作为一种媒介所指向的意义，不在于揭示"人的某种个性"和具有"社会作用"，而在于通向"人性的整个领域"①，表达人类共通的感受。也就是说，大众文本的类型作为一条条通道，一个个中介，传达的是对普遍价值的寻求，对理想生活方式的歌咏，和对完美的英雄人物的赞颂，而这些主题又将我们的目光引向深层的、类型所喻示的人类心底普遍的、基本的欲望。在这个意义上，可以说，大众文本类型及其类型中的所有作品，都是一个个梦幻般的现代神话，填补着人们生活中的缺失，表达着人们心底的渴望，宣泄着人们积郁已久的情感，仿佛一个"大众的情人"，给人以适意的抚慰和快感。

　　但是，当大众文本类型的意义表达，以指向人类共通的"人性的整个领域"相标榜，创造出一个个现代神话或乌托邦世界的时候，自觉与不自觉中已经打上了意识形态色彩。众所周知，好莱坞的影片，从表面上看，为了最大程度地占有全球电影市场，向来以诉诸于大众的共同心理特点与欲望要求为己任，体现出一种普遍价值寻求。然而，在这种表面之下，却潜隐着有时甚至是赤裸裸地宣扬着、行销着美国文化。因此，有学者指出，"从某种意义上说，好莱坞从一开始就在向全世界推销着美国"，并且，"早在30年代，美国政府就意识到，电影和其他大众文化都不仅具有产业意义，而且对于宣传美国政治、文化和扩大经济影响都具有不可替代的重要作用。文化输出可以影响到其他国家、地区和民族的历史意识、社团意识、宗教意识以及文化意识、甚至语言，淡化甚至重写这些地区的传统和文化，从而创造新的民族文化记忆，促使其与美国的信念和价值融合。所以，从第一次世界大战开始，美国便通过各种政治和经济手段向全世界推销电影和推销电视节目、录音唱片以及其他大众文化产品。在罗斯福执政的第二次世界大战期间，好莱坞电影则成为推销美国形象、美国民主，进行政治宣传的重要工具"②。而这种政策及行为所导致的结果，便是一方面好莱坞电影大举入侵、蚕食别的民族文化，另一方面是其他民族文化对好莱坞的不同方式、不同程度地抵制。而在这种"入侵"与"抵

　　① ［美］斯·卡维尔：《看见的世界——关于电影本体论的思考》，引自《电影理论文选》，邵牧君等译，中国电影出版社1990年版，第289页。
　　② 尹鸿、萧志伟：《好莱坞的全球化策略与中国电影的发展》，载《当代电影》2001年第4期，第36～49页。

制”之间，意识形态领域的战争硝烟连绵不绝。当然，大众文本类型的意识形态色彩绝不只是仅仅体现在美国与美国以外的国家或民族的文化冲突上，还体现在社会的性别、种族等诸多强、弱势群体之间的文化冲突上。对此后面有专节论述，这里不再多言。

罗兰·巴特曾经在他的《神话学——大众文化诠释》中，在其“神话”理论的基本公式“能指/所指＝符号”的基础上，将大众文本的词义区分为两个层次：第一层次为“初级词义”，第二层次为“第二级词义”或“隐含之义”。其中，“初级词义”为大众文本的表层意义，即他所谓的“神话的能指”中的“意义方面”。① 这个“意义”往往是显而易见的，是一种直接可感触到的、具有丰富性和足够的合理性的文本“内容”。它往往是属于历史的、文化的；“第二级词义”或“隐含之义”则是“神话的能指”的“所指”，即他所谓的“意指作用”或“含蓄意指”所表达的意义。在罗兰·巴特那里，“神话”是指被理解为意识和习惯的意识形态，因为只在隐含的层次上发挥作用，所以常常不被意识到。但是，隐含的“神话”往往“捍卫着现状——资产阶级的规范，并有力地支持着一个社会中统治阶级的利益和价值标准，力图将事实上部分的和特殊的东西弄成普遍的和全面的，将文化的弄成自然的。神话的产生就是由文化和历史的状态转入自然的、被认为是理所当然的状态的转折点”②。罗兰·巴特还在其对一张黑人士兵向法国国旗敬礼的照片的分析中指出，该照片的“初级词义”——向法国国旗敬礼的黑人，“不是法国帝国的象征：他有太多的面，它展现了丰富、经验、随兴、天真、无可置疑的意象”；而在它的“第二级词义”或“隐含之义”中，这种“展现被驯服”、隐退了，文本“变成了一个全副武装概念的共谋者”，表示出具有“法国的帝国气派”③ 的意识形态语义，即在政治危机之时，法国仍然是一个没有种族歧视、所有的子民一致效忠的伟大的国家。由此可见，罗兰·巴特的“初级词义”是大众文本意义的显在层面，“第二级词义”或“隐含之义”是大

　　① 罗兰·巴特在其《神话——大众文化诠释》中认为，“神话的能指以一种暧昧的方式出现：它同时既是意义又是形式，一方面充实，一方面又很空洞。在意义方面，能指已经提出一种阅读方式，我用眼睛抓住它，它具有感觉方面的现实（不像语言学的能指，纯粹是心理的），其中有丰富的酝酿内容：狮子命名、黑人行礼都是可信的整体，它们本身掌握了足够的合理性”。见［法］罗兰·巴特：《神话——大众文化诠释》，许蔷蔷、许绮玲译，上海人民出版社1999年版，第176页。
　　② 夏建中：《当代流行文化研究：概念、历史与理论》，载《中国社会科学》2000年第5期，第91～99页。
　　③ ［法］罗兰·巴特：《神话——大众文化诠释》，许蔷蔷、许绮玲译，上海人民出版社1999年版，第177页。

众文本意义的隐含层面，而这两个意义层面的结合，则构成了大众文本意义结构的堆叠性。这种堆叠性，虽然颇有些类似我国古典美学理论中的"象外之象""味外之味"说，但二者毕竟是不同的。"象外之象""味外之味"说，显示着一种艺术的最高境界：以有限指无限；而大众文本的意义堆叠，最终指向的却是某一种意识形态话语，一种贫乏的"意指"。

如前所述，"初级词义"作为大众文本意义结构的显在层面，是一种可直接感触到的文本"内容"。这种"内容"，虽然样态丰富、生动，因文本不同而异，并且往往依附于某种历史和文化，但是在诸多的大众文本中，它还是表现出了很强的趋同性，体现出某些共同的意义指向。这些意义指向，归结起来，就是对普遍价值观念的寻求。当然，正如罗兰·巴特所指出的那样，"初级词义"之后暗藏着"第二级词义"或"隐含之义"，普遍价值观念之后也定将潜伏着一个非"普遍"的意识形态语义。因而，下文在首先梳理大众文本的普遍价值寻求之后，还将分析大众文本的意识形态性。

与罗兰·巴特将"神话"理解为"意识和习惯的意识形态"的界定不同，本文在论述中，将把"意识和习惯的意识形态"的意义用"意识形态性"来概括，而把大众文本的普遍价值寻求归结为"神话"的内涵。这不仅是因为人类的诸多普遍价值观念，如真善美等，作为一种衡量与约束个体、社会的行为与意识的价值尺度，都具有一定的乌托邦性质或理想色彩；而且，在普遍价值观念引导下的大众文本叙述，都具有强烈的非现实性或"梦幻"性，描画出的几乎都是一个个远离现实生活的"乌有"之乡，如浪漫至极的爱情，英勇无比的英雄，仙剑侠骨的武林等；这些梦幻性、理想性，显然与古老的"神话"文体的特性如虚构性、理想化等，极为相近，这也就是本文之所以称大众文本的普遍价值寻求为"神话"营造的缘由。当然，大众文本营造的"神话"意义，已经不再具备早期人类神话中被人们顶礼膜拜的、近乎宗教般的精神语义，而主要体现为一种"世俗的神话"内涵。也就是说，大众文本的"神话"是建立在大众的日常生活基础上的，与其物质化、感觉化追求相对接，是一种世俗化想象。而这种世俗化想象的主要功能，也非达成人们对于生活的精神超越，而是使大众"娱乐"，即通过诉诸大众的感官和心理，使大众获得感觉层面的"救赎"与"非直接的如愿以偿"。① 因而，为了区分大众文本与古老神话

---

① ［美］理查·戴尔：《娱乐与乌托邦》，载《当代电影》1998 年第 1 期，第 71 ~ 77 页。

文体的"神话"内涵的差别,我们将大众文本中的"神话"称为"现代神话"。

二、现代神话：大众文本的普遍价值寻求

此处的"普遍价值",即人类普遍的价值观念。它包含的内容很多,也很复杂;它可能处于人类的显意识中,也可能深埋于人类的潜意识;它有时体现为人类的"本我",有时又体现为人类的"超我";它有时浅近平易,有时又深不可测……但是,无论它怎样的纷纭变化,都摆脱不了一个注定的宿命,那就是它必须具有人类的共通性。它必须是人类共通的情感、感觉、体验,必须反映人类共通的意志、品质、追求,必须浓缩人类共通的人与人、人与社会机构、人与自然之间的关系,以及必须体现人类共通的价值评估标准。这种人类的共通性,由于奠定在大多数人所拥有的思想观念、伦理价值、文化趣味与人生愿望的基础上,强调"共性"、"一般性"、"大众性",因而可以说,恰好与标榜"个性""独特性""唯一性"的个别性针锋相对。个别性总是精英文本的表意追求,其创作者往往从个人体验、个性化思考出发,阐述独特的人生、社会要义,探索常人难以理解的哲学世界与宇宙观念。作家托尔斯泰、乔伊斯,电影导演雷乃等的作品就是如此。而大众文本的表意却总是以诉诸大众的共通性为首要目标,表达人们都能理解的主题,倾诉人们都体验过的情感,满足人们心底都潜藏着的欲望,也就是说,寻求一种人们普遍拥有的价值观念。

普遍价值观念,在斯坦利·卡维尔那里,被称为"人性的整个领域"。通向这个领域的大众文本类型以突出人类所有的共通性为特点,与揭示"人的某种个性"和具有"社会作用"的创作文本相区别。如果我们把"人性的整个领域"视为一个完整的世界的话,那么,每一个大众文本类型的特定意义指向,所叩击的就是这个世界的一个侧面。当众多的大众文本类型纷纷以自身的特定意义的集束箭头,来敲响这个世界的各扇门扉的时候,这个世界一定是一片繁忙并且纷繁多姿的景象。这个景象只有在大众文本的表意空间里才能找到,它永远不同于精英文本在意义探索之路上独自跋涉的身影。

当然,在大众文本类型一片忙碌的表意空间里,并不是所有的门扉被一起叩响。大众文本类型所特有的轮换机制,使得这种敲门声总是此起彼

伏，表现出"皇帝轮流坐，明年到我家"的轮换性。所谓轮换机制，即一种大众文本类型受到欢迎后，制作者就会群起制作这种类型，一旦受众烦厌了，马上就会换上另一种。如一轮科幻片落市了，便换上一轮恐怖片。这种轮换性，我们一贯把它归结为大众文化的一种市场行为，是外在于大众文本的。但事实上并非完全如此。斯坦利·卡维尔说："电影的轮换现象是人们所熟悉的历史事实，这个事实曾经被某些电影理论家看作不择手段的商业化现象，实际上却是电影固有的一种可能性，甚至可以说，这是已经创造出一种媒介的最好象征。因为一次轮换就是一个类型（监狱片、南北战争片、恐怖片，等等）；而一个类型就是一种媒介。"① 这也就是说，每一次轮换都意味着一种新的类型及其特定意义的产生，因为与前一类型相比，后一类型必然会表现出一种迥然不同的意义指向。前一个类型的特定意义所叩击的是"人性的整个领域"的一个侧面，后一个类型的意义指向的就是另一个侧面。因而，当一个侧面被反复刺激、趋于麻木的时候，就会被轮换下去；另一类型就会因为找到了一个新的兴奋点而倍受人们青睐，流行一时，成为取代"旧主"的"新帝"。当然，它也很有可能以更快的速度被新的流行类型置换下来。于是，日复一日，年复一年，春来了冬去，秋来了夏去，大众文本的表意舞台上，上演的是走马灯一般的流水戏。

大众文本的表意舞台上虽然唱的是流水戏，但这并不是说，"人性的整个领域"被击打得麻木的那个侧面，就此失去了任何感受力。相反，当某种类型或者添加了新质的原有类型再次轮回的时候，经过一段时期的休整和沉寂之后的这个部位，会再次被唤醒，而且同样令人激奋不已。因为人性领域的任何一个侧面都不会消失，或被人们丢弃，它一直存在于人类的心灵深处，之于现实中人，它只有唤醒与沉睡之分。当一个唤醒点被反复刺激后就会产生疲累，就会令人厌倦而进入沉睡状态。但既然有沉睡，就有再次被唤醒的可能，这也就是为什么同一类型在发展过程中能崛起、消沉、再崛起、再消沉的缘由。因此，类型的轮换，绝不仅仅是一种商业或市场化的文本调换，也不仅仅是更新一下人们的感官感觉，它是人类心底的需求的反映，是对人们各种基本的、永恒的愿望的轮番重温。这种重温也许不会给人以一种"天外来音"般的全新的感受，但却回荡着所有人都熟悉的、像故乡一般亲切的认同感、温馨感、平易感、轻松感。故乡不

---

① ［美］斯·卡维尔：《看见的世界——关于电影本体论的思考》，引自邵牧君等译：《电影理论文选》，中国电影出版社1990年版，第289页。

会令我们新奇，但却是我们历久弥新、走到哪里都难以释怀、愿意无数次重归的地方。大众文本的意义世界——人性的领域，就是大众灵魂的故乡。由于与灵魂相接，大众文本也就具有了一份令大众产生"他乡遇故知"的欣喜感的新鲜。

虽然由于大众文本类型的轮换机制导致了人们对于"人性的整个领域"的轮番重温，但是，在这种轮番重温里，总有一些普遍的价值观念成为大众文本表意的亮点和密集点。这些价值观念往往与大众文本对情爱故事、婚姻生活、英雄神话、怀念历史、幻想未来等人类共有的普遍现象的叙述相关，形成了爱情、人性、英雄、怀旧、科幻等一系列涵盖广泛的"现代神话"主题和价值取向。

（一）爱情主题

在大众文本众多脍炙人口的故事叙述中，浪漫的爱情是永恒的母题之一。在好莱坞，从格里菲斯《一个国家的诞生》里的本杰明上校与爱尔茜的相爱片断开始，到《乱世佳人》里那段存于纷争乱世中的恨爱交织的爱情史诗；从《卡萨布兰卡》里那种凄美的昔日恋情，到《罗马假日》里无可奈何的纯情之恋；从《人鬼情未了》里令人惊异的生离死别的爱恋，到《银色恋情》里重建自信的残疾人的寻爱；从《廊桥遗梦》里的短暂而动人的婚外恋情，和《泰坦尼克号》里那永沉海底的青春恋歌，等等。在中国，从第一部妇女题材影片《玉梨魂》中被封建贞节观念压折了的梨娘与何梦霞的爱情，到《马路天使》里小红与小陈的纯洁挚诚之恋；从《小城之春》里那"发乎情，止于礼仪"的东方式情爱，到《阿诗玛》中那热烈坚贞、诗情画意的少数民族恋情；从琼瑶言情小说中那些如梦如幻、仿佛不食人间烟火的纯情恋歌，到电视剧《过把瘾》里那充满了争吵、糊里糊涂却又深爱至骨髓的朴素爱情，等等，还有令"哈日族""哈韩族"神魂颠倒的日本、韩国现代都市言情剧里那些偶像级的青春之恋，以及著名的加拿大多伦多"禾林"小说系列中那些穷女子与阔公子之间的浪漫爱情故事……在这一曲曲对"人间至爱"的歌咏里，大众文本创造出了它最经典、最令人销魂的爱情神话。

这些爱情神话里的男女主人公，无论美丽与丑陋，无论智慧与愚钝，无论年老与年轻，无论古代与现代，也无论同族与异族，无论战争环境还是和平年代，所遭遇的几乎都是人间最真纯、最热烈、最浪漫、最刻骨铭心的爱情；这种爱情，也许萌生于一见钟情，也许酝酿于青梅竹马，也许来自于萍水相逢，也许只是日久生情，然而一经产生，立即就展现出了其最令人迷醉、最摄人心魄的魔力；双方的恋爱过程，也许仅仅只有短暂的几天、几个小时，也许是坎坷艰难的一生直至相约来世，但无不浓缩了世界上最灿烂的瞬间，最轰轰烈烈的感觉，和最幸福的体验；两人相爱的结局，无论是好事多磨，"有情人终成眷属"，无论是"棒打鸳鸯散"，终成千古遗恨，也无论是"两情若是久长时，又岂在朝朝暮暮"，以致"长相别离"，都尽留"人间至爱"的迷人余香，和关于爱情的无尽遐想。而讴歌人类的爱情，展现爱情最浪漫、最美丽、最迷人的一面，是所有以爱情为表现对象的大众文本的永恒的主题。

面对大众文本那一个个完全可以用"惊天动地""永垂不朽""天地动容""千古流传"等词汇来形容的爱情神话，也许我们可以指责它不真实，是纯粹的煽情，是故作的矫饰，但是深深地被它所迷恋的接受者们，谁又会强求它是真实的、一定要与现实生活相符呢？因为它本来就是人类心中的梦想，是人们心底永远涌动着的对于完美的爱的追求。并且，对于置身于有局限的现实生活中的人们来说，理想、浪漫的爱情本身，就是一种抚慰剂，一种缝合现实缺陷的心理良方。

（二）人性主题

人性，既是一个抽象的概念，又是一个生动的具象概念。它是哲学家冥思苦想的形而上的人的本质问题，也是大众文本无时不在渲染的最普通、最普遍的人的情感、人的欲望、人的生命价值等问题。

我们知道，人是血缘和群居的动物。天生的血缘关系使人类有了家庭，家庭间的姻亲连接构成了家族，家族的伸延与扩大构成了民族，不同民族的并存与组合构成了人类社会。人类的每一个个体，就是在这样的血缘、姻亲、民族与社会的递进联系中体会到集体与世界的，同时又是在社会、民族、姻亲、家庭的反向回程中感觉到自我、亲情与人情的。人，看似孤独地来到这个世界，其实一条脐带已经将他与母亲、父亲紧密地捆绑在了一起，与家族里、社会上形形色色、远远近近的人们联结到了一起。这其中，同父同母使得他与兄弟姐妹命脉相连，走出家门之后与朋友的友情割舍不断，与周边生活环境里的人经常要进行各种各样的交流，还有浇灌出整个人类社会的文明、和谐、相互关爱的人性人情，更是谁也渴望、谁也难以脱离的人类大情感。这些血浓于水的情感，将人类的每一个个体层层密密地包围着，是最早存在于他们周围的给养带，是最长久地呵护他们的保护圈，还是最令他们留恋的人伦之爱与精神家园。因而，人类的心灵，对于人情的体验最多、最普遍、最直接、最真切、最深透。人性人情，几乎成为所有人心底最柔软、最温馨的地方。对于这个地方，以迎合大众、吸引大众为至上追求的大众文本，自然不会放过它。于是，叙述人间的血脉之亲、友爱之情以及人类的相互关爱之心，表达人性人情的朴素、平凡与伟大，就成了大众文本最感兴趣、最能有效地打动大众的"现代神话"主题之一。

于是，我们首先看到，在大众文本中，非常多的作品都在世俗的尘埃之中找到了温馨而美丽的人情人性的闪烁，以人类所共同向往的纯净的人伦情怀的回归，打动了大众的心。我们曾经在《金色池塘》《儿女情长》《母女情深》等中外影视剧中，领略过虽然在生活中争吵不断，但内在血脉相连、难以割舍的平凡亲情，感受到了人之常情的朴素而动人；曾经在《早安台北》《为戴茜小姐开车》等影片中，体验过人与人之间的理解、沟通以及真挚的情谊，触摸到了现代社会中小人物之间相互关爱的温暖；还曾经在《渴望》《义不容情》《肥猫正传》等电视剧等中，聆听过创作者对于美好人伦、人性的大声呼唤，从而深刻地体会到了人情人性之美对于现实生活中每一个人的重要性。由于这些大众文本所表现的人情人性之美、之希望，一方面可能就发生在千千万万普通人的平凡生活里，令接受者们有感同身受之体验；另一方面它又是人们对于现实中人际关系的可望而不可即的追求，因而也总是能深深地打动他们。

其次，在许多的大众文本中，我们还看到了残酷血腥环境里美丽人性的灿烂迸发，以及深刻的人道主义主题的高度张扬。其中最突出的一个例证是，经过历史的重新反思之后，好莱坞的西部片、战争片等"杀"气冲天的大众文本类型，表现出了浓烈的人情人性的主题追求。如《与狼共舞》一反以往影片特别是西部片中将印第安人视为野蛮民族的做法，还原和肯定了印第安人的纯朴真挚与善良，提出了民族间应放弃仇视、斗争，和平共处的理想，并且以邓巴与苏族人的友善相处体现了这种理想的自由与美好，奏起了友爱、平等、和平的旋律。《辛德勒名单》则出人意料地叙述了一个德国纳粹党员和投机商人想方设法保护犹太人的故事，纳粹对犹太人的惨无人道的屠戮暴行，与其阵营里极少数人心中仍然涌动着的人性与良知相比照，人性的永恒与伟大再一次震撼了人们的心灵。同时，更多的战争影片不再满足于对战争性质进行正义与非正义的区分，无论是以"二战"还是以"越战"为题材，都在对战争本身反人道、毁灭生命的一面进行深入的反思。《野战排》通过对美军内部人与人之间的仇恨、残杀的描述，以及美军对无辜的越南人的残酷屠杀，来控诉战争灭绝人性的罪恶本质。而《拯救大兵瑞恩》则以一个用 8 个人组成的小分队，冒着生命危险去寻找一个普通的大兵的神话般的故事，对人的生命价值进行了重新认识。这些发生在灭绝人性的环境里的人性的迸涌，由于有了血腥底色的反衬，反而成为了人世间人情人性最灿烂、最壮观的花朵；而对它的高扬，就成为了对于人情人性最辉煌、最震撼人心的赞歌。

人情人性是人类最基本的品性，发扬美好的人性情怀，排除一切人性的压抑，实现人性的最大解放，是天下所有人由衷的渴望和为之奋斗的理想。谁不愿意看到世界充满爱，充满人情人性的光辉呢？而且，生活中越是缺乏人与人之间充满了人情味的关爱（包括情爱），人们就越是需要这种关爱的抚慰。如果这种爱的需求得不到满足的话，就难免会给人带来失落、孤独与痛苦。而解除痛苦最有效的方法，莫过于把大众文本中那充满了人情人性光辉的理想之爱，"作为一种缓解现实痛苦的麻醉剂，作为一种减轻个人空虚和孤独感的麻醉剂"[1]。因此，无论是从进取的方面，还是从逃避方面来说，大众文本的人情人性主题，都拨动了大众心灵的琴弦，满足了他们情感与生活的需求。

（三） 英雄主题

英雄，是大众文本中最常见的核心人物形象，也是大众文本最受青睐、最重要的"现代神话"主题之一。大众文本的"英雄"主题，不仅存在于西部小说及影视剧、侦探小说及影视剧、战争小说及影视剧、恐怖小说及影视剧、科幻小说及影视剧、警匪小说及影视剧等以英雄形象为主人公的大众文本类型中，甚至还出现在言情小说及影视剧、生活伦理小说及影视剧等大众文本类型中。由此可见，它的覆盖面相当广泛，渗透力非常强。

于是，我们看到，好莱坞作为"梦幻工厂"，几乎所有的"梦"，其实都寄托在一个人物——美国式的"英雄"的身上。这个英雄，可以是世

---

① ［美］埃·弗洛姆：《爱的艺术》，康革尔译，华夏出版社 1987 年版，第 89 页。

人所敬仰的斯巴达克斯、宾虚、熙德等人们眼中真正的英雄人物。当我们看到《熙德传》里阿拉伯军队敲起战鼓，查尔斯·赫斯顿对自己的士兵们说"战士们，不要害怕这些鼓声，几个小时之后，这些声音就要全部沉寂下去"的时候，一种顶天立地的英雄形象和他所具有的一种强大力量，就永远留在了观众的心目中；这个英雄，也可以是《超人》《终结者》等电影以及"007系列"小说及影片里的那些超级英雄。他们健硕的肌肉，冷峻的面孔，尤其是他们作为"救世英雄"的化身，孤军深入的无畏和战无不胜的智谋，显示了一种人类所期望的最高力量的确证；这个英雄，还可以是一个"出众"的反面人物，就像《小凯撒》里的里科、《教父》里的教父老科莱昂。他们虽然杀人不眨眼，但是他们或作为极端个人主义的化身，或者具有顾全大局、坚忍不拔、手足情深之心性，而成为美国精神的某一个方面或人类所赞赏的某种品性的注解；当然，这个英雄也会是一个个的普通人，如《阿甘正传》中的阿甘，《廊桥遗梦》中的弗朗西斯卡等。在社会身份上，他们一个是近乎笨拙的弱智者，一个是曾经有过外遇的家庭主妇，没有丝毫可供炫耀的资本。但是他们的执著，他们埋在心底的渴望，以及他们对情感与理智的选择，都恰当地契合了普通大众的需求与欲望，从而实现了大众的"美国梦"，成为人们心目中的平民英雄。

与好莱坞相类似，中国香港作为亚洲最具影响力的大众文本的生产基地，其创作的大众文本中，也几乎都是"英雄"无处不在。且不说金庸武侠小说里密集如云的侠客，李小龙、成龙、李连杰等功夫片里武功卓绝的豪杰，是典型的、传统文化意义上的"为国为民为天下"的大英雄；就连日常生活中的赌徒、食客、屠夫和打台球的游荡小青年，都成了各怀绝技、技压群雄的"赌神""食神""国产007"和台球擂台的胜利者，其"英雄"业绩同样令人惊叹。

大众文本的英雄主题，正是建立在其所塑造的英雄形象的基础上。由于这些英雄人物，往往运用其超人的智慧、胆略、坚持、执著或不屈不挠等品质与意志，取得了常人所难以取得的成功，成为了人人歆羡的"人上人"——成功者，因而大众文本的英雄主题也就成为了成功者的寓言。这些成功者，一方面在外貌体态上，大都符合近乎在全世界都通行的男女两性形象的一般审美标准：女人漂亮温柔，男人高大英俊；另一方面在其英雄业绩方面，要么成为世人敬仰、美女崇拜的大英雄，要么成为独揽巨额财产的大富翁，要么成为手中握有权力的某一社会群体的铁腕操控者，等等。因而，在他们身上，从自然禀赋到社会地位，都占尽了人间的优势，集中了大众关于成功者的所有梦想，对此，大众的向往之心也就不言而喻。

非常重要的是这些成功者们的奋斗过程，这过程越艰辛，困难越大，就越容易使接受者产生一种亲近感。因为成功者的成功已经使他们在芸芸大众的心目中，脱离了凡夫俗子的常规状态，某种程度上成为了一种高高在上的神化的偶像。而只有他们曾经的苦难，曾经的奋斗，曾经的变化，才与大众的普通生活相接近，才能引发大众感同身受的情感共鸣。尤其是当这个成功者的起点很低，仅仅是一个贫穷的"灰姑娘"或者一个弱智的"阿甘"，而他居然也攀上了成功的巅峰的时候，他的奋斗历程就格外能够使大众产生强烈的与自我的相互比照感，从而将自我混同于文本中的主人公，以"他"的成功为"我"的成功，以"他"的能力为"我"的能力，在幻觉中实现了自我的成功，满足了自我成功的欲望，享受到了自我成功的快感。这正如美国哲学家乔治·赫伯特·米德所说："我们从浪漫作品、电影，以及艺术中获得了大量的享受，因为后者至少通过想象释放了那些属于我们自己，或者我们所希望属于我们自己的能力。"① 另外，现代社会的人们，由于现实利益纷争、生存压力加大及生活节奏紧张等因素，极容易形成满怀焦虑、恐惧、不安甚至失败感的"神经症人格"，而将这种种不良情绪转嫁出去的一个最好方法，就是沉浸到大众文本中去，用假想的拼杀代替真实的竞争，用成功的幻影遮蔽失败的不安。因为只有"在这种状态下，个人的价值标准、判断能力、创造能力、自我指导能力乃至他的全部感觉，都转嫁给一种虚假的自我形象，以此来缓和他的基本焦虑，其作用在于使他从内心冲突中解脱出来……"② 应该说，正是因为有了英雄及其他主题的大众文本的这种可转嫁性，20 世纪 30 年代的好莱坞电影才在美国经济大萧条时期依然繁荣如故，几乎没有受到多少经济衰退的影响。

大众文本永恒的"现代神话"主题还有很多。譬如怀旧主题，我们曾经在 20 世纪 90 年代国内的"《红太阳》热"、"《老照片》出版风潮"等大众文化中切身地体会过它，而作为引起流行热潮的始作俑者——《红太阳》歌带、《老照片》书刊，以及后来跟风的类似作品（如"老城市"

---

① ［美］乔治·赫伯特·米德：《心灵、自我与社会》，霍桂桓译，华夏出版社 1999 年版，第 138 页。

② ［美］卡伦·霍妮：《我们时代的神经症人格》，冯川译，贵州人民出版社 1988 年版，第 8 页。

"老漫画""北大老照片"等），和前些年十分走红的一个著名电视栏目《同一首歌》等，都是以怀旧为主题的典型的大众文本。如果说怀旧主题源于人们对于既往历史的怀念，而怀念历史又是人类精神思维的一个永恒向度的话，那么，人类的精神思维还有一个同样永恒的向度，就是畅想未来，而畅想未来的思维取向在大众文本里最集中的体现，就是科幻主题的出现。关于科幻主题，凡是看过好莱坞的科幻片的人，对它莫不知晓一二。它那透过神秘的宇宙空间、各种新奇的机器人、形象怪异的不明生物、壮观激烈的飞船大战，甚至是从古代直到中世纪神话里的各种奇形怪状的女巫、怪物和木偶式的形象等幻想景观，体现出的显然都是瞻望未来未知世界的表意取向，和对于科技发展的恐惧或者崇拜的表达主题。至于大众文本的其他普遍价值寻求，这里限于篇幅，不再赘述。

大众文本的上述主题，是大众文本中最常见、分布最广泛的表意取向和普遍价值选择。这些主题，不仅惯例性地出现在与之直接对接的大众文本类型中，如爱情主题之于言情文本类型，人性主题之于生活伦理文本类型，英雄主题之于西部、战争、警匪文本类型等；而且还渗透到了其他大众文本类型中，如爱情主题还是战争、西部、歌舞、喜剧等许多文本类型中必不可少的意义符码，人性主题也是言情、战争、西部甚至强盗等诸多文本类型表意体系的一个有机组成部分，而英雄主题同样所向披靡，成为包括言情、生活伦理等众多大众文本类型在内的意义链中的一环。只不过，这些主题在不是以其为主要意义选择的文本类型及其文本里，已经不是主题了，而是主题的辅助、补充性意义环节。这些辅助、补充性意义环节的增加，对于文本主题的丰满、深入具有积极的作用。并且，多种意义符码在一个文本表意体系中的交叉并存，也会使得大众文本变得更好看，更具感染力。

大众文本的普遍价值选择，是大众文本拥有大众的前提。大众文本的生产者，可以说，从一开始就觊觎着倾其视野尽可能广大的文本消费市场（这对于美国的好莱坞来说，处心积虑地渴求着的是全球的文化市场）。而市场越大，人口越多，人们之间的差异就越大，"众口难调"往往成为大众文本市场化进程中一个主要的阻隔因素。然而，大众文本的精明的生产者们深谙人的本性，他们在文本的市场化进而国际化过程中，采取了许多策略，而所有的策略最终归结为一点，就是他们没有停留在本地区、本民族乃至本国人民的主流意识形态上，而是从中提炼、升华为更具有普遍意义的，既属于本地、本民族、本国的又属于全人类的，可以被各个地区的人们、各个民族、各种意识形态所一致认同的普遍价值观念，然后灌注到其大众文本及其类型中。从某种意义上说，大众文本正是凭借着其对普遍价值的寻求，成就了世界上最具发展潜力的产业之一——文化产业。

三、霸权与抵抗：大众文本的意识形态性

前已述及，大众文本的普遍价值寻求仅仅属于大众文本的"初级词义"，而"初级词义"只是文本意义的显在层面，在显在层面之后还暗藏着"第二级词义"或"隐含词义"。如果说，大众文本的生产者对于"初级词义"的设计，主要目的在于有意识地迎合进而在商业上赢得大众的话，那么，"第二级词义"或"隐含词义"的构想，主要目的则往往是一种有意或无意的在精神上试图操控大众的意识形态宣扬。"第二级词义"或"隐含词义"总是隐藏在"初级词义"之后，意识形态宣扬也相应地潜伏在普遍价值寻求之中，以某种超阶级的、永恒的、普遍的外衣来包装自己。这正如弗雷德里克·詹姆逊所说，"大众文化作品若不同时具有或隐或显的乌托邦性质，就不可能具有意识形态性：除非这些作品提供些许真实的内容作为幻想，专门讨好行将被操纵的公众，否则它们就无法进行操纵"。①

在许多文化研究学者那里，大众文本的意识形态宣扬，是一种商业文化与政治强权蓄意已久的"合谋"。但本书以为，这种"合谋"有不少情况下是有意为之的文化宣教或推销，但许多的时候它却只是文化惯性使然，是大众文本近乎本能的文化守望姿态所促成的。也就是说，大众文本要以赢得大众为目的，就必然采取与大众一致的文化立场。大众不是创新的"少数人"，而是既有文化的守成者，那么，它的守成也就决定了大众文本的守成。由于大众所持"守"的文化"成"规，往往都是传统文化、社会主流文化或平均主义文化、多数人文化等，因而大众文本麾下的文化主将也基本上是这几种。并且，由于大众的文化守成姿态还远没有达成一种至死不移的气节，时而会因为盲从性而左右摇摆不定，所以大众文本的文化操守也不可能坚定不移，而只会在"守成"的基础上再前后张望，不时地添加一些新的佐料、新的成分，变"守成"为"守望"者的角色。

---

① Fredric Jameson, Reification and Utopia in Mass Culture, in Signatures of the Visible, 1993, P. 29.

另外，大众在文化观念上的任何变化，都可能反映到大众文本的文化策略中来，而大众文本的文化宣扬也会引领大众文化选择的变化，双方之间形成了一种文化的互动交流状态。由此可见，大众文本的意识形态性，既是一种商业文化与政治强权文化蓄意已久的"合谋"的产物，同时也是一种商业文化与大众文化的不约而同的"合谋"的产物。

大众文本的意识形态性，在罗兰·巴特那里，意味着"捍卫着现状——资产阶级的规范，并有力地支持着一个社会中统治阶级的利益和价值标准"[①]。但并非所有的人都这样认为，路易斯·贾内梯在论述电影的"意识形态"时说，"意识形态的一般定义是：反映某一个人、集团、阶级或文化的社会要求和理想的一套思想体系。这一名词通常与政治和党派立场相关，但它也可以是指任何人类活动——包括电影创作——所暗含的一定价值观"[②]。后者的意识形态范畴显然要比前者宽泛许多。观点的不一，使我们有必要首先确定大众文本的意识形态内涵。

我们知道，"意识形态"是文化研究的核心概念，绝大多数学者的文化研究都会与"意识形态"这一术语发生关系。法兰克福学派、阿尔都塞和葛兰西等人都是从意识形态角度来定义大众文化的。P. 布迪厄在研究文化的消费时也指出，文化具有"有意或无意地倾向于将社会差别合法化的社会功能"，而文化差别经常被用来支持阶级差别。还有霍尔、詹姆逊等。这些学者们对于"意识形态"的所指，往往各有说法，进行过不同的概念界定，但在这些不同的界定中，有一些基本内涵却是被大家共同认可的。这些基本内涵，即文化领域是意识形态斗争的场所，统治阶级的意识形态在每一个社会、每一个时代都是占统治地位的意识形态，它通过宗教、教育、家庭、大众传媒和大众文化等意识形态的国家机器，"大规模地、显著地起着作用"，从而构成了一种意识形态霸权。一种意识形态的霸权，不仅体现为一个阶级对其他阶级的思想、文化统治，而且还被自然化、常识化，体现出被统治阶级心甘情愿认可并积极参与的意识形态归顺。正是在这些基本意义上，笔者以为，意识形态这一概念，并不应仅限于指"资产阶级的规范"，而应该指称在任何社会、任何时代里占统治地位的思想、文化及其所构成的思想、文化霸权。因此在这里，笔者宁愿把"资产阶级"，看成是一个关于"统治阶级"的虚指概念，用来指认不同

① 夏建中：《当代流行文化研究：概念、历史与理论》，载《中国社会科学》2000 年第 5 期，第 91～99 页。
② ［美］路易斯·贾内梯：《认识电影》，胡尧之译，中国电影出版社 1997 年版，第 256 页。

社会、不同时代甚至不同认知视角下的统治阶级的身份。也就是说，就一个资本主义社会中的统治阶级而言，它可以是资产阶级；就一个男权主义社会而言，它是男权阶层；如果是就"全世界"的文化统治者而言，恐怕就是现在许多国家、许多人都在讨伐的"美国文化"了。对于某一种统治阶级的文化、政治利益及价值标准的捍卫与维护，就是一种鲜明的意识形态。这种鲜明的意识形态，当然会体现在大众文本中，形成大众文本的意识形态性；而大众文本的这种意识形态性，又几乎是无一例外地潜存在一切大众文本中，体现为各种各样的意识形态内容。

在大众文本各种各样的意识形态内容中，我们择其要者，主要分析一下渗透在"美国"神话、"中产阶级"神话和"男权"神话中的意识形态表达。

（一）"美国"神话

有不少人认为，现在国际上甚嚣尘上的"全球化"，实际上就是所谓的"美国化"。而以畅销小说和好莱坞电影所代表的大众文化在全球的兴起，则是国际文化领域"美国化"的典型标志。也就是说，美国大众文化对世界文化市场的大举侵占，就是"美国"大国意识形态在全球的扩散与渗透。而这种扩散与渗透，用新马克斯学派的话来说，正在催生另一种形态的帝国体制。它不是以军事强制为杠杆，没有鲜血和暴力，而是一种通过资本、信息和市场来冲击国家主权，促使国家和领土的界限再度淡化的新的帝国主义。这种观点虽然招致了一些学者的质疑与反对，其国家弱化与消亡论也不免有些危言耸听，但美国大众文化在全球已经构成了一种"神话"，形成了一道醒目的"文化帝国主义"景观，却是得到了东、西方诸多理论家关注与认同的一个国际文化现实问题。

美国大众文本的创作事实也是如此。在世界电影市场上横扫一切的好莱坞电影，从其表层语义来看，是关于人类一系列普遍价值观念的倾情诉求，但实质上掩盖在表层语义之下的，是其一整套关于美国神话的完整叙述。我们很难忘记，当年以约翰·福特为首的大导演，通过对傲立于西部荒野的牛仔形象的塑造，把西部片提高到 A 级片的档位，从而形成了绵延不绝的美国历史和英雄的神话；而以弗兰克·卡普拉的《一夜风流》为开端的闹剧片系列，则通过一对来自不同的社会阶层的魅力四射的恋人的爱情叙述，将美国电影从地密尔的古典浮华转向对美国普通人生活的叙述，从而开始为公众编织关于美国民主国家的梦想；歌舞片《雨中曲》《出水芙蓉》及著名童星秀兰·邓波尔主演的诸多影片里的那些金童玉女，和美轮美奂的盛大歌舞场面组合在一起，把美国描述成了一个歌舞升平、浪漫迷人的乌托邦式的梦幻世界；《外星人》《独立日》等科幻片里那种以千篇一律的美国英雄拯救人类于危难的主题叙述，更是对美国的大国意识形态和沙文主义的神话隐喻；生活伦理片《克莱默夫妇》《为戴茜小姐开车》等，通过对平民英雄的情感的挖掘和对其渴望的满足，对美国社会的现实矛盾进行了缝合，从而将美国人民的生活完全理想化了；还有强盗片、黑帮片《小凯撒》《教父》中渲染的那种由对个人主义和法律秩序的双重承认所导致的美国式的英雄主义，等等。这些美国大众文本的存在，显然无一不在证明，好莱坞的确营造了一个富有民族主义色彩的"美国神话"的梦幻世界。

美国大众文本所缔造的"美国神话"，随着其在全球文化市场上的反复上演、经久熏陶，势必会在许多国家的大众心目中，不同程度地形成对于美国文化标准与价值观念的认同与沉迷。媒体曾报道过一则在美军炮火下，一个巴格达青年流连于街头音像店中，目的只是为了买到一张最新好莱坞电影的碟片的新闻。这则新闻中的青年，显然就是全球许许多多深受美国大众文化影响、进而沉醉其"神话"世界的"美国迷"中的一个。"以前从来没有过一个特定文化类型的同步化，充斥全球到了这样的程度和广度"，① 从某种意义上说，"好莱坞已经征服了世界"，"我们正在变成一个好莱坞星球"②。这些学者们的惊叹，可以说是代表了当今世界上相当一部分人的想法和情绪。并且由于这种想法和情绪的驱动，在世界上又出现了诸多抵抗美国大众文化的壮举。如韩国导演林汉泽剃成光头在首尔美国使馆前示威抗议，法国著名演员阿兰·德龙在巴黎协和广场当众焚烧好莱坞电影拷贝，以及以法国为代表的一些国家针对美国电影等大众文本所采取的文化保护主义政策等等。这种看似文化上的较量，实质上是不同意识形态之间的冲突，是处于弱势地位的意识形态对美国意识形态强权的抵制与斗争。由此可见，美国大众文本、文化的意识形态色彩之浓郁、之侵略性。

美国大众文本所造就的"美国"神话强势，的确已对其他国家、其他

---

① 尹鸿：《全球化、好莱坞与民族电影》，视网联，2001年6月5日。

② 尹鸿、萧志伟：《好莱坞的全球化策略与中国电影的发展》，载《当代电影》2001年第4期，第36～49页。

民族的文化及意识形态领域构成了威胁与影响，但这并不是说，美国大众文化就是一匹来势汹汹的狼，在无法打倒的情况下就只能拒之门外。事实上，在现代信息网络高度发达的今天，将任何事物拒之门外都只是暂时的，甚至是不可能的。唯一可行与合理的策略，便是谋求自身大众文本的雄起，和大众文化的大发展，以实力抵御文化及意识形态的入侵者。"近年来，欧洲艺术电影的坚守，日本新电影的崛起，东欧国家优秀电影的不断出现，伊朗电影的独树一帜，韩国电影的本土追求，也都对好莱坞电影帝国提出了挑战"①。这种挑战，也许暂时还无法与好莱坞相抗衡，但其将来的发展却极有助于形成多元化的世界文化与意识形态格局。而且，还有一种事实无法忽视，那就是外来文化在进入本土的过程中，常常伴随着一定程度的本土化变异。就像美国加州大学人类学家阎云翔在关于北京麦当劳的田野调查中所分析的那样，"在美国，以快捷、价廉取胜，并被大众所广泛接受的麦当劳"，入驻中国后，"原本'地道'的美国饮食文化被赋予了中国文化的意义"，从而使"北京的麦当劳成为地方化了的、中国版的美国文化的一个代表"②。这种本土化的变异，虽然常常是外来文化为了打开本土市场而做出的一种策略性变化，但却也使美国大众文本增加了一种本土文化的意义表达。由此可见，"全球化"并非完全程度的"美国化"，或者一种单向的美国对他族的文化及意识形态"同化"。更确切地说，"全球化"是一种社会文化的交往过程，是世界上各种文化及其意识形态更加广泛、更加频繁、更加激烈、更加深入的相互接触与冲撞，构成多向的、多层次的文化互动和吸纳的过程，尽管当前在这个过程中，交往双方或多方还无法形成真正平等的对话。

普特南爵士说得好："处于巅峰状态的电影永远是属于全世界的，是向大众开放的，而且永远处于公众注意的焦点。"③ 因此，今天唯一处于巅峰状态的美国大众文化、文本及意识形态，必然会向世界倾泻、蔓延与渗透；但当他日各个国家、各个民族的大众文本、文化，在不断发展中向美国大众文化及意识形态渗透，并逐步攀上它的肩膀，然后超越它，纷纷创造出自己的达到世界"巅峰状态的电影"的时候，它也会向周边乃至更远的地界流溢、蔓延和渗透；只有多"峰"并立、相互渗透的世界文化交

① 尹鸿：《全球化、好莱坞与民族电影》，视网联，2001年6月5日。
② 翁乃群：《麦当劳中的中国文化表达》，人文日新网，2001年12月10日。
③ ［英］大卫·普特南：《不宣而战：好莱坞VS全世界》，李欣等译，中国电影出版社2001年版，第334页。

往格局，才能真正带来国际上不同意识形态相互交流、取长补短、共图发展的健康局面。这个局面应该成为各个国家、各个民族发展大众文化与文化产业的终极目标。

（二）"中产阶级"神话

在传统社会结构中，社会主要有两大阶级构成：上层阶级和下层阶级。它们分别具有属于自己的文化：高雅文化与民间文化。到了现代和后现代社会，社会分层趋于复杂，上层阶级与下层阶级截然分明的界线被打破，出现了许多中间阶层。这些中间阶层，由于划分标准不同，在所划分的阶层数量与命名上存在许多分歧。但这些分歧丝毫也掩盖不了中间阶层人数的庞大与社会涵盖面的广泛。在美国，从社会经济指数上看，除了10%的巨富和16%的底层人口，其余均属于中间阶层；从生活方式上看，美国学者米歇尔将社会阶层区分为八个类别，"除了最高层次与最低层次的类别分别对应于美国社会最富有和最贫穷的阶层"之外，"中间的六种类别代表了中产阶级内部在价值观念、地位和成就方面的区分"。① 关于这个庞大的中间阶层，米歇尔直接称之为"中产阶级"。虽然也有人将这个中间阶层又加以细分，认为其中的中上层人口才应看作是中产阶级，中下层的则为工人阶级。② 但随着时代进入以"蓝领工人白领化""在消费上消灭阶级"为标志的后工业社会，这种细分似乎已经没有多少必要了。由此可见，无论从社会经济指数还是从生活方式上来看，美国的中产阶级，都在社会结构中占据了显赫的位置：他们是美国社会人口中压倒性的"大多数"，是真正的"大众"。应该说，正是基于这种显赫的社会地位，美国的中产阶级，才成为美国大众文本描述与服务的最重要的对象。

然而，在美国是"大多数"的中产阶级，在其他国家却不尽然，尤其是在第三世界国家。但是无论你是怎样的国情，行销世界的美国大众文本都以同样的方式向你倾诉：成功白领、豪华汽车、郊外别墅，名牌服饰、时尚发型、个性香水；幽默的谈吐、优雅的举止、潇洒的风度；高级酒

---

① 数据及引文均见 ［美］戴安娜·克兰：《文化生产：媒体与都市艺术》，赵国新译，译林出版社2001年版，第39～41页。

② 根据戴安娜·克兰在《文化生产：媒体与都市艺术》中所注，赖特、科斯特罗等学者认为，工人阶级的职业，是一种人们"无法控制自己的工作，在工作场所，它们被排除在一切制定计划和决策活动之外，他们没有控制其他任何人的工作"的职业。这种职业的人口占所有受雇人口的54%。

店、健身房、高尔夫球俱乐部，以及俊男靓女、浪漫艳遇、纯粹情感，等等。这种美国中产阶级的生活、文化"格调"与"趣味"，不仅取代了早先阶级分野的社会经济标准，划分出了美国本土的"趣味公众"阶层；而且也带动了非发达国家与地区社会的以"格调""趣味"标识重新划分阶级的趋向。并且，美国大众文化中中产阶级的趣味，也影响了很多第三世界国家的大众文本创作，使之表现出了同样"格调"的中产阶级的"趣味"。

在中国，也是如此。有学者指出，"于90年代陡然繁荣之至的大众文化与大众传媒，至少在1993~1995年间，不约而同地将自己定位在所谓'中产阶级'的趣味与消费上。然而，这与其说是一种现实的文化需求，不如说是基于某种有效的文化想象；作为一个倒置的过程，它以自身的强大攻势，在尝试'喂养'、构造中国的中产阶级社群"①。我们不会忘记，曾几何时，《世界时装之苑》《时尚》《瑞丽》《新现代》《How》等定价不菲的大型豪华休闲刊物，开始成为中国"白领"们手中的把玩之物；而《京都纪事》《公关小姐》《白领丽人》《总统套房》《洋行里的中国小姐》《粉红女郎》《杜拉拉升职记》等电视剧，早已经串起了中国从20世纪90年代起就开始的"白领"在电视媒体上招摇的历史。当然，在电视媒体上更加妖娆多姿、耀眼夺目的，是那些每天无数次在人们眼前轰炸不休的名牌商品广告，它们那雍容华贵的王者风范，那风情万种的魅力展现，最直接地渲染着中产阶级的生活格调与品位；还有《甲方乙方》《大撒把》《不见不散》《非诚勿扰》等电影，《曼哈顿的中国女人》《上海宝贝》等小说以及"小女人"散文等，也无不在书写和加强着中国和时代对于中产阶级的神话。

"中产阶级"神话对于中国大众注意力的吸引是显而易见的。因为随着中国社会主义市场经济的发展，不仅外企的中国职员被纳入中国的中产阶级群体，而且20世纪90年代在国内各行业新涌现出的一批"知识"与"金钱"都趋于富有的社会"新富"，也理所当然地走进了中国中产阶级的行列。这些人在社会结构中的重要地位正在日益彰显：虽不是巨富但掌有令生活足够充裕自如的财产，虽不是权贵但多半已经在某一具体领域具有制定计划或参与决策与管理的权力，虽不是名流但在经济地位、社会声望等方面日渐上升。更重要的是，他们虽不是中国社会人口中的"大多

---

① 戴锦华：《隐形书写——90年代中国文化研究》，江苏人民出版社1999年版，第269页。

数"，但是其日益增长的数量及其在一些大城市和发达地区的相对集中，使得其在媒体的宣传和许多人的心目中，已经具有了代表"大多数"的可能性。于是，中国的"中产阶级"，由于代表着社会上奋斗群体中的成功一族而备受人们尊敬，他们的物质生活由于是中国大众多少年来生活梦想的缩影而得到了人们的钦羡。由于"爱乌"而"及屋"，因此他们的生活方式也就得到了众多人尤其是年轻人的仿效，成为引领时尚的领头羊，和渴望吸引尽可能多的吸引人的眼球的中国大众文本的描述对象。

然而，中国的"中产阶级"真的是中国人口的"大多数"吗？如果我们放眼于中国繁华大都市以外的广大农村和中小城镇，放眼于东部沿海发达地区之外的广大中西部人民，甚至放眼于大都市林立高楼下下岗工人们窘迫拮据的生活，这个问题可以说是不答自明。中国的"中产阶级"并不是事实上中国的"大多数"，却代替着"大多数"在大众传媒上、在大众文本里发言，他们的生活标准与方式并不是中国社会里多数人都能有经济能力和休闲时间承受得起的，但它们在大众传媒上、在大众文本里却成为了所谓的"大众"生活方式。当大众文本里、大众传媒上只有中国"中产阶级"（实质上也是美国等发达国家的生活方式）的声音时，"中产阶级"就在中国构成了一种话语霸权。

笔者认为，书写"中产阶级"的神话，是大众文本制造"梦幻"、迎合"大众"所导致的、固有的意识形态本性，中国的大众文本也不例外。问题是这种固有本性是否真正代表和描述了中国的"大众"，如果没有，它就势必构成一种遮蔽，并且，也不会得到中国"大众"的真正欢迎。因此，中国大众文本的"中产阶级"神话，要么继续在中国的局部地区保持一片风景，要么按照中国土产的"中产阶级"趣味量身定做，做到遍地开花。否则，别无他途。

（三）"男权"神话

由于大众文本在意识形态上一直倾向于"守成"，传统社会的男权文化、男权意识也不可避免地被平移到了大众文本中。人类长期的男权文化及男权意识的统治史，早已经约定俗成地制定了许多性别规则，并渗透到了社会生活的方方面面，以及人们意识的浅、深层，进而化作为一种集体无意识，和人们种种自觉或不自觉的行为。波伏娃在其著作《第二性》中，提出了著名的论断，"女人不是天生的，而是形成的"。其实，男人同样也不是天生的，而是形成的。因此，我们看到，在诸多大众文本中，男人总是与成功、荣誉、领导者、忙碌、外面的世界、宽阔的胸怀、电脑、刚强、勇敢、不屈不挠、保护者等词汇、场景或故事联系在一起，而女人则总是与家庭、生活用品、逛街、秘书、护士、休闲、爱情、美丽、温柔、聪明伶俐、贤妻良母、被保护者等词汇、场景与故事相提并论。尤其是在对女性形象的塑造上，大众文本营造了一个十足的"男权"神话。因此，与一般大众文本中的意识形态所指相左，一些大众文本的意识形态内涵不再归结为阶级的差别与斗争，而是将其界定为父权制意识形态的一种形式。这种形式在本质上代表的是男性利益，并反对女性利益，隐瞒、歪曲现实社会的社会性别关系，将部分真理说成是全部。

女性，是大众文本不可或缺的重要形象。这个形象常常以两种面目示人：一是传统女性，二是现代新女性。传统女性，我们并不陌生，她曾经是中国第一部室内剧《渴望》中的刘慧芳，是《儿女情长》中的大女儿，是《妈妈，再爱我一次》里的妈妈，是琼瑶笔下的李梦竹、章含烟、杨晓彤、梁新虹、杜芊芊，等等。当然，她也是《乱世佳人》中卫希礼的妻子等。这些女性形象基本都属于男人心目中的"完美女人"：她们容貌姣好可人，身材纤细文弱，气质清纯优雅，性格温柔顺从，心地善良宽容，富有牺牲精神；她们不一定有工作（即使有，多半也是家庭教师，护士，图书管理员，秘书，艺术工作者等传统女性职业），但一定是或者将来肯定会是贤妻良母；她们的生活里最重要的事情，往往是"她的脸""她的服装"，或者是"她的丈夫""她的孩子"等，因为"女为悦己者容"，是天下女儿们天生的使命；因为结婚以后，家庭天经地义就是妻子、母亲的生活的全部。这样的女人，可想而知，从来就没有真正属于过女人自己，她们一直扮演着的，是"男权"文化观中规定她们应该扮演的性别角色：成为男人的玩物、男人的保姆、男人的港湾，总之，是男人的附庸。而女人自己，往往也沉溺于主观情感中，心甘情愿地顺从男人的控制，并且自认为如此才能得到幸福。女人的这种典型的"第二性"特征，显然，是完全按照男人的心理需求、男人的审美标准塑造出来的，因而"她"完全属于"男权"神话的一个组成部分。另外，大众文本里的传统女性中也有坏女人，如许多家庭故事里的恶婆婆，和许多皇宫故事里的恶皇后及其恶仆等，这些坏女人没有一点传统的美德，而且总是极尽恶毒、嫉妒之能事，在善良女主人公通往幸福的道路上设置重重障碍，折磨、倾轧他人。但她们同样是"男权"神话中一个早经规定的语符，只不过她是被定位在

"魔鬼"的价值坐标上。尤其是当许多大众文本轻易地将男人的罪过归结为坏女人的诱惑时，这种"红颜祸水"的论调已经与文学历史上历来的"男性作家对妇女和妇女作家的歪曲和贬抑"①，如出一辙。由此可见，大众文本塑造传统女性形象，其意并不在于为女性立传，反而是在树立男性权威、重述"男权"神话。

现代新女性，往往是现代社会里那些不仅具有自立的经济能力，而且具有相对独立的精神世界的知识女性。这些女性，往往是职场中的"白领丽人"，拥有美貌，拥有年轻，还拥有中等以上的教育程度，和中等以上的收入，甚至拥有自己的住房与汽车。更重要的是，她们拥有自己不俗的生活趣味和精神享受。并且，正如美国社会心理学博士布洛特所说的那样，在大都市，"拥有中等以上收入和教育程度的年轻女性——影响一般人的潮流趋势正是从这些人开始的"②，因而，她们还是时尚的引领者，是社会中产阶级的代表。这样一些浑身散发着诱人的物质气息的女人，在大众文本中屡见不鲜，如梁凤仪"财经小说"中的那些成功女性和曾经在晚报副刊上竞相开放的"小女人散文"中的"小女人"们。这些女人，当然与传统女性不同，她们不再完全依赖男人，她们聪明睿智的头脑、自然流溢的才华、细微敏锐的感觉，有时甚至是过人的胆识，不羁的性格，使得她们也打下了一片天地，与男人们齐肩并座，甚至比男人们站得更高，有能力来俯视与报复男人。然而，这样的女性真的就脱离"男权"文化、"男权"意识的窠臼，而成为现代意义上真正独立的女性了吗？实在是不尽然。因为我们看到，梁凤仪小说中那些后来成为商界中擎天一柱的女强人们，实在是被男人们种种不可饶恕的劣行"逼上梁山"才不得不奋起而战的，而在灾难发生之前，她们是甘心做男人们的小女人的；甚至在成功之后，她们也依然渴望做一个"小女人"，并且以重新做"小女人"而不是以事业为人生归宿。至于"小女人散文"中的那些女人形象，更是还没有脱离开"家庭"这一传统女性典型的生活圈子。她们的足迹虽然也会涉及宾馆、商场、美容厅、影院、歌舞厅、广场，甚至当年做工人的工厂或当知青的农场，但这一切都是以家庭生活为中心划的同心圆。而且，她们的常见造型："可爱又知心的女孩，敏感而多情的才女、潇洒不羁的青春少女"，她们"新潮的生活方式：忧郁咖啡厅、浪漫情人节、热闹牌

---

① 王逢振：《女权主义批评数面观》，《文学评论》1995 年第 5 期，第 149 ~ 156 页。
② ［美］史·布罗特博士：《跨越障碍》，王美音、林蕴华译，世界图书出版社 1989 年版，第 56 页。

局和寂寞 Party 等等", 以及她们的情趣:"'集小人与女子之大成'的平民自豪感""'做一个理想主义的闲人'的努力"和"'甘心做个俗人'的市井之乐"①, 等等, 也都依然局限在男性话语范畴之内, 折射着"男权"文化的意识形态之光。由此可见, 大众文本里的现代新女性形象, 往往不过是传统女性形象的现代社会版或当代时尚版, 其蕴含内里与传统女性并无多少本质上的区别。否则, 美貌, 就不会成为大众文本里几乎所有女主人公的共有特征, 因为在"男权"文化观念里, 美貌几乎可以说是女性至厚的资本和至上的美德, 是女子可以凭借来取悦、征服乃至控制男性的"一个武器、一面旗子、一道防御, 和一封介绍信"②。

由于多年来男权社会的文化惯性,"男权"意识形态对于人们思想、思维的控制早已制度化、日常化乃至语义化, 因而一个普通的形容词、一种常见的打扮、一种约定俗成的日常行为也许就是一种不平等的性别术语。这种性别的歧视, 也许只有在那些能够把以前构成性别的范畴重新语义化, 把意思和意义掌握在自己手里, 克服传统上关于女性的联想的创作中, 才能够得到根本意义上的改写。但这样"改天换地"的任务, 显然不属于文化"守成"至多是文化"守望"的大众文本的使命。于是, 大众文本也就只能继续在"男权"意识形态的传统领地里徜徉。

渗透在"美国"神话、"中产阶级"神话和"男权"神话中的意识形态, 是大众文本有史以来最居于核心、最具有影响力的意识形态话语。这种话语, 潜藏在文本的"初级词义"之下, 裹挟在文本的普遍价值寻求之中, 具有一定的隐蔽性。并且由于这隐蔽性, 大众文本的某种话语霸权地位及其对其他话语的遮蔽与压迫行径, 往往得到了掩盖。这也就是大众文本为什么会被阿多诺、霍克海默痛斥为"欺骗大众的启蒙"的原因。但笔者并不认为, 大众文本是"美国""中产阶级""男权"这些霸权性话语的重要表述者, 从而也就是这些意识形态的直接宣传品或御用工具。而是主张, 意识形态是所有文本的意义构成因素, 大众文本的意识形态内容不过是大众文本在诸多的意识形态中偏于守成的一种选择。就像在同族与异族、亲人与外人、熟悉与陌生、轻松与沉重等价值对立中, 人们近乎本能地倾向于同族、亲人、熟悉、轻松一样。并且, 在大众文本中, 除了"美国"神话、"中产阶级"神话和"男权"神话中的意识形态内容之外, 还存在着解构"美国"神话、"中产阶级"神话和"男权"神话的意识形态

---

① 刘萌:《"小女人散文"价值论》,《文艺评论》1998 年第 5 期, 第 69 ~ 73 页。
② 琼瑶:《庭院深深》, 花城出版社 1996 年版, 第 100 页。

的内容。譬如 20 世纪 90 年代中国的"大众政治读物"畅销书中，既有讲述"美国"神话的尼克松的《超越和平》、三卷本的《美国开国三杰》、姊妹篇《西点军校》和《西点精英》，以及《41 任美国总统》、《中央情报局秘闻》等；也有中国破解"美国"神话的《中国可以说不——冷战后时代的政治与情感抉择》《中国何以说不——猛醒的睡狮》《中国为什么说不——冷战后美国对华政策的误区》，以及《中美较量大写真》等作品。再譬如琼瑶在其小说创作中，一方面，习惯性地套用男性思维结构对女性形象进行定位，将女性塑造为男人所宠爱的"玩物"，甚至赞同男权社会的极端产物——"娥皇女英"般的"一夫二妻"制；另一方面，她又以爱的名义，鼓励人们冲破维护男权制度的封建礼教，反对门当户对，反对包办婚姻，提倡唯情主义等。结构与解构"神话"中意识形态的内容，全都在大众文本中占据一席之地，这种组合，有人说是主流意识形态的一种"收编"，一种稳固其霸权地位的"策略"，但笔者以为，这只是一个方面，另一方面，这种组合还说明大众文本的意识形态是一种多倾向、多因素、多内容、多色彩的联合体。而且，这种联合体趋势在未来的大众文本发展中还将进一步壮大。

四、现实与哲思：大众文本的补充性意义元素

如前所述，大众文本的意义结构主要由"初级词义"和"第二级词义"或"隐含之义"所构成，体现在具体的大众文本中，则是表层的普遍价值观念与深层的意识形态的组合与构成。在这种组合与构成中，表层与深层意义之间的关系十分紧密，甚至互相难以分割。即表达意识形态内容往往必然具有普遍的、永恒的价值观念的外衣，而建构"现代神话"同样不可避免地渗透着某种意识形态性质。二者之间盘根错节的意义纠结，才是大众文本意义呈现的本相，是大众文本的意义主体。其实，在大众文本的主体意义之外，还有其他形态的意义元素存在。这些意义元素中，有对现实的喻指意义，也有某种深刻的哲理性思索等。

大众文本的普遍价值寻求，是赢得最多大众的有效策略之一，但要真正引发最多大众的最高阅读、观看或聆听的热情，往往还须使大众文本的普遍价值寻求与某种现实的社会心理需要相契合。简言之，就是大众文本也需要表现出一定的现实性，尽管这种现实性多半是以象喻的形式而实现

的。大众文本的现实性，在很多作品中都可以找到踪影，如好莱坞拍于1952 年的西部片《正午》，虽然全片没有片言只语提到当时正在美国横行一时的麦卡锡主义政治风暴，但人们通过影片中打击邪恶的战斗发生之前英雄主人公的遭遇，通过揭示面临邪恶到来时人们自私、怯懦、短视的种种嘴脸，通过描述主人公虽然艰难但最终战胜敌人的壮举，仍然能够自然而然地联想到当时美国的政治环境、时代氛围以及现实问题。同样，在中国内地电视剧《宰相刘罗锅》热播、引发众人极大的兴趣的时候，内中蕴含的为政清廉、为民做主的清官意识，也与当时中国政治上的反腐倡廉行动相关，反映了当时中国大众渴望反腐倡廉的社会心理。另外，还有一些研究者指出了金庸武侠小说与其创作时中国内地正在如火如荼开展的"文化大革命"的相关联与隐喻之处。当然，大众文本这种与社会现实的关联，"并不是直接针对具体政治事件和政治理念的评述，而是对某一政治事件和历史环境所产生的人的境遇、对其中的那种有普遍启示意义的人性状况和普遍性的社会状态的形象性展示和思考"①，即本书所谓的"象喻"或"喻指"。大众文本通过"象喻"手法体现出来的现实性或现实语义，虽然不是在文本的表面直接表达出来的，但它无疑是历史的、具体的，而且也是接受者由于其现实体验而立即就能捕捉到的意义，因而它更加接近大众文本的"初级词义"层面。

另外，在一些优秀的大众文本中，还存在着比"第二级词义"或"隐含之义"更为深层的"第三级词义"，即深刻的人生、历史或者超经验哲理思索。譬如金庸的《天龙八部》，有人从中看到了一种"身世"意识，又从"身世"意识中体验到了一种深刻的世界观隐喻，即"血亲关系是世界秩序的基础，建立在血亲关系上的家族是存在的基本形式，而家族的命运与整个民族与国家都是相通的。由血缘而家，由家而族，由族而国，这种一致性秩序构成个人安身立命的存在之链，爱恨情仇，出生入死，均系于此"②。这种世界观的隐喻之义，就是金庸小说的"第三级词义"。这"第三级词义"是一般大众文本读者体会不出的，也是非具有高深的相关造诣的人看不见的，因而它属于大众文本意义结构中最高深、最玄妙的意义层次，它不像表层的普遍价值观念那样与伦理道德、日常生活、情感趣味联系紧密，也不似隐含的意识形态那样具有急功近利的倾向性，它是超越人们日常经验和社会意识范畴之外的哲理性、终极性思考。

---

① 郝建：《影视类型学》，北京大学出版社 2002 年版，第 59 页。
② 周宁：《幻想与真实——从文学批评到文化批判》，中国工人出版社 1996 年版，第 62 页。

它已经不是大众文本的具体隐含之义，而是整体的象征或隐喻之义。这样的象征或隐喻之义，虽然一般的大众文本接受者读不出也体会不到，但读不出，并不等于它不存在，只不过它只在那些具有相关素养和相关体验的特定的读者那里才会现身。因此，优秀的大众文本也能够像《红楼梦》那样，在不同的接受者那里展现出不同层次、不同内涵的意义。而这样的大众文本，也一定会像金庸的小说那样被经典化，然后跨入精英文本的行列。

大众文本的现实喻指意义和深入的哲理性寓意，是大众文本的意义主体结构上的补充性意义。它们的存在，不仅丰富了大众文本的表意内容，使大众文本形成了由普遍价值观念、现实喻指意义、意识形态内容和深层哲理性寓意等元素构成的立体性、复杂化的意义结构，而且增加了大众文本与现实世界的联系和跨入精英文本行列的可能性。虽然这种联系与可能性，对于大多数大众文本来说，还是微乎其微的，因而只是少量大众文本的品质，但只要这种少量的大众文本真实存在着，它就为我们重新审视大众文本的表意体系，打开了一扇新的门窗。透过这扇门窗，也许我们能够看到大众文本的另一副面孔。

第五章

大众文本程式的出新机制

前已述及，大众文本具有因袭与创新兼具而因袭占据主要地位的文本素质，因而大众文本程式中也必然包含着某种创新的可能。但大众文本的创新显然与精英文本会有所区别，而这种区别又往往是人们鉴定一种文本是否属于大众文本的重要依据，所以非常有必要对这种区别做出分析。

一、"体制中的作者"：大众文本的"求新"创作

被媒体一度炒作得沸沸扬扬的《南京！南京！》的导演陆川，在北京电影学院读研究生时的硕士论文《体制中的作者——新好莱坞背景下的科波拉研究》，曾经在《北京电影学院学报》连载刊出。在这篇论文中，陆川对拍出了《教父》《现代启示录》等著名影片的著名导演科波拉进行了专门分析，提出了科波拉是一个成功的"体制中的作者"的观点："科波拉是新好莱坞导演中最为坚定地坚持了对电影艺术性的追求，坚持了电影中的个性化表述并在体制内生存下来且获得成功的创作者"。这里，陆川所谓的"体制"，专指"好莱坞电影体制"，包含两个层面：一是指"好莱坞电影工业运转的机制（比如制片厂体制、制片人制度、明星制等），及其他涉及电影生产、发行、放映等环节的成规与惯例"；二是指"经典好莱坞影片在戏剧结构、叙事策略、空间以及人物处理等方面积淀的成规，其中最重要的是类型影片中所包含的影片成规"。[①] 他所谓的"作者"，则基本接近特吕弗《作者的策略》中的"作者"论述，强调导演的中心地位，追求电影的艺术性，表现导演本人的创作意志与个性，强调导

---

① 陆川：《体制中的作者——新好莱坞背景下的科波拉研究（上）》，载《北京电影学院学报》1998 年第 3 期，第 75～103 页。

演创作的"主题和个人风格统一"。可以看出,在这两种定义的"体制"与"作者"之间,存在着几乎是截然对立的矛盾:一曰成规,一曰艺术性;一曰惯例,一曰个性。将这样两个对立的概念组合在一起,而形成的第三个概念——"体制中的作者",显然存在着由双方矛盾而导致的交互对话的可能性,以及由对话而产生的内容的丰富性。果不其然,陆川在论述其"体制中的作者"时,着重体现的也是一种"作者"与"体制"之间的对话过程,及导演的双重身份即文本中作者与体制中生存的作者的统一。

陆川提出的"体制中的作者"的概念,使我们看到了大众文本的生产者在"体制"中做一个"作者"的可能性,或者说,在"成规"之中追求"艺术性"、在"惯例"之中表达"个性"的可能性。当然,由于我们这里主要是在文本层面上讨论大众文本的创新问题,因而这里我们会排除陆川"体制"中第一个层面关于电影工业运转机制的内容,而着重于探讨"在戏剧结构、叙事策略、空间以及人物处理等方面积淀的成规"中做一个"作者"的问题,严格地讲,就是探讨大众文本的"程式中的作者"或"类型中的作者"问题。

"程式中的作者"或"类型中的作者",顾名思义,就是运用程式、类型来进行艺术创新的文本创作者,或者说,是在程式或类型的基础上进行创新的创作者。这种创作者,与精英文本中那些在创作中也会用到一些程式或类型因素的作者不同。不同之处在于,精英文本的作者运用程式与类型因素是为了超越程式或类型,达到艺术创新、表现自我的创作目的;而"程式中的作者"或"类型中的作者"的创新之处,体现在其巧妙地、独具匠心地运用程式、类型或其因素,从而使其程式化或类型化文本变得更具吸引力、感染力的创作能力上。由此可见,即使是同为"作者",同样运用程式、类型或其因素,同样致力于创新,但目的各异,追求不同。这一点,我们可以从科波拉的两部电影作品《现代启示录》和《教父》中明显地感觉到。《现代启示录》描写战争,而且取材于许多影片都描述过的越南战争,显然很容易就会拍成战争类型片。但由于科波拉一开始就将其定位于"艺术电影",所以我们观看《现代启示录》时,收获最多的是思想上的震撼,是关于战争的再度思考。而《教父》最初的定位则是商业化、类型化的黑帮片,而且在制作的过程中科波拉不停地与制片方发生争吵,最终不得不将个人化表达融入影片既有的类型与程式中去。这也就是为什么《教父》虽也有创新但与《现代启示录》比较起来更具娱乐性、观赏性的缘故。由此可见，在这两部影片中，科波拉扮演的是两种"作者"角色：在《教父》中，他是一个"程式中的作者"或"类型中的作者"；在《现代启示录》中，他则是真正的精英文本的作者。

除了科波拉之外，大众文本生产中"程式中的作者"或"类型中的作者"，还有很多。卓别林、希区柯克、斯皮尔伯格、金庸甚至琼瑶等，都是这样的作者。前文中我们虽然已经涉及过世界电影大师卓别林、希区柯克影片中的配方程式，但是，他们毕竟是享誉世界的电影艺术家，在他们那始终坚持、令人熟稔的创作程式之中，作为艺术家创新追求的个性化痕迹触目可见。例如卓别林的《淘金记》，在其许多塑造流浪汉形象、具有滑稽夸张的动作和"笑中含泪"的悲剧意味等常见叙事因素的不乏模式化的影片中，仍然在不脱离习惯性叙事程式的基础上表现出了其创新性，取得了独特的艺术成就。在其艺术成就中，"最引人注目的是它把滑稽叙事、悲剧色彩与抒情韵味高度均衡地糅合在了一起。最早提出这一非常恰切的评价的是法国电影研究者让·米特里。在《淘金记》问世之前，卓别林已经在这三方面表现了卓越的才能，但都是散见于不同的影片里。唯有在《淘金记》里，我们才欣喜地发现了像'小面包舞'、'鸭绒花舞'、'带狗跳舞'、'煮食皮鞋'、'悬崖木屋'等一系列令人捧腹、令人哽咽而又富于美感的神奇场面"①。并且，这种艺术成就还是就卓别林作品自身的程式而言，如果将其拿到当时好莱坞及此前此后的世界喜剧类型片程式的参照系中来进行比较，卓别林对于电影喜剧类型的艺术创新与贡献会更为卓著。当然，比较之中也能看出卓别林对先驱们的继承，尤其是对法国麦克斯·林戴的喜剧片叙事方式、表演方式与文本风格的明显借鉴。这一点提醒我们，而且也正是本文需要强调的一点，那就是在一定的意义上，卓别林的成功，是作为"程式中的作者"或"类型中的作者"的成功，而非一个纯粹的电影作者的成功。

希区柯克其实也是如此。希区柯克向来以充满悬念的惊险片而著称，这种惊险片具有好莱坞类型片的主要因素，如公式化的情节、定型化的主人公以及常见的视觉图谱等。但希区柯克的惊险片显然又有着独特的样态，它那身处险境的主人公、"麦克古芬"（MACGUFFIN）情节结构，紧张神秘的悬念，大量的主观镜头，大团圆结局以及必然造成的心理惊悚效果，几乎成了他的影片的一种标志。但就是在这样一种他所独有的影片模

---

①　邵牧君：《淘金记》，引自郑雪来主编：《世界电影鉴赏辞典》，福建教育出版社1993年版，第24页。

式中，希区柯克也总是在思索着每一部作品的创新，进行着主题或形式上的各种艺术探索。例如他在《精神病患者》中，一方面将其在其他影片中或多或少地存在着的精神分析因素，加以放大与浓重渲染，甚至在片名上直呼"精神病患者"；另一方面，在情节上，影片也以浴室凶杀为界呈现出了一种"腰斩"型的结构，即影片前半部的女性犯罪情节突然就被砍断了，然后转向一个迷雾重重的凶杀案的揭秘。这种"对传统叙事法的粗暴践踏"，当然不是现代主义电影的"非情节化"，反而是一种对于悬念和情节性的"强化"①。同时，影片在"浴室凶杀"等一些具体的场面及蒙太奇处理上也有其开创之处。这样一些创新因素，无疑使得《精神病患者》表现出了一种文本"个性"，一种不同于希区柯克其他作品的特点。其实，不仅《精神病患者》在希区柯克的惊险套路中有其"个性"；希区柯克的所有惊险片，在好莱坞的惊险片配方程式中，乃至在好莱坞所有类型片的程式中，都充满了超越程式的"个性"化色彩。希区柯克"这种利用类型成规和通俗电影的外观承载个人观点的隐蔽技巧"，无疑"使希区柯克和他的惊险电影成了在好莱坞制作体制之下实现个人风格的"又一个"范例"。②

在大众文本的创作中，有一个较为普遍的规律，即一个"程式中的作者"或"类型中的作者"的出现，往往会给相应的文本程式或类型带来一种革新。也就是说，"程式中的作者"或"类型中的作者"能够用其个性化的创新，对相应文本的配方程式或类型进行改造，甚至为一种新的文本类型的配方程式奠基，并在这种改造与奠基中，登上该文本类型典范作品的宝座。对此，美国学者斯坦利·J·所罗门在其著作《超越程式》中也指出，"某一重要类型的最有概括意义的作品——最'典型的'作品——也就是这一类型在艺术上和理智上的最佳作品"③。卓别林之于喜剧片是这样，希区柯克之于惊险片是这样，而金庸之于武侠小说，琼瑶之华语言情小说、言情影视剧，也是如此。如果说卓别林为世界喜剧电影乃至大众喜剧类型文本树立了一种"无厘头"式的创作路标，希区柯克为好莱坞及全球的惊险影片、电视剧开辟了基本的表达语言和主要的表现方式的话，那么，金庸则为新武侠小说及其影视剧超越传统武侠小说程式，灌注人文精神、现代气息和艺术韵味，做出了榜样；而琼瑶是将中国古老的"才子

---

① 郝建：《影视类型学》，北京大学出版社 2002 年版，第 157 页。
② 郝建：《影视类型学》，北京大学出版社 2002 年版，第 134 页。
③ Stanley J. Solomon，Beyond Formula，New York：Harcourt Brace Jovanovich，c1976，P. 2.

佳人"模式现代化、时装化及大众媒体化的最成功的范例。他们无疑都是打造经典大众文本和经典大众文本类型的"作者"。正是由于有了他们这些在程式化、类型化文本中致力于创新与个性表达的"作者"的存在和不断涌现，大众文本和大众文本类型才有了创新与进步的可能。

　　当然，即使是诸如卓别林、希区柯克、金庸、琼瑶等"作者"们最富于创新意义的大众文本，其创新程度也与精英文本不同。罗伯特·瓦尔肖在一篇论强盗片的文章中说："首创性只有在这样的程度上，亦即当它只是加强了所期待的体验而不是根本改变它时才是受欢迎的。"① 这就是说，大众文本的创新是有限度的，是在经典程式规则的框架里所作的部分更新，是一种程式或类型的改良，而非对程式与类型的革命性的颠覆。而且，这种更新不能改变程式、类型结构的整体意义，而只能补充或增加意义。因而，大众文本的这种"首创性"只是某种程度上的创新，是一种"推陈出新"，或者"戴着镣铐的跳舞"，其创作的作者自然也就是"程式中的作者"或"类型中的作者"。

　　也许是与"类型中的作者"或"程式中的作者"这种在程式与创新之间取横跨之势的创作姿态相对应，他们所遭遇的理论评价也体现出了某种横跨性，不过这种横跨的两极似乎是很难融合，且相互抵触。这非常典型地体现在理论界对于希区柯克和金庸的评价上。众所周知，20世纪60年代以前，希区柯克在美国还一直被看作是一个颇受大众欢迎的普通的类型片导演。他是先在欧洲电影界得到推崇而后才被更多的人认识到他的艺术成就的。这个历史事实本身就显示了人们的"一种迷惑——他是高深的艺术家？还是肤浅的工匠？"② 对于这个问题的争论，据英国学者 J. E. 斯隆分析，不仅横跨大西洋两岸，而且也发生在欧洲理论界内部，甚至出现是在法国《电影手册》编辑部里。1951 年，在法国人亚历山大·阿斯特吕克大加赞赏希区柯克英语影片的"人性的把握"主题之后，戈达尔又发表文章称希区柯克为电影有史以来最伟大的导演之一；但安德烈·巴赞却坚持认为，比起人的主题来，希区柯克的影片更注重讲故事的技巧或方法。虽然这种"技巧"或"方法"有时是"主题"的另一种表达，但希区柯克仍然走的是大众化的创作路数。关于希区柯克的这种争论无疑还会无休止地进行下去，而正是这种争论使希区柯克仿佛变成了一个"例外"，

---

　　① ［美］托马斯·沙兹：《旧好莱坞/新好莱坞：仪式、艺术与工业》，周传基、周欢译，中国广播电视出版社 1992 年版，第 41 页。
　　② ［英］J. E. 斯隆：《希区柯克研究导读》，载《世界电影》2000 年第 1 期，第 4～27 页。

一个既不能完全归入精英作者行列又无法成为道地的大众文本生产者的"例外"。与希区柯克遭遇同样尴尬的是中国的金庸，乃至梁羽生等诸多大众文本作者。香港学者梁燕城就曾经指出过以学术眼光给金庸、梁羽生、倪匡、古龙、温瑞安等武侠小说作者定位的困难："若说之是一般通俗流行小说，则其又具有独特的文学特色，其气魄之大，描述技巧之奇，反映人性之深，均可登文学的门墙，不能只谓之为通俗流行小说；但若说之是纯文学作品，则其又具有某些通俗和吸引大众的因素，如怪异的情节和探险历奇故事等；说之是民间传说和神话故事，则它又不纯是民间流传故事的结集，而具有作者独创的人物、故事和现代的文学表现特色。"① 而正是这种定位的困难，导致了人们对许多大众文本作者的争议。尤其是金庸，有的人把他当作一般的通俗作家而不屑一顾，有的人又将他尊为"20世纪文学大师"并加以研究，两种理论评价的差距如此之大，只能说明金庸又是一个"例外"。

希区柯克与金庸之所以成为理论评估中的"例外"，归根结底两个原因：一是缘于他们"程式中的作者"或"类型中的作者"的创作身份，及其所导致的文本"超文类"（即超越传统意义上的精英文本和大众文本界限）现象；二是缘于理论界对于"程式中的作者"或"类型中的作者"及其文本"超文类"现象的失语。也就是说，秉承传统二元逻辑思维方式的理论界，已经无法运用旧有的价值标准体系与审美原则，来衡量"程式中的作者"或"类型中的作者"及其文本"超文类"现象这种超越二元对立规律的大众文本创作实践。而要解释这一大众文本创作实践，就必须寻找到并建构起一整套新的、与实践相契合的理论评价体系。

建构一整套新的、与大众文本创作实践相契合的理论体系，不是一朝一夕的事情，它需要许多学者长时期的理论准备与深入研究才有可能达成。但是就目前来说，本书所绘就的因袭与创新的轴线图（见本书第一章），却可以对"程式中的作者"或"类型中的作者"及其文本"超文类"现象做出初步阐释。在这种阐释中，"程式中的作者"或"类型中的作者"及其文本的"超文类"现象，都是一种在因袭框架中加入创新成分最终达到雅俗兼备、雅俗共赏程度而形成的。也就是说，"程式中的作者"或"类型中的作者"，是运用程式、类型出新的创作高手，大众文本固有的程式、类型，在他们眼中，"可不是在电影制片厂图书馆里或档案

---

① 梁燕城：《从哲学角度解析金庸作品的思想结构》，引自刘绍铭、陈永明主编：《武侠小说论卷》（下），香港明河社1998年版，第416页。

柜里保存的那些乏味的、老一套的图样或模型，而是储藏在像阿尔弗雷德·希区柯克和约翰·福特那样一些电影大师们的脑子里的艺术洞察力"①。而由"程式中的作者"或"类型中的作者"所创作的文本，则是一种跨越了程式与创新的中界线、使得程式因素与创新因素兼济并达到一种平衡的文本，一种雅者与俗人可共赏的文本。这种文本，如前文所述，我们也称之为大众文本。

这种程式与创新兼备进而导致雅俗共赏的大众文本，是大众文本中的精华，不少学者对这种文本给予了特别的关注。如美国学者斯坦利·J·所罗门的著作《超越程式》就是对这种大众文本的一个专门研究成果。他在前言中指出，"一部在老套路中显现出了新的洞察力的辉煌电影作品的出现，往往会再度引发人们对于类型电影的再度期待"，而这种"优秀的类型电影既是艺术也是类型"②。正是由于有许多这种大众文本的存在，大众文本才能够建立起其生生不息的创新链，推动大众文本不断向前发展。

二、类型的差别：大众文本程式的"个性"

由于"程式中的作者"或"类型中的作者"的存在，大众文本理所当然地含有创新因素。而既然有"创新"，就一定与个性的具备密切关联。没有丝毫个性因素的文本，绝不可能是具有"创新"性的文本，无数的创作史实证明，这是一条颠扑不破的真理。但是，从这条真理出发，我们研究大众文本创新的历程一开始就遭遇到了一个矛盾：一方面，创新需要标榜个性；另一方面，大量的"跟风"性、流行性作品导致了大众文本的无个性现象。二者看起来针锋相对，难以调和。并且，这"另一方面"的内容常常也是许多批评者批评大众文本复制、陈词滥调、肤浅、苍白的重要依据。那么，大众文本的程式究竟有没有一道通过"创新"抵达"个性"的桥梁呢？或者更概括地说，大众文本的程式究竟有没有"个性"？如果有，其"个性"的内涵又是什么呢？而这，正是下文要回答的问题。

举目望去，在数量众多、规模庞大的大众文本群体中，真正令人耳目一新、表现出个性的具体文本并不是很多。而且即使有"新品"出现，也会迅即被淹没在喧闹的流行大潮中，成为街边道旁随时可见的大路货。而

---

① Stanley J. Solomon, Beyond Formula, New York：Harcourt Brace Jovanovich, c1976, P. 2.
② Stanley J. Solomon, Beyond Formula, New York：Harcourt Brace Jovanovich, c1976, P. 1.

唯一能够使人们感觉到某种变化的，是流行样式如走马灯似地上演。但是，当我们只是侧目于或者沉醉于街上流行的一片"红裙子"时，却没有注意到在这次流行的"红裙子"与上次风靡的"皮坎肩"之间，我们已经经历了从上一种大众文本类型到下一种大众文本类型的改换。这种类型的改换就是大众文本的轮换机制，这种机制颇具深意，而我们平素却很少去深入思考它。美国学者斯·卡维尔在解释电影的轮换现象时说，轮换实际上"是电影固有的一种可能性"，"一次轮换就是一个类型（监狱片、南北战争片、恐怖片等等）"。[①] 在这里，卡维尔的意思是说，电影的每一次轮换，都意味着一种新的表达可能性即一种类型的产生，而这个类型一经产生，它的那些常规配方程式及其所传达一系列特定的心态和特定美学效果，就构成了它一种不同于其轮换前或轮换后的大众文本类型的独特性。这种独特性，在卡维尔看来，就是类型电影等大众文本类型的"个性"。

处于轮换机制中的某种大众文本类型"个性"的形成，固然有前后两种类型由于上、落市时间的接踵而至在受众心目中所造成的反差的原因，但文本自身的特性即这种类型的独特性，才是最根本的决定因素。类型的独特性无疑是从属于这个类型的所有文本的个性，而这个文本"个性"的内涵，卡维尔认为，就如同人的类型与个性之关系，因为"使某个人属于某种类型的东西，并不是他同这个类型的其他的相似之处，而是他同其他类型的人的明显差异"。由此可见，类型的差异就是大众文本所表达的"个性"，或者说，大众文本的个性就是一种类型的独特性，而大众文本的创新是"类型"的创新。

也许有人会问，如果大众文本的创新归结为类型的创新的话，那么，许多大众文本类型长久以来几乎保持同样一个面目，如侦探小说及影视剧、西部小说及影视剧、科幻小说及影视剧、武侠小说及影视剧、言情小说及影视剧等，它们的创新又体现在哪里呢？我们说，大众文本类型的创新其实是一个复杂的问题，它的个性的体现形态也多种多样，这里需要我们对其中的几种状况进行较为细致的分析。

首先要分析的是那些能够代表某一大众文本类型的经典之作，如歌舞片中的《雨中曲》、西部片中的《关山飞渡》、侦探小说中的"福尔摩斯探案"系列作品、武侠小说中的《天龙八部》、"无厘头"影片中的《大话西游》，等等。这些经典类型中的经典文本，由于将其所属类型的语符、

---

① ［美］斯·卡维尔：《看见的世界——关于电影本体论的思考》，引自《电影理论文选》，邵牧君等译，中国电影出版社1990年版，第289页。

结构及其表意功能开发到了一个几近完美的境界，而在无边的大众文本海洋中树立起了突兀而鲜明的创新性与个性。但这种创新性与个性的突兀与鲜明，主要也是针对不同类型的大众文本而言的。而就同一文本类型来说，其创新性与个性化的程度就只能是"集大成"或改良型的了。如《雨中曲》，以好莱坞电影史上歌舞片（也是有声片）诞生时期的历史为叙事载体，在汇集传统歌舞片中的老套故事及各种类型、各种风格的歌舞元素的基础上，又加以更新、放大与豪华化，从而成为了好莱坞"古典"歌舞片的集大成者。这种"集大成"的文本个性，仅从影片的歌舞因素就能看出来。一方面，影片中的轻歌舞延续了好莱坞歌舞片中一贯的踢踏舞和滑稽表演等主要歌舞形式；另一方面，影片在男女主人公爱情故事的情节主线上穿插的 9 段歌舞和若干歌曲演唱中，有不少片断都有重要的历史渊源。如在摄影棚唐向凯茜求爱时的双人歌舞"你注定属于我"，其歌曲选自 1929 年的《红伶秘史》，舞蹈则具有 30 年代歌舞片黄金搭档 F. 阿斯泰尔和 Q. 罗吉斯的表演风格等。但是，影片在因袭甚至挪用这些传统歌舞片因素时又不是原封不动的照搬，而是进行了不同程度的改造。如影片中的大型歌舞剧"艳丽女郎"和"百老汇的旋律"，虽然来源于早期歌舞片中常见的仿百老汇群舞，但比后者的场面、布景、色彩、舞蹈更宏大、奢华、绚丽和精美；最令人赞叹的是金·凯利的独舞"雨中曲"，虽然其歌曲"雨中曲"选自《'29 好莱坞谐讽剧》，使观众感到似曾相识，但舞蹈编排清新爽怡，情景交融，物我一体，使人如痴如醉，从而成为美国歌舞片的经典性场景之一。由此可见，本片汲取了传统好莱坞歌舞片的精华并将其发挥到极致，取得了很高的艺术成就。同样，前文中列举的卓别林的《淘金记》、希区柯克的《精神病患者》等，其创新程度也有类型内外之别。之于喜剧片和惊险片（包括卓别林的喜剧片、希区柯克的惊险片），《淘金记》和《精神病患者》是将其配方程式发展得最成熟、最精彩的作品；之于非喜剧片和非惊险片，《淘金记》和《精神病患者》的艺术个性鲜明昭然，充分显示了卓别林、希区柯克作为一代电影大师的伟大成就。因此，大众文本的创作个性，并不体现在某一文本域外异声般的个性化追求上，而只表现在创作者创造性地运用配方程式，进而在类型中渗透自己的个性因素的艺术处理上。

其次要分析的是那些始创了某一类型的大众文本。这些文本由于艺术水平参差不齐，很难算得上是经典之作，但它们却都因具有开创某种类型之功效，因而也是富有一定创新性的个性化作品。这样的大众文本，如张石川和郑正秋根据平江不肖生的畅销武侠小说《江湖奇侠传》中的一节改编的影片《火烧红莲寺》。这部影片在原有武侠片的内容中掺杂了一些神乎其神的魔法，开创了当时人们所谓的"神怪武侠片"样式。我们很难说这部影片有多么高的艺术性，但它"有神秘、恐怖、破案、凶险，也有武打、斗法、机关，还有男女之间的故事，内容丰富而又曲折跌宕，当然会吸引观众，而且这是纯粹的中国特色，已不再像当年的《红粉骷髅》那么尴尬。因而它奠定了武侠电影的一种模式，大致划出了主要的规范原则，培养了观众的兴趣、热情及观赏心理框架"①。因而，一经上映，立即引发了 20 世纪 20 年代末 30 年代初中国最为壮观的神怪武侠片"跟风"热潮。在这股热潮中，不仅《火烧红莲寺》从第 2 集一直拍到了第 18 集，形成了中国第一部"蔚为大观"的连集影片（此纪录多年后才被香港的粤语影片"黄飞鸿系列"所打破）；而且，模仿《火烧红莲寺》的神怪武侠片中，仅片名为"火烧"的作品，就烧红了半边天：《火烧七星楼》《火烧青龙寺》《火烧白雀寺》《火烧剑峰寨》《火烧刁家庄》《火烧百花台》《火烧九龙山》《火烧平阳城》等，更别说其他片名的神怪武侠片了。显而易见，这股轰轰烈烈、迅速把一件新鲜事物变成了路边随处可见的草芥的流行风潮，既无数倍放大了《火烧红莲寺》的开创性或个性化因素，使之类型化；又极快地耗尽了这创新性与"个性"，使之很快走向了衰落。然而，无论最后的结局如何，像《红烧红莲寺》这样的类型始创性大众文本的创新性与个性，是不容抹煞的。

再次要分析的是那些"芸芸众生"般的大众文本类型作品。这些作品常常是某一成功作品的"跟风"之作，诸如《红烧红莲寺》之后的《火烧七星楼》《火烧青龙寺》等作品。这些作品照理说根本不具备什么创新性或个性化因素，但是在大众文本类型的轮换机制中，它仍然表现出了某种"个性"。因为当一种类型文本被轮上前台的时候，与前一类型相比，它必然会表现出一种全然不同的面貌或个性。这种面貌或个性虽然主要是由轮换时两种类型文本之间的反差而造成的，但仍然会给受众带来耳目一新的感受。当然，这个时候的大众文本个性，已经纯粹是一种类型的普遍性质，而非具体文本的独特个性了。这也就是说，《火烧七星楼》《火烧青龙寺》体现的是当时神怪武侠片的一般特征，这种特征使得它在与先于它流行的古装片相比具有鲜明的个性，但与同类作品比较起来就毫无创

---

① 陈墨：《刀光侠影蒙太奇——中国武侠电影论》，中国电影出版社 1996 年版，第 93 页。

新、毫无特色可言。因此，这类作品的个性，应当等同于其所属类型的独特性。在大众文本庞大的家族中，"跟风"性质的作品数量最大。学者们常常对这类作品最不屑一顾，最痛加斥责，但谁也无法否认这类作品是大众文本的主力军，是大众文本之所以构成类型化生存的基础。它们成就了类型，也成就了类型的独特个性，因而理应成为其所属类型的独特个性的代表。它们并非多余，它们的存在源于大众的需求。对于大众文本的受众来说，在某种欲望或情感被一个文本鼓胀起来之后，他们也需要有更多的同类作品来满足或释放它。这正是"跟风"一族大众文本之所以蓬勃存在的社会前提和心理基础。

最后要分析的是那些"程式配方"大众文本。由于大众文本的"程式配方"，是将原有文本类型的配方程式打破之后重新选择各种程式因素加以搭配、组合与合成的结果，所以，与主要结构、情节和表达语言都已基本定型的配方程式不同，它意味着又一种新的文本构思方式和结构形式。以这种新的方式为切入口进行大众文本创作时，创作者所面对的创作空间还留有很大的选择与创新余地。只要能够引发大众的观赏兴趣，只要在一个总的创作目标下，"程式配方"大众文本的创作者，完全可以自由选择所有文本类型里的各种程式因素，包括精英文本以及历史、文化领域中的各种因素；完全可以对已经选择好的因素进行带有个性色彩的自由搭配；完全可以在合成各种程式因素时一定程度地表达个人的某种思考。因而在这种情况下创作出的大众文本，必然具有一定的创新性和个性化特色。由此可见，"程式配方"成为大众文本程式出新的重要途径，只是这种出新一定是建立在配方程式前提下的。也就是说，只有先确定了类型文本的语言符号及惯例组合，才能为语言符号及惯例组合的打破和更新使用奠定基础。这同拉尔夫·科恩的类型观念如出一辙："类型理论通过规定类型文本构成因素来为变化提供模式。"[①] 通过"程式配方"而出新的最具代表性的大众文本是"新好莱坞"电影。"新好莱坞"电影的创新性是举世公认、不言而喻的，不同文本的个性化特色也比较鲜明。并且，这种创新与个性化，甚至使人产生了一种误解，以为"新好莱坞"电影是对传统"好莱坞"类型电影的背叛或离弃。其实不然，在笔者看来，它的所谓"非类型"化，不过是基于突破已经凝定或固化了的"好莱坞"电影类型的一种需要，对传统影片类型而进行的一种个性化开拓，而非对电影类型

---

① ［美］拉尔夫·科恩：《类型理论、文学史与历史变化》，载《天津社会科学》1996 年第 5 期，第 79～89 页。

化道路的背叛。实质上，它是对一个更高层次的类型化阶段的启动，和对新的大众文本配方程式的寻求与探索。它在时间上的延续，落实到文本上，必将是又一个类型电影时代的到来。其后好莱坞电影的发展恰好也证明了这一点。正是因为这种"突破"原有程式、"启动"新类型的作用，"程式配方"大众文本的创新是大众文本中最具革命性、最彻底的创新，这样的文本也是最具个性的大众文本。当然，它依然不具备精英文本的创新性质，它的"个性"依然是在程式中出新的罗伯特·瓦尔肖意义上的"首创性"，进行这种"首创"的作者也依然是"类型中的作者"或"程式中的作者"，这是本文始终要强调的一点。

从上述几种大众文本的创新情况分析中，可以看出，类型的差别往往是大众文本最突出的个性。当然，这里的类型已不仅仅是人们最常见的、耳熟能详的那几种，事实上，类型也在不断的生产之中。这种类型的生产，有时是一种新的类型样态的产生，如希区柯克式的惊险片，"自成类型"① 的王家卫电影，张艺谋开创的"《红高粱》类型电影"②，以及以《英雄》《夜宴》《满城尽带黄金甲》为代表的中国式"大片"等；有时又是一种既有类型的亚类型生产，如武侠小说、影视剧中的新武侠小说、影视剧，西部片中的"超西部片"③，歌舞片中的现代歌舞片，以及古装影视剧中的中国当代"清宫戏"等。而无论是哪一种类型的生产，都具有在"程式中出新"或"类型中出新"的文本创新品质和个性色彩，只不过二者的创新与个性化程度不同：前者具有更高的原创性，而后者的改良色彩更浓。可以说，大众文本的创新正是在这种类型的生产中体现出来的，其文本的个性就是类型的差异。

三、"长河中的大坝"：大众文本的"进化"机制

创新，是一切文化艺术向前发展的内驱力；而创新无疑又是落实在每

---

① 高旭：《王家卫：自成类型的电影作者》，载《黔南民族师专学报》2000 年第 1 期，第 36～38 页。

② 章立明：《〈红高粱〉类型电影的透视》，载《学术观察》1999 年第 1 期，第 21～24 页。

③ 安德烈·巴赞提出的一个概念，他说，"'超西部片'是耻于墨守成规，力求增添一种新旨趣意正视自身存在的合理性的西部片。这种新旨趣涉及各个方面，如审美的、社会的、伦理的、心理的、政治的、色情的……简言之，就是增加非西部片固有的、意在充实这种样式的一些特色"，他还说，"……我把战后西部片所采用的全部形式总括起来暂且称为'超西部片'"。[法] 安德烈·巴赞：《电影是什么》，崔君衍译，中国电影出版社 1987 年版，第 244 页。

一个具体文本中的。这是以往的文学、艺术批评及理论诉说给我们的文本创作的基本规律。然而，这个基本规律现在看来，似乎只适用于精英文本。因为大众文本的创新链，显然并不是由每一部作品串联起来的，它表现出的是另一种异样的形态。

如果说精英文本的创新体现在每一个文本之中，表现为它们在不同的方向上以不同的步伐所进行的逐步的前行的话，那么，大众文本的创新则体现在一类文本与另一类文本的特性区别上，突出表现在每一类文本中最具代表性、经典性的某一部或几部作品中。也就是说，类型的"个性"是大众文本最大的创新，而集中体现某一类型的"个性"的作品，却往往只有那么几部。这就决定了大众文本的"进化"机制与精英文本的发展步调不可能相同。

一般意义上，大众文本的类型是众多文本对"首开风气"的文本纷纷"跟风"所致。因而一种类型中"首开风气"的大众文本的创新性可见，而作为"跟风"者的同类型的后继文本，则模仿痕迹明显。然而这并不表明，相同类型的后继大众文本就完全相同，是纯粹的抄袭之作或复制品。事实上，作为精神产品的大众文本，即使再模式化，也不可能出现两个完全相同的文本。后继文本要么比被模仿文本稍强，偶然会显现出某些新意，会出现某些较被模仿文本更为优良的表现；要么比被模仿文本稍弱或弱智许多，成为了盲目模仿者和质量低劣者；这两种作品无疑是大众文本类型阵营中的绝大多数，但在大众文本创新的历史链上，却极少看到它们的踪影。因为从总体上看，那些比被模仿文本稍强的大众文本，其新意与改良因素的强度较弱，几乎被遮盖在被模仿大众文本的阴影之下，所以人们常常对此只做忽略不计处理。而那些比被模仿文本稍弱或弱智许多的文本，又根本达不到"创新"的标尺。因而衡量之下，"跟风"的大众文本们大多是平庸之作，而且其中的盲目模仿者和质量低劣者，会随着制作者们一窝蜂地扑将过来啃吃这块"肥肉"而出现得越来越多，最终导致风靡一时的大众文本类型迅速走向衰落，成为了"昨日黄花"。于是，"跟风""模仿"达到困境，亟须"创新"来拯救。

一般来说，当一种类型文本的"模仿"达到文思黔驴技穷、经济收益趋于负增长的困境时，在各种内外在因素的影响下，"跟风"之作也会反思自身，谋求变化，于是就有了大众文本类型的自觉革新，就有了"青出于蓝而胜于蓝"的优秀之作的再次问世。但是，紧接着，这一次问世的既集大成又展现出新质的优秀作品，会再一次引发"跟风"新潮，而"跟风"新潮又会再一次快速地将其推进深渊，并进行再一次的等待拯救。一种大众文本类型就是这样前行在它那起伏不平、曲折坎坷的路途上，永无休止。正是在这条道路上，我们看到，大众文本并非没有创新或个性，只不过它的创新与个性不是体现在每一部作品中，像精英文本那样表现出一个连贯的、逻辑的、历史的创新链；而是主要体现在一个类型"开风气"的"龙头"作品（包括首开类型的成功作品与代表这一类型的经典之作）中。如果我们追寻的是一种文本类型的创新链，那么，这个链条将如流泻不息的江河上的道道大坝，坝的壮观令人叹息，但坝与坝之间的江河水则往往只有顺流和延展；但如果我们搜索的是所有大众文本的创新链的话，那么，这个链条则如广阔丛林里的朵朵野花，或如无垠天空中闪闪烁烁的点点星光，不连贯，但真实、感性地分散着，存在着，而且相互呼应着。

就某一个具体的大众文本类型的创新规律来说，好莱坞的西部片是一个绝好的例证。众所周知，1903 年问世的《火车大劫案》是西部片首开风气的滥觞之作，之后的西部片基本延续它的套路，直到 20 年代约翰·福特拍摄的默片《铁骑》，以典型的史诗性的形式，代表了无声西部片的最高成就；在有声影片诞生的前后，西部片有一个较为沉寂的时期，直到 1939 年出品的有声片《关山飞渡》，因为其导演"约翰·福特把西部片中的社会传奇、历史再现、心理真实和传统的场面调度格局糅合在一起，做到了完美和均衡"，从而"达到了经典性的、风格臻至成熟的、相当完美的代表作"，于是被公认为是西部片的又一里程碑；之后西部片一直顺延到 1950 年前后，才终于走向了"成年"，出现了霍克斯的《红河》、齐纳曼的《正午》和史蒂文斯的《原野奇侠》等杰出的作品。然后几十年中由于反传统类型的新好莱坞电影的崛起，西部片一直处于低迷状态，一直到 1990 年《与狼共舞》的出现，西部片才又攀上了一个历史新高峰。这些历史长河上的道道大坝，由于其创新性，依然是颗颗灿烂的明珠，它们集聚在一起，同样是一条创新之链。因此，类型影片并非没有优秀的原创之作，只是它体现的方式与精英文本不同，数量没有精英文本那么多而已。

就整个大众文本的创新与进化机制来说，好莱坞电影同样是一个最为典型的写照。在三四十年代好莱坞电影的黄金时期，各种电影类型及其配方程式都得到了高度发展。从西部片到歌舞片，从强盗片到警匪片，从恐怖片到惊险片，从战争片到科幻片，等等，每一类型每年都有相当数量的影片拍出，但真正富于创新意义的文本并不是很多，大量的影片都是作为某一"大片"的"配额"而被销往全世界。然而，即使是这样，黄金时期的好莱坞仍给世界影坛留下了许多不可磨灭的作品，如《城市之光》《摩登时代》《关山飞渡》《红伶秘史》《第四十二街》《小恺撒》《疤脸大盗》《弗兰肯斯坦》《马耳他之鹰》《蝴蝶梦》《爱德华大夫》，以及《乱世佳人》《一夜风流》《告密者》《呼啸山庄》《青山翠谷》《卡萨布兰卡》，等等。这些影片或许是某一类型的典型作品，或许是类型不甚分明的程式化作品，但都是打上了好莱坞文化工业印记的经典之作。它们耸立在由众多平庸作品所形成的片海里，像鹤立鸡群，又像黑夜无边天空中的点点星光。它们在好莱坞的电影星空里分布稀疏，但相互之间并非没有联系。它们独立存在，又彼此相互呼应，共同勾画出了好莱坞电影的创新星象图。

尽管富于创新与个性的大众文本在数量上远远落后于精英文本，但这并不表明富于创新与个性的大众文本是大众文本中的偶然现象，纯粹属于"瞎猫碰到死老鼠"之举。与之相反，笔者认为，在一定的程度上可以说，创新与个性，作为"在程式中出新"或"在类型中出新"的创作结果，也是大众文本的题中应有之义。因为一方面，大众文本要迎合大众，就必须紧跟大众的兴趣，随之固守而固守，随之转移而转移；另一方面，大众文本想要操控大众，引导大众跟上它的步伐，也必须想方设法地用一种或新奇或神秘的事物吊起大众的胃口。所以，固守程式是大众文本的本分，"推陈出新"同样也是大众文本的分内之事。正因如此，安德烈·巴赞说，"自由在好莱坞比一般人所说的还要大，只要人们知道如何去窥测到它的表现，我敢说类型的传统是创作自由的行动基础。美国电影是一门经典艺术，那么为什么不去钦佩它那最值得钦佩地，亦即不仅是这个或那个电影制作者的才能，而是那个系统的天才，它那始终充满活力的传统的丰富多彩，亦即当它遇到新因素时的那种能产性"[1]。由此可见，当本书将"创新"定位于大众文本的固有本性之一，将"在程式中出新"或"在类型中出新"确定为大众文本创新的特点，又将大众文本的创作者定义为"程式中的作者"或"类型中的作者"时，此种观点并不是空穴来风，毫无根据的。

---

① ［美］托马斯·沙兹：《旧好莱坞/新好莱坞：仪式、艺术与工业》，周传基、周欢译，中国广播电视出版社1991年版，第15页。

第六章

大众文本：走向"经典"的可能

如前所述，大众文本是一种以程式为核心要素、以"传达一系列特定的心态和某种特定美学效果的被确认的媒介"的配方式媒介，它在似乎是一成不变的程式中蕴含着种种创新、变化与生机，它以类型传递特定意义的同时又隐含或象征着其他意义。因此，从整体上看，大众文本是一种以动态程式化结构传递多种意义的文本。这种文本，虽然脱离不了成规，思想也难得"深刻"一回，但是，却给大众文本带来了跨入精英文本行列、成为"经典"的可能性。

我们在导论中，曾经提及金庸武侠小说在20世纪90年代以来被中国大陆理论界高度推崇的际遇，这种际遇所导致的一个必然结果，就是金庸及其作品的"经典化"。其实，在大众文本中，作者被"经典化"的不只是金庸一个人，与他具有相似命运的，还有喜剧片的导演兼演员卓别林，美国的西部片导演约翰·福特，惊险片的导演希区柯克，以及创作出了《福尔摩斯探案》的柯南·道尔，撰写了《飘》的玛格丽特·米切尔，以及写出了《啼笑因缘》《八十一梦》的张恨水等；而作品被"经典化"的就更多了，如影片《乱世佳人》《雨中曲》《正午》《克莱默夫妇》《沉默的羔羊》及小说《汤姆叔叔的小屋》《弗兰肯斯坦》《根》《教父》《人性的证明》等。被"经典化"的结果，自然是这些作品成为了人们认可的"经典"之作，这些作者也就成为了经典文本的创作者。但是，这里随之就出现了一个问题，即什么是"经典"文本？它与精英文本有无区别？而要回答这个问题，须先从"经典"的释义开始。

"经典"（classic）一词在理论上有多种含义，也被不同的理论家在不同的意义上使用过。从王先霈、王又平主编的《文学批评术语词典》对诸多研究者关于"经典"论述的梳理，可以看出，文本上的"经典"通常在三种意义上被使用：一是指"最优秀"的作品；二是指被"广泛的承认"的作品；三是指在文本内在特性上"复杂和不确定到了足以给我们留出必要的多元性的地步"的作品。这样三种意义上的"经典"作品，无疑主要是针对精英文本而言的，它或者指那些被评论家们誉为最优秀的作品，或者是阅读起来最复杂多义、能够与读者进行无止境对话的文本，或者是其地位已获得广泛认可的文本。事实上，历史上的经典文本也基本都是精英文本，它们被编选成文集，列入学生的必读书目，撰写进文学史或艺术史，并进行示范性的解读，以作为"伟大的传统"供世人拜读和学习。这样的文本"经典"体系总是富于创新的作品的天下，似乎很难容得下程式化的大众文本，而大众文本仿佛也就永远与"经典"作品无缘。

其实不然。因为"经典"，从某种意义上来说，只是一个文本价值的评估尺度或标准，它的存在，在很大程度上依赖于某种尺度或标准的建立以及这个尺度或标准的制定者的威权。这也就是说，一种政治、文化或者宗教威权的存在，会带来一种尺度或标准的确立，而根据这个尺度或标准，就会遴选出一批作品成为这个威权所认可的"经典"文本。因而，美国学者弗兰克·克默德指出，经典"实质上是社会维持其自身利益的战略性构筑，因为经典能对于文化中被视之为重要的文本和确立重要意义的方法施加控制"①。而当这种威权发生动摇或者改变的时候，其作为"战略性构筑"的文本"经典"体系也会随之发生动摇和改变，于是，新的威权与新的"经典"的衡量尺度或标准会乘虚而入，逐渐建立起符合自身利益的新的经典作品体系。就在这种改朝换代般的变化之中，一些不被既往经典体系所认可的作品，包括大众文本，获得了"晋升""经典"的机会。

但是，大众文本进入"经典"的重要契机，却不是一般意义上的传统社会结构下的威权改换。因为大众文本根本就不属于传统社会，它是现代工业社会的产物，只有在从传统的社会结构向现代社会结构转变过程中出现的"经典"重构中，才有可能获得"经典"的提名。当然，大众文本这种提名的获得，首先是基于现代社会遴选"经典"作品尺度或标准的变化。由于"在实行民主政治的国家中再也不存在能够强行颁定一部经典的宗教或政治势力了"，"与此同时，文学的领地已被缩小到了不再危及现存制度的安危的境地"，所以威权"也就没有什么必要去监督或批准经典的确立工作了"。如果说，在传统社会结构下"意识形态的灌输使得一种严格的经典成为必要"的话，那么，只有当威权"放弃进行意识形态控制的

目的"的时候，"经典""才能获得解放"①。现代社会的统治者当然不会完全放弃意识形态领域的控制，但控制的程度显然较传统社会已经有了很大程度的松动，而松动所直接导致的后果就是多元化社会的出现。正是这种多元化的社会，导致了"经典"评估尺度或标准的变化，使"经典"文本体系的成员构成也趋于多元。其次，大众文本"经典"提名的获得，是基于大众文本自身的繁荣。因为大众文本的繁荣兴盛使它自身产生了巨大的社会影响，这种影响不仅发生在广大的接受群体——大众中，而且也波及了向来很少关注大众文本的专家学者群落中，使得专家学者们已经无法漠视它的存在，进而不得不正视它，认可它，以至于研究它。而专家学者们的关注与评价，无疑是大众文本走向"经典"的一个重要条件。所以，从某种意义上可以说，大众文本获取"经典"提名，实质上是作为文本接受者的大众、专家学者以及现代社会多元化语境（其中有政治及文化威权的力量，而且是其中一种主要的力量）共同"协商"的结果。这正如有位学者在分析通俗文学时所指出的那样，"'通俗文学'经典不是哪一个人的'经典'，它是一个协商的结果。它是各方力量一起抬出的一顶蓝呢大轿。其中主要的力量，当然是专家们和读者大众"②。

多方力量"协商"的重要成果是"经典"构成元素的多样化，也就是说，"经典"不再纯粹是精英文本的"经典"体系，而是成为了"收藏"包括精英文本在内的多种文本形式或种类的"仓库"。在这个"仓库"里，"经典"的"功能"被得到了突出的强调，或者说，文本主要是靠自身的"功能"而不是权威的支持，而获得"经典"地位的。至于"经典"的功能，查尔斯·阿尔蒂瑞有过如下论述：

经典的功能之一是教化性的（Curatorical）：文学经典蕴藏着丰富的，充满复杂对照的准则，它创适用以阐释经验的文化语法。但是，考虑到典范性的材料的本质，我们不能将教化性的功能仅仅看作是纯语意的，因为经典还包括价值——这种价值既存在于被保存的内容也存在于保存的原则。因而，经典的另一基本功能必须是规范性的。因为上述功能是彼此关联的，所以经典不能被表达为简单的教条，相反，作为辩证的来源，经典辨明了我们为了获取富于对比色彩的语言所需的差异，并提供了当我们支配这语言时我们自身所形成的模式，功能的相互关联转而适用于这两种基

---

① ［荷兰］D. 佛克马、E. 蚁布思：《文学研究与文化参与》，俞国强译，北京大学出版社1996年版，第48页、第49页。

② 李勇：《"通俗文学"的经典化》，新加坡《新世纪学刊》创刊号，第48~57页。

本模式，每种模式分别显示出文学作品的不同维度。经典为我们提供在文学形式内部运作的范例。经典是收藏发明的仓库，是对我们在一种文体或风格中向更远处推进的能力的挑战。但是在大多数情形之中，技巧不仅是其自身的目标，也是强化文本提供一种有意味的姿态的能力的方式，它使我们得以接近非文本的经验。所以在训练我们寻找功能关联的方式时，经典除确立了保存技巧范例的模式，还确立了智慧的模式。①

在查尔斯·阿尔蒂瑞所论述的"经典"功能的意义上，中国学者李勇认为，"人们可以通过'经典'学习到该文化中一整套相关联的'处世'经验与'智慧模式'。就文学而言，它既提供技巧范式，也提供向'更远处推进的能力的挑战'。这样看来，一种文化中的'经典'应该多样的，我们说不上哪一种作品哪一天会派上用场。因此，最好办法是把'经典'当成'收藏发明的仓库'。这个仓库中理所当然地应该包括'通俗学'这一大类"，并且还进一步指出，"就'经典'的功能来看，如果说要让一部现代'经典'很好地发挥其'文化语法'与'智慧模式'的功能，选择'通俗文学'作品也是很合适的，因为它是属于广大市民的"②。由此可见，在现代社会里，大众文本的"经典"化，不仅是可能的，而且也是非常必要的；不仅是合乎社会历史、文化的发展趋势的，也是符合现代社会文化发展及文本创作的需求的。

从上述分析可以看出，在现代社会里，经典文本已经不能等同于精英文本。精英文本有着自身独特的以"创新"为标志的尺度，它也许也有很少量的模式因素，但其文本的创作宗旨与根本指向却完全在于独创，在于黑格尔所谓的"这一个"。它是创作个人化的结果，是创作者独特个性的表达。而经典文本在一定的意义上，不是创作的结果，而是历史、社会、文化的产物。也就是说，经典文本不是哪一个作家创作出来的，而是由创作者、接受者、社会政治与文化威权以及特定的历史或时代需求等力量共同推举出来的"排行榜"的榜单。在这个榜单里，有"创新"性的精英文本，可能也有"通俗"性的民间文本，和"程式"化的大众文本等。也正因如此，"经典"才能成为"收藏"一切文本"发明"的"仓库"，用以保存各种文本的"技巧范例"和反映人类各种"智慧的模式"。可见，经典文本在现代社会里，已经由传统社会里的"经典文本＝精英文

①　乐黛云、陈珏编选：《北美中国古典文学研究名家十年文选》，江苏人民出版社1996年版，第257页。

②　李勇：《"通俗文学"的经典化》，载新加坡《新世纪学刊》创刊号，第48～57页。

本"的概念界定，转变成为了一个"经典文本＞精英文本"的概念范畴，而后者显然较前者具有了更为丰富的内涵和更为宽广的外延。这种转变使得"经典"一词，不再是"精英文本"的代名词，而成为了一个涵盖包括精英文本在内的各种文本形式的典范性作品的整体性概念；它的意义"所指"，也更倾向于作品"公认的""典范的"功能。因而，今天的"经典"已经添加了更多的文本收藏及展示意义。

由上述分析可见，本文所谓"经典"，并非大众文本内部的经典之作，而是大众文本与精英文本共同的"经典"，即将大众文本与精英文本放在一起所确立的经典文本目录。这个目录因为收藏了各种文本形式的典范性作品，而成为代表着一个社会的文化特征、一个民族的智慧模式及一个国家的精神风貌的象征。这个目录，不仅是诸多专家学者向社会隆重推荐并加以精心注解的作品选本，而且是被写进文学史供学生们学习的"必读书目"，因而它是得到了一个社会从权力机构、知识阶层到普通平民等各界认可的文本集群。大众文本只有进入了这样一个目录，成为其中的一个成员，才算真正走向了"经典"。而前文所列举的金庸、卓别林、约翰·福特、希区柯克以及柯南·道尔等人的大众作品，所走入的正是这样一个经典目录或名单。于是，我们看到，在中国，金庸不仅被排到了中国20世纪文学大师的座次表中，而且对其武侠小说的分析被作为一门课程开到了中国最著名大学的讲堂上。在英国，柯南·道尔笔下的福尔摩斯，不仅成为世界上"除了莎士比亚和《圣经》"之外，"人们研究最多的"大众文本形象，而且已经"产生了一门专门的学问：'歇洛克学'"①，在国外一些专门的福尔摩斯研究中心进行研究，并在一些著名大学的课堂上加以讲授。同样，约翰·福特、希区柯克等人及其作品走入"经典"的经历也大致如此。

当然，能够被经典化、成为"经典"之作的大众文本，只是数不胜数的大众文本中的极少数作品。而且，这些极少数大众文本往往还必须具有某些特别素质，才能够得到"经典"的提名。关于这些特别素质，有研究者指出，它主要包括三个方面，或者说大众文本之所以能够被经典化，是因为达到了三条"经典"标准线。其中首要标准是"作品本身要具有较高价值"，即作品要具有"时代感"，要具有"生动有趣的故事情节"，在"思想内容"上要"给人以精神上的鼓舞"；第二个标准是作品"必须是

---

① ［美］托马斯·A·西比奥克、珍妮·伍米克—西比奥克：《福尔摩斯的符号学皮尔士和福尔摩斯的对比研究》，钱易、吕昶译，中国社会科学出版社1991年版，第8页、第7页。

受到广大读者欢迎的，在社会上引起强烈反响的"；第三个标准是作品要具有"独创性"，但这种"独创性""应该是在规范的框架中的创新"①。笔者认为，这三个标准固然是不可缺少的，但其中的第二个标准和第三个标准，是决定一个大众文本能否成为"经典"的最为重要的因素。即只有拥有巨量规模的接受者和表现出"独创性"（即本书所谓"程式中的创新"或"类型中的出新"）的大众文本，才有可能走进"经典"。

在"程式"中的创新或在"类型"中出新的大众文本，正如前文所述，是雅俗共赏的大众文本。而随着一些雅俗共赏的大众文本走进"经典"，大众文本无疑也开始受到专家学者们的关注与认可。尽管这种认可还仅仅是极初步的，是更多用精英文本尺度或标准所作的文本衡量，着重挖掘的也是大众文本中有关"创新"的那一面，或者说被"创新"之光所照亮的那个文本表现区域，至于大众文本中的"程式"因素或有关"程式"的那一面，则被遮蔽或忽视了。这一点从北京大学陈平原教授论述"通俗小说"（即本书所谓大众小说）的文字中可以很明显地看到，他说，"最关键的一点，是通俗小说在整个文学结构中的地位和作用，而不是它自身的价值。讲清楚李涵秋、张恨水乃至金庸在于 20 世纪中国文学史上的地位和作用，讲清楚他们的创作跟整个小说思潮的关系，他们作为通俗小说家对小说艺术发展的贡献，这才算触及问题的实质"②。而就在这种忽略大众文本"自身的价值"的理论观念与实践批评中，"程式"——这个大众文本最重要、最具本体性的文本特点，成为了一个被有意无意遮蔽的批评"盲区"。这个批评"盲区"只要还存在着，就说明一些大众文本走入"经典"的事实就还属于偶然的、特别的现象，大众文本也还没有真正被得以与精英文本同等对待，依然还在学术理论界处于弱势地位。

事实上，不认可大众文本的"程式"，就不可能真正认同大众文本。因为大众文本的"程式"与大众文本本身是浑然一体的，是须臾不可分离的。摒弃了大众文本的"程式"，就等于摒弃了大众文本。因而，那种对大众文本的"程式"视而不见或者不屑一顾的研究者所作的大众文本研究，在本质上并不是对于大众文本的真正的科学的探究。他们将某些大众文本"经典"化，只是在"拔高"大众文本的前提下为他们的精英文本体系又选拔了一名符合当代文化价值取向的新成员而已，而在选择与评价

---

① 李勇：《"通俗文学"的经典化》，新加坡《新世纪学刊》创刊号，第 48～57 页。
② 陈平原：《小说史：理论和实践》，北京大学出版社 1993 年版，第 276～277 页。

"经典"的尺度与标准上并没有本质的改变。因此，在一定的意义上，可以说，目前不少情况下大众文本的"经典"化，不过是一种准"经典"化，一种不完全意义上的"经典"化。它与我们理论设想中的那种真正将大众文本视作一种不可替代的文本种类并予以认同、收藏的"经典"体系比较起来，还有不短的距离。

然而，随着大众文化的日益繁盛，和社会现代化程度的日益提高，大众文本的地位必将得到不断的提升，那种真正将大众文本视作一种不可替代的文本种类并予以认同、收藏的"经典"体系，也必将在某一个时候被建立起来，成为社会文化的一个坐标和各种文本发展的一个示范。在这个"经典"体系里，文化类型不分贵贱，平等是其精神；文本不论高下（此处的"高下"与文本质量的优劣无关，而是就文本的不同特点而言），大众文本的"程式"与精英文本的"创新"得到同样的认可。无论是哪一种文化和哪一类文本，只要它们表达了人类（无论是"大众"还是"少数人"）的心理诉求，能够满足人们健康向上的精神需要与正常合理的欲望需求，就都能够得到应有的尊重。显然，只有这样，这个"经典"文本体系才能够真正体现现代社会人人平等、各种文化平等的精神。

事实上，现在已经到了应该改变既往文化及文本观念的时候了。因为在世界越来越呈现后现代色彩的当代国际社会里，以往精英文化及其文本与大众文化及其文本之间看似不可逾越的鸿沟，正在被填平与跨越，一种融合了精英文化与大众文化特点的新的文本形态正在越来越多地出现在我们的生活里。这种文本，正如詹姆逊所说，"这就是，在它们当中，取消高级文化和所谓大众文化或商业文化之间先前的（基本上是高度现代主义的）界限，形成一些新型的文本，并将那种真正文化工业的形式、范畴和内容注入这些文本，事实上，后现代主义迷惑的恰恰是这一完整的'堕落了的'景象，包括廉价低劣的文艺作品，电视系列剧和《读者文摘》文化，广告宣传和汽车旅馆、夜晚表演和B级好莱坞电影，以及所谓的亚文学，如机场销售的纸皮类哥特式小说和传奇故事，流行传记、凶杀侦探和科幻小说或幻想小说：这些材料它们不再只是'引用'，像乔伊斯或梅勒之类的作家所作的那样，而是结合进它们真正的本体"①。这种新的文本形态的出现，使得我们已经无法清晰地辨别一些文本的"精英"或"大众"性质，而只能看到其中"高级文化"和"大众文化"日益互相渗透

---

① ［英］F. 詹姆逊：《后现代主义，或后期资本主义的文化逻辑》，王逢振、盛宁、李自修主编《最新西方文论选》，漓江出版社1991年版，第333页。

的文本表现（这种表现在后现代文化背景下的"无厘头"文本中体现得最为明显）。在詹姆逊看来，正是这种新的文本形态，呼唤着一种新的文化与文本的探讨与评价方式，他说，"在我看来，我们必须重新考虑精英文化/大众文本的对立，使传统上流行的对评价的强调——这种由二元对立价值体系运作的评价（大众文化是民众的，因而比精英文化更权威；精英文化是自主地，从而与低级的大众文化不可相提并论）倾向于在绝对审美判断的某种永恒领域里发生作用——被一种真正是历史的和辩证的探讨这些现象的方式代替。这样一种方式要求我们把精英和大众文化读作客观上相互联系的、辩证地互相依存的现象，作为在资本主义条件下美学产生裂变的孪生子和不可分离的两种形式"①。也许詹姆逊的这种论述，主要是针对像美国这种典型的资本主义国家的文化与文本发展状况而言的，也许并不完全适用于中国国情条件下的文化与文本现状，但中国自建设社会主义市场经济以来日趋多元的文化发展格局，在一些经济与文化发达的大都市及沿海地区，已经越来越多地显现出了某些"后现代"社会症候，出现了越来越多的"跨精英/大众文化"的文本。其中，我们不仅能够看到大众文化对不少精英文本的改编或"戏说"，也能够看到许多融合了一定的流行元素或大众文本类型因子、但又表达了创作者鲜明个性与追求的文本的日益增多。亦即"雅俗共赏"的文本越来越多，在"程式"与"创新"的中轴线上涵盖的范围越来越宽广，也越来越占据社会文化的主流。如果按照本书先前的论述，将"雅俗共赏"的文本归结为大众文本的话，那么，这种所谓新的文本形态的兴盛，就更加显示出了大众文化的泛化，显示出了大众文本的繁荣。

面对这种"后现代"社会症候下大众文化的泛化和大众文本的繁荣，我们的理论界所需要的绝不仅仅是一种似乎是"俯就"的应对姿态，更重要的是需要树立一种新的重新审视文本价值的观念，需要建立一种适合新的文本存在状态的批评方式和价值评估尺度。因为只有在这种观念、批评方式和价值评估尺度下的大众文本，才能够真正以自身的特有本性与价值进驻"经典"，成为"经典"体系中不可缺少的一元。也只有到那时，优秀的大众文本才能够得到理论界真正的认同，才能被安置在其应该被安置的文化地位上。我们相信，那个时候一定会很快到来的。

----

① ［美］詹姆逊：《快感：文化与政治》，王逢振等译，中国社会科学出版社 1998 年版，第243 页。

第二部分　大众文化产品：
　　　　　一种配方式生产

大众文本的程式化、类型化，势必带来大众文本生产的标准化和工业化，而一旦纳入工业化生产、传播、消费过程，大众文本就成为了道地的大众文化产品。它将面临的是完全不同于精英文本的创作方法的生产及其组织方式——配方式生产方式，并以此构成了文化产业的运行主体，由此可见大众文本与文化产业的密切关系。

第七章

大众文本与文化产业

大众文本的程式化、类型化是实现大众文化产品工业化生产的前提，而大众文化产品的工业化生产又是文化产业赖以支撑的重要基础。可以说，没有大众文本的程式化、类型化，就不会有大众文化产品生产的工业化；没有大众文化产品生产的工业化，也就不会有当今世界文化产业业已取得的辉煌业绩和蓬勃发展。并且，事实上，在今天，工业化生产已经成为了大众文化产品最重要的生产方式，文化产业也已经成为了大众文化产品实现其经济价值与社会价值的最重要途径。

具体说来，大众文本与文化产业的关系体现在以下几个方面：一是大众文本的程式为文化产业的生产提供了标准；二是大众文本内容中的奇观盛景成为了大众文化产品的商业性符码。

一、程式：大众文化产品的生产标准

众所周知，一个产品要想实现其工业化生产，就必须建立相应的产品生产标准和质量规范，否则就难以在生产上批量化和规模化。可以说，大众文本的程式或类型就是大众文化产品的生产标准与质量规范。对此，美国学者约翰·考维尔蒂也指出，大众文本的程式就是"构建文化产品的常规系统"[1]。同样，我国学者邵牧君也认为，大众文本的类型作为一种制作方法，"实质上是一种艺术产品标准化的规范"。[2] 这种判断意味着，大众文本的程式，具体地说，就是大众文本的各种配方程式和程式配方，往往在一定的时间之内，相对比较固定。就像好莱坞 20 世纪 30 年代的强盗

---

[1]　John Cawelty, The Six – Gun Mystique, Bowling Green University Popular Press, 1970, P. 29.
[2]　邵牧君：《西方电影史概论》，中国电影出版社 1984 年版，第 31 页。

片那样，影片片名各异，人物姓名不同，追求的目标也有变化，但基本的情节结构，讲故事的大致方式、某些视觉表现语言等，则大都相同、相近或相似。应该说，正是这些相同、相近或相似的方面，构成了强盗片的产品标准与质量规范。同样，当人们都采用混合程式与类型因素来进行大众文化产品的生产时，"程式配方"也就成为某一类大众文化产品的产品模型。这些产品标准与质量规范，往往在文本制作与文化市场上经受了双重考验，形成了一定的保险系数。因而它一方面可以供后来者"量身定做"文本，制作出符合常规艺术质量标准的大众文化产品；另一方面，它以所据有的长期培育起来的较为固定的接受群体，在一定的程度上成为了大众文化产品商业风险的"避风港"。这也正如格尼玛拉在评述斯皮尔伯格等人的新类型影片时所说，"类型作品的风险是可以预测的：形式是熟悉的，制作没有困难，影片作为标准的大众产品可以卖给全世界最大多数的观众"①。由此可见大众文化产品标准存在的必然性。

从经济学角度看，根据同一生产标准与质量规范生产出来的产品，应该具有绝对的整齐划一性，那么，按照大众文本这个"常规系统"或"艺术产品标准化的规范"生产出来的大众文化产品，是不是与物质产品一样的整齐划一，呈现出千篇一律、老调重弹乃至令人厌烦的面孔呢？对此问题，美国学者莫纳科曾在分析好莱坞电影时说，"好莱坞全盛时代的巨头们经常关心的是他们所生产的影片的商品价值，他们宁愿生产互相相似的而不是互相不同的影片。结果，那些年代里生产的影片很少给人以独特之感。研究好莱坞，更多的是从大量影片中归纳出类型、模式、惯例和类别，而不是注意每一部影片本身的质量。这并不一定使好莱坞影片变得比具有个人风格的电影更不令人感兴趣。事实上，因为这些影片是以如此巨大的数量在传送带基础上拍制出来的，所以它们常常要比个人构思的、更有意识地追求艺术的影片更能反映出观众的兴趣、迷恋和道德标准"②。既具有明显的复制性、模式化，又能反映大众的"兴趣、迷恋和道德标准"，这应该就是在大众文化产品的生产标准与质量规范下生产出来的文化产品的特征。由这个特征可以看出，大众文化产品与物质产品毕竟不同，它不仅具有程式与类型等生产标准与质量规范，同时，这标准与规范还须与大众的趣味、心理与需要相对接。否则，这种生产标准与质量规范

---

① ［德］格尼玛拉：《电影》，白春、桑地译，黑龙江美术出版社2001年版，第167页。
② 邵牧君：《西方电影史概论》，中国电影出版社1984年版，第31页。

就会因失去商业效用而被弃置。因而，在某种程度上，可以说，大众文化产品所有的生产标准与质量规范，都是制作者与大众交流、对话与协商的结果。这也正如托马斯·沙兹分析好莱坞电影时所说，"任何叙事模式，甚至在电影叙事的一般'语法'中的一个孤立的技巧的演变，也是制片厂与观众之间持续进行交换的结果。观众的反应最终决定一个电影股市或者某种技巧是否要重复、改变以及最终在生产系统内加以成规化"，由此可见，"制片厂对标准化技巧和故事公式——确立成规系统的依靠，并不仅是生产的物质方面经济化的手段，而且还是对观众集体价值和信仰的应答手段"。① 应该说，正是这种"应答"，让大众文化产品能够贴近大众的"兴趣、迷恋和道德标准"。

另外，大众文化产品的标准虽然相对固定，但并非一成不变。从采用"配方程式"的类型化产品标准，到选择"程式配方"结构的文本模型，这本身就是一种变化；从某一类型文本的传统配方程式，到增加了新质之后的配方程式，又是一种变化；从程式配方的文本结构形式，到新的文本类型的配方程式的崛起，更是一种变化，如此等等。这些变化，显然都在昭示着大众文本产品标准不同于物质产品标准的特性：标准中蕴含着变化，模型孕育着出新。正是由于这变化与出新，我们才看到了美国电影从"好莱坞"到"新好莱坞"的变化，中国武侠小说从传统"武侠"到"新武侠"的发展；看到了西部片从《关山飞渡》到《正午》《与狼共舞》的变化轨迹，中国言情小说从张资平到琼瑶的发展，以及琼瑶从《窗外》《几度夕阳红》到《还珠格格》的多彩面孔；看到了"无厘头"大众文本在后现代社会的变异与走俏……虽然这些变化与出新，局限在以"产品标准"为中心的一定的距离之内，无法淋漓尽致、天马行空地驰骋张扬，但这不是大众文化产品的缺陷，而是大众文化产品的优势所在，是其能够被雅士与俗众共同欣赏的一种产品特质。正是由于这种产品特质的存在，大众文化产品才能在产品模型的基础上不断翻新，不断变化，变幻出人们永远难以赶上的"流行"与"时髦"；大众文化产品也才能不那么整齐划一、陈词滥调以至于令人厌烦。

---

① ［美］托马斯·沙兹：《旧好莱坞/新好莱坞：仪式、艺术与工业》，周传基、周欢译，中国广播电视出版社1992年版，第13页。

二、奇观化：大众文化产品的商业符码

在文化生产中，作为产品的大众文本，必然为消费市场而存在，为尽可能多地吸引受众而努力。为了增强大众文化产品的商业号召力，大众文本在其构成上往往也进行了一系列的商品化处理，形成了各种蛊惑力甚强的商业化符号。这些商业化符号种类繁多，数量惊人，其中最突出、最典型的是奇观化，即奇观盛景的营造与云集。

所谓奇观化，是指大众文本某些构成因素的超常化、宏大化及其所形成的冲击力极强的直观化或想象性效果。它往往一方面体现在文本必不可少的结构性因素中，如规模、背景、结构、主题、情节、人物、场景、画面甚至道具等，另一方面体现在制作过程中的奇观化处理上，如明星演员的采用等。而无论上述哪一方面、哪一种因素的奇观化，都会给大众文本增添新奇、怪异与神秘的诱惑力。

大众文本的奇观化，有时体现为文本结构的巨型化。这种巨型化虽然跟传统史诗性精英文本的构架具有不可分割的联系，但显然规模更宏大，内容更丰富。最典型的实例是 20 世纪 70 年代的巨片《教父》及其后来的续集。在笔者看来，这部影片及其续集的一个重要特点，就是把一个实际上对于美国电影来说颇为传统的"家庭的故事"放大为关于一个家族的神话，使传统强盗片中的个人英雄融化在一个无所不在的家族势力之中。而这个家族从一个一文不名、地位低下的移民起家，迅速膨胀，直至准备着把它的势力扩大到巴拿马，成为当代美国乃至资本主义体制的缩影。由于这个家族的出现，影片的规模大幅度地膨胀起来，银幕上的表现内容被空前地丰富与复杂化：家族内部严密的犯罪组织与继承体系，家族与家族之间的尔虞我诈与相互残杀，以及明、暗两个空间的分野和人物貌合神离的生存状态等，都以一种前所未有的集群化状态得到了淋漓尽致的表达。如今，当这部影片及其续集和它的导演科波拉都已成为神话，当破纪录的票房收入、好评如潮的赞扬都已成为过去的时候，我们不难发现，对美国电影来说，当时作为电影新人的科波拉，实际上是他在自己的个性与好莱坞的商业企求的平衡中，为好莱坞创造了一个关于奇观盛景的范例，即创造出了一种银幕上的"庞然大物"。

大众文本的奇观化，有时体现在文本的主题设计中。黄会林主编的

《当代中国大众文化研究》一书曾经对电影的奇观主题作过概括。书中认为，电影的"奇观主题主要表现创作者们对四种奇观现象的思考及探索，即：人类的未来，星际战争，异化和变形，自然及社会灾难"。并且总结说，在描写星际战争、异物闯入和人的异化等"奇观主题影片中人类对于未来的预示，均是一幅大同小异的画面：地球一片荒芜，人类毁灭在自身的罪恶及贪欲中"；而以自然与社会灾难为奇观主题的"影片展现了工业文明对自然界的破坏可能产生的严重后果以及人类仍不能克服的海啸、地震等自然灾害和文明内部的尖锐矛盾可能导致的恶果"。[①] 因为这些主题表达的都是人类所生活的"第一现实"之外的"第二现实"里的问题，是人们想问却无从得到答案的问题，所以对它们的探索自然而然就会产生一种奇异感。具有类似奇观主题的大众文本，当然不只是科幻片、灾难片等电影，科幻与灾难小说也同样如此。笔者并不认同"奇观主题＝科幻片、灾难片的主题"的单一公式，而是认为，在绚烂至极的爱情表现中，在著名历史情景的再现中，在血腥残酷、不忍目睹的战争展示中，只要文本的思索足够深刻，足够新颖，足够震撼人心，都有可能诞生奇观主题，由此可见奇观主题内容的丰富性与多样性。

大众文本的奇观化，有时体现在一些前所未有的奇异形象上。这些奇异的形象，在科幻类大众文本中最为常见，也最为典型。如《大白鲨》中的那头用计算机控制的大鲨鱼，《侏罗纪公园》那些逼真的活灵活现的恐龙，《哥斯拉》中的横扫纽约城的怪兽哥斯拉，《独立日》中在美国独立日这一天入侵地球的外星人，《超人》中那个既具有常人形态又具备超人能量的超人……这一个个奇形怪状的"超级形象"，挟其声、光、色之惟妙惟肖，一露面就给我们留下了无比深刻的印象，冲击着人们自以为成熟丰富的视觉经验，令观众在怀疑自己的同时也开始洗刷人们曾经根深蒂固的形象观念。除了科幻类大众文本以外，恐怖类、传奇类大众文本中新奇怪异的形象也比比皆是。它们时而以007那样智勇双全、潇洒倜傥、近乎完美的"奇人"形象现身，时而以令人毛骨悚然的"吸血鬼"的面貌出现，时而又以世间罕见的"狼人""巨人"或"小人"（指身材矮小的人）等状貌呈现，等等。这些形象的出现，无疑对调动人们的好奇心、新鲜感与探究欲，进而吸引大众，有着积极的作用。

大众文本的奇观化，有时还体现在大众文本的历史文化背景描述中。

[①] 黄会林：《当代中国大众文化研究》，北京师范大学出版社1998年版，第128页、第129页、第132页。

有一些大众文本，描述的是普通人的生活故事，但由于它加入了特别的历史背景，作品就被打上了奇异的色彩。如影片《阿甘正传》中，阿甘不过是一个稍许有些弱智的普通的美国人，但影片让他的人生经历穿越了美国20世纪70年代以来的几个重要历史事件，如越南战争、肯尼迪被刺、水门事件等；让他与美国总统握手，代表参战者讲话，甚至成为水门事件的发现者；并且让他一次又一次的奇迹般地取得成功，从而成为普通人心目中"美国梦"的实现者。阿甘是普通的，但这些传奇般的经历使得他非同寻常，使他成就了一个经历了最重要的美国历史事件和最耀眼的成功的人生。这个人生对于一个普通的美国人来说，是一个奇迹，也是一个神话，使一般人无法望其项背的盛景。中国的许多"清宫戏"又何尝不是如此？"清宫戏"写的未必是清宫里的事情，甚至根本就是普通人的生活，但由于顶了"清宫"的名义，顶了那些大名鼎鼎的皇上、皇后、太子们的奇闻轶事，就有了一顶吸引人的"桂冠"。宫闱内廷的神秘，真实历史情境与事件的借用，与走下神坛的皇帝进行平常的交往，于是，那些虚构的名不见经传的主人公，如《还珠格格》中的民间格格小燕子、紫薇，如《鹿鼎记》中的韦小宝，如《书剑恩仇录》中的陈家洛等，便借长风步青云，成就了传奇的人生。至于那些顶着真人真姓的历史名人的头衔而任意"戏说"的大众文本，如电视剧《铁齿铜牙纪晓岚》《宰相刘罗锅》《戏说乾隆》，电影《唐伯虎点秋香》《黄飞鸿》系列武侠片等，则更是把"历史"当作了一个增加看点、招徕顾客的奇异广告牌，而"历史"在此也就真的如胡适所说，变成了一个任人打扮的小姑娘。

大众文本的奇观化，还体现在文本描写的各种场面或场景中。这种场面或场景的奇观化，应该说，在每一部好莱坞大片中都比比皆是。如《泰坦尼克号》中被导演卡梅隆骄傲地称之为"泰坦尼克赋"的那个场面：当杰克和他的朋友比利站在船头振臂高呼"我是世界之王"时，画面上拉出了整个"泰坦尼克"的全景，碧蓝如洗的天空下，海鸥绕着船舷欢快地飞翔，骄傲的"梦之船"在大海上昂然而行，一路盛开着朵朵浪花。场面之壮观宏伟，气势之波澜壮阔，令人惊叹之余颇有重睹当年沉落的真正的泰坦尼克号豪华巨轮的感觉。如果说当年的泰坦尼克号船及其事件就是一个奇迹的话，那么，对它的逼真再现就是一个更大的奇迹，它会唤起观众不由自主的惊奇感、认同感。而影片中的其他场面，如一对年轻恋人站在船头感受飞翔的情景，巨轮上由于灾难降临人们空前混乱、争相逃生的场面，以及作为比照的视死如归、一直在为人们演奏音乐的小乐队的情景，还有大船倾覆时逼真的过程演示，和对万籁俱寂后海面上漂浮着的无数的死者的尸体的镜头巡视等，都以其极尽渲染而给观众以极大的视觉刺激和情感激荡。

也许，我们在看《泰坦尼克号》《教父》《阿甘正传》《铁齿铜牙纪晓岚》《戏说乾隆》《英雄》《无间道》等大众文本时，那些老套、简单的故事，并没有给我们留下深刻的印象，倒是那些奇观盛景深深地触动了我们的官感，铭刻在了我们的脑海中，令我们震撼、感叹，经久难忘。其实，这正是以好莱坞大片为代表的大众文本在走向奇观化过程中的一个趋势：注重创造直接的感官、感觉上的娱乐效果，并用逼近真实的感官、感觉效果来"创造感情效果"，至于视觉之外、情感之中的意义，在文本制作者看来，似乎那已是越来越次要的事情。

大众文本里充斥着的奇观盛景，本质上是一种商业化符号，是大众文本以其优势建立起来的、以保证"控制"住巨量的受众和获得高额利润的商业运作手段。凭借这种手段，好莱坞自20世纪20年代以来的世界电影中心和霸主的地位，一直保持和巩固到了今天，成为了一棵常青的百年大树；凭借这种手段，各种媒质的以明星为内容的大众文本，成为了当今最具商业利润、发展最快最繁盛的文化产品之一；凭借这种手段，以生产大众文化产品为主业的文化产业，得以减低风险、蓬勃发展；但是，凭借这种手段，大众文本也越来越走向了表演化与形式化。文本中满眼都是奇观化了的景象，都是表现形式的优美舞蹈，而在这种景象与舞蹈的中央，却形成了越来越大的意义空洞。它们带给受众也多是视觉、听觉或感官上的享受与愉悦，一旦享受过程结束，愉悦感便烟消云散，再无任何反刍与回味之处。这也就是人们称大众文本为"精神快餐"的根本缘由。不可否认，这种"精神快餐"现象，对于大众文本创作质量的提高有害无益，对于文化产业的发展来说也难有裨益。因而，大众文本作为文化产业的生产产品，商品化是必然的，采用商业化的修辞策略也是应当的，否则就不可能产业化。但过度商品化、商业化，就会损害到文化产品本身的艺术质量，进而损害到文化产业的发展。

三、产业：从大众文本到大众文化产品

大众文本，从根本上说，是一种基于创作—解读视角的独立自足的作

品形态，虽然无法完全用精英文本的艺术质量标准来衡量它，但其审美的内核是一致的。当然，大众文本的审美内核已经较精英文本的纯粹审美发生了变化，出现了一种审美的稀释和泛化现象，即大众文本的审美中已经掺杂、渗透进了更多的感官享受、现实利益和初级关怀因素，讲求"审美与生活的同一"（这与传统美学固执于"审美对于生活的超越"显然对立）。于是，大众文本就成为了一种以平面化、形象化、表演化为基本特征的、以形象为主体的艺术自足体。这是大众文本固有的特性，是其审美的独特表现方式。

然而，大众文本的真正效用并不在于展示其艺术自足性，而在于它作为商品的功能——让更多的人获得真正的感官享受。这也是大众文本作为产品进入社会流通的最为重要的目的。应该说，正是在产业化而非文本形态的层面上，大众文本变身为大众文化产品，从学者们挑剔的评论眼光中淡出，跨入了最广大的平民大众的视野。

大众文化产品虽然形态多样，有图书、影视剧、音像产品等，但它们在经济学意义上都有一些共同特点。

1. 价值的非消耗性。大众文化产品的消费方式更多地表现为欣赏，人们所消耗的是知识、文化、艺术的物质载体，而其文化价值不但不会消耗，反而会在人们的共鸣中变得更加丰富。而且，由于文化观念的差异，人们对于同一文化产品的评价会相差很大，因而文化产品的效用很难直接衡量。同时，文化产品的价值也难以计量，更没有统一的社会平均必要劳动量作标准。

2. 商品性。大众文化产品除了作用于人们的精神生活，满足人们精神生活的需要，产生一定的社会效益之外，还能投入生产领域转化为有形的物质产品，满足人们物质生活的需要，产生一定的经济效益。在商品经济的条件下，文化产品具备了商品的基本属性，或说是商品化了。也就是说，文化产品是人们生产出来并用于交换的劳动产品，可以进入市场并盈利。而且，文化产业范畴里的大众文化产品必须面向市场，走商品化之路。否则，文化产业就不可能存在。

3. 大众化。文化产业链中的大众文化产品，不面向广大受众是不可能的。即文化产品必须首先"popular"（流行）起来，得到大众的青睐，也就是有"成群的人听它们、买他们、读它们、消费他们，而且似乎也尽情地享受它们"，才能够得以在市场中生存。这种对受众的重视也导致产品本身必须在"大众化"方面做出应有的努力。这里的"大众化"意味着产品本身要做到令人喜闻乐见，要表现大众的审美趣味，满足大众的审美期待。而要满足大众，必要的程式与创新都是必须要体现的。

4. 技术性。大众文化产品对技术的依赖性很强，某些文化产品的发展直接与技术相关。如迪士尼动画片对于新技术的不断采用是"米老鼠"受到欢迎的关键因素之一。它具体体现在：一是由无声电影到有声电影；二是由黑白片到彩色片。1927 年以前，电影都是无声的，直到有声电影在纽约华纳剧场首映，才为电影业带来了划时代的巨变。迪士尼以敏锐的洞察力注意到卡通片也将不可避免地加上声音，于是他的第一部"米老鼠"卡通片《威利汽艇》就在 1928 年 11 月 18 日诞生了，并且大获成功。30 年代初，刚有电影公司开始研制彩色电影时，迪士尼力排众议于 1933 年拍出了第一部彩色卡通片《三只小猪》，市场效果极好。后来迪士尼公司又采用电脑绘画技术来绘制动画片，也取得了骄人的业绩。这些都说明，每一次技术的进步都有可能使大众文化产品产生更多的表现手段和更丰富的艺术表现力，并推动大众文化产品以及文化产业不断进步。

5. 可复制性。由于大众文本的程式或类型，为大众文化产品的生产提供了生产的标准和产品模型，大众文化产品能够像物质产品那样在生产线上以流水作业的形式被生产出来，这就是大众文化产品的可复制性特点。可复制性保证了大众文化产品的批量或规模化生产，也使得以经营大众文化产品为核心业务的文化产业的发展有了必要条件。

在世界文化产业高度发展的今天，文化产品生产的产业化和文本的商业化已是大势所趋，而且日益成为各国经济、文化乃至国力竞争的重要领域。因此，在国内还没有在观念上、理论上解决文化的产业化、文本的商品化问题的时候，境外的文化工业产品已经破门而入，大包大包地卷走着我们的钱财，史无前例地影响着我们的民族文化。我们几乎是被逼迫、被裹挟着跳进了世界文化产业发展的潮流，来与强大的国外文化企业"巨鳄"进行较量。这场较量显然是不平等的，输赢是可以想见的。但不平等的起步并不等于永远保持最初的结局。我们在不认输、求发展的过程中，理论界应该首先树立文化的产业化、文本的商品化观念，科学研究大众文化产品的生产过程、产品模型及商业化问题，为国内文化产业的大发展进行思想、理论上的准备。

第八章

大众文化产品的生产方式

　　文化产品的生产方式，是指文化产品在生产过程中思维方式、生产材料、产品定位及其生产指向等方面表现出来的综合性特点。从这些指标出发，文化产品的生产方式可分为作者性生产方式、配方式生产方式和再生式生产方式三种。其中，作者性生产方式生产出来的创新性文化产品是对大众文化产品的研发，配方式生产方式是大众文化产品的基本生产方式，再生式生产方式是配方式生产方式在文化资源产品化方面的进一步延伸。

一、作者性生产方式：大众文化产品的研发

　　"作者性生产方式"的名称来源于法国著名的"作者论"电影理论。"作者论"虽然是电影的一种创作理论，但却是欧洲电影人一贯的电影观念的反映，这种观念也同样渗透在了他们的影片生产中。在此，我们借用它来指称所有文化产品的一种生产方式。但是，这并不是在说"作者论"的电影创作原则应当成为一部分文化产品的生产准则，我们只是将其内涵中有关个性、自我表现以及创新等意义抽取出来，用来指称创新性文化产品的生产方式。

　　因此，所谓作者性生产方式，是一种崇尚自我、追求个性与创新性的创新类文化产品的生产方式。这种生产方式通过对生产组织、生产者、产品及接受者等多方元素的选择而体现出来的。在文化产业链中，采用这种生产方式的目的是对大众文化产品进行研究与开发。

（一）个人化的文化生产组织

　　选择作者性生产方式进行文化产品生产的，往往是个人化的生产组

织。所谓个人化的文化生产组织，具有两重含义：一是指以某一个核心人物为中心和主导的文化产品生产单位，二是指在其文化生产及产品中具有与众不同的个性化追求的组织。它最典型的组织形态是各种以导演为中心的摄制组、独立制片公司，以创作者为核心的图书、音乐、动漫工作室等，同时也包括像画家、编剧那样具有鲜明个性意识的个体生产者。

需要说明的是，这里所谓的个体生产者，已经不同于历史上那些创作只为自娱自乐、无须他人认可的艺术家、文学家。事实上在今天，一些完全得不到公众理解和认同的创造，是无法进入文化产品的社会体系的，其生产者自然也就得不到社会的认可。因此，现在的个体生产者在标榜个性的同时也大都已经拥有了一定程度的公众意识（尽管这个"公众"可能只是少数人）和或多或少的合作者。凯夫斯在其《创意产业经济学——艺术的商业之道》中曾经描述年轻画家的工作状态：通常租用一间阁楼作为工作室和作品陈列室，不仅作为居住之所，也是用来接待同行业或业内人士聚会的地方；所居住的地区不仅要便于与其他画家的接触，而且还要便于与艺术品收藏家、作家和画商的往来；画家要从事各种社交活动，要为作品寻找向大众展示的机会，能在有一定名望的大型美术馆展出自己的作品最为理想，合作成立艺术展馆也是一个有效途径，最好的办法是与商业性美术馆建立合作关系。由此可见，现在的个体文化生产者早已经是纵横交织的社会网络中的一员，是文化产业或创意产业整个生产链上的一环。

无论是个人化文化生产组织，还是个体文化生产者，共有的特点是规模小，人员少，产业化程度低，组织结构简单，类似于历史上的手工"作坊"。它们常常是围绕着一个创造性人才而建构的，如一个导演，一个演员，一个编剧，一个创作型歌手，一个作曲家，一个作家或画家等。因而组织内以生产部门最为核心，营销部门为辅。作为组织的核心人物，创造性人才的作用非常突出：不一定是整个组织的管理者，但一定是组织的灵魂和精神的象征，决定着生产什么与如何生产等事关产品品质与个性的关键问题。因而使得整个组织呈现出非常明显的个人化色彩。这样的个人化组织如日本动漫界宫崎骏的"吉卜力"工作室、中国电影界张艺谋的摄制组等。

（二）崇尚个性的生产者

个人化的文化生产组织在生产产品时，与"作者论"强调导演的中心地位和决定性作用一样，非常突出核心人物精神和意志的体现。而核心人物在创作时所关注的重点，也主要是怎样进行自我表现、个性表达以及创新等问题，对于市场需求和接受者的口味不太关心。因为在他们看来，文化艺术作品本身就是创作者思想、情感和体验的反映，文化艺术创作最重要的是表达自我，树立个性，而非迎合他人。或者说，在他们眼中，接受者本来就是萝卜青菜各有所爱、众口难调的，他们只需要表达出自己作为人类一员的个性，就会有知音，更何况接受者有时也有提升自己、拓宽视野的需求。同时，传统文学艺术中"为艺术而艺术"、创新至上等观念，对他们影响至深。这些都无疑为个性化生产组织的个性化创作，提供了思想依据。

另外，崇尚自我、强调个性也是这些生产者们不得不采取的市场进取姿态。凯夫斯说，年轻的画家们最重要的工作是"确立自己的创作风格"[①]，显示自己与他人不同的独特性。的确如此，因为只有与众不同的锐利个性，才能在由以往和当下的无以计数的画家所构成的重重叠嶂中脱颖而出，引人注目，也才能在大公司的标准化生产的天罗地网中撕开一条缝隙，求取自身的生存，否则就只能被埋没、被驱逐。事实上，那些刚刚起步的、实力不强的、影响不大的和需要长久保持活力的个人化生产组织中的作家、创作型歌手、编剧等，也无不是如此。个性是他们的武器，用来攻取市场，吸引人们的注意力，进而产生经济效益。这也就是为什么在好莱坞几乎人人都是编剧的重要原因。

（三）创新性的文化产品

在个人化的文化生产组织里，由崇尚个性的生产者创作出来的文化产品，以个性与创新见长，因而属于创新性文化产品。

创新性文化产品与标准化文化产品不同，在由"因袭"与"创新"这两个极点所连接的产品中轴线上（轴线图见第一章），应明显偏于"创新"一极，属于或接近于精英文化产品。这种产品最经典的形态是艺术影片、探索文学、先锋美术、实验戏剧等，这些作品要么发掘了新的题材领域，要么表达了新的情感内容，要么展示了新的思想观念，要么创造了新的语言形式和表现方法……总之，因为它们在某一个或两个方面表现出了

---

　　① ［美］理查德·E·凯夫斯：《创意产业经济学——艺术的商业之道》，孙绯等译，新华出版社 2004 年版，第 25 页。

不同于其他作品的独特性，给人以出乎意料的新奇感受和深入思考，而表现出创新特质。

但是，如果仅仅将上述产品视为创新性产品的话，显然还是让人存有置疑和有待商榷的。因为"创造性活动中的创新有时并不容易界定，因为任何产品，只要不是对某一现存产品的简单复制就可以算作是创新"，然而，"从另一方面来说，如果在某一艺术领域内任何稍具新意的东西都可以算作重要创新的话，那么这一领域就根本不具备统一的判断准则，而临界等级评定也就失去了其价值，不能帮助消费者在众多创造性产品中进行理性的衡量和选择"，因此，对创新性产品的评定应有一个标准，而且，制定的评定标准应该"在严格标准和宽松标准之间找到一个平衡点——若标准过于严格，那么某些创新的出现最终将把这一'既定标准'完全推翻；若标准过于宽松，那么在指导艺术家们的培训发展方向和消费者的文化消费投资方面，这些标准就不能够提供稳定的评估标准和参考点"。[①]由此可见，根据一个科学的评定标准来评价文化产品"创新"指数，是十分重要的，而这个标准的制定显然需要创作界、经济界等多方人士的参与。但是，无论这个标准怎样制定，有一点是应该肯定的，即创新性产品一定是其内容上创新多于因袭、个性突出的产品。

（四）非对位的市场指向

个人化文化生产组织在生产创新性文化产品时，并没有按照接受者的口味进行"量身定做"；生产完成后也很少仔细研究产品的市场定位、目标人群、营销计划等与市场、消费相关的问题，进行市场宣传与推广，因而其产品具有非市场对位的特点。然而，这并不表明创新性产品就没有市场，事实上，创新性产品可以从两个方面赢得市场：一是能够获得专业人士认可（获奖往往是其标志），赢得以专业接受者为代表的小众市场，取得直接的名、利效益；二是其创新之处被不断吸收到新的产品中，成为进一步生产的材料或资源，产生间接效益，在这个意义上，创新性产品的生产往往成为对标准化文化产品的研究与开发。

---

① 〔美〕理查德·E·凯夫斯：《创意产业经济学——艺术的商业之道》，孙绯等译，新华出版社 2004 年版，第 192、第 193 页。

（五）作者性生产：大众文化产品的研发

使用作者性生产方式，进行创新性文化产品的生产，在以创意为龙头、以内容为核心、驱动产品的制造、拉动批发和营销、带动后续产品开发的文化产业链中，属于最前端的产品研发阶段。

将创新性产品的生产视为文化产业化生产的研发，是基于精英文本（在本书中即指创新性产品）与大众文化产品之间的联系而言的，也就是说，传统意义上精英文本与大众文化产品之间的鸿沟在某种意义上并不存在，事实上，精英文本与大众文化产品在今天有着千丝万缕的联系。这种联系表现在两个方面。

一是今天的很多大众文化产品事实上过去精英文本的翻版：是对某种故事的当下讲述，是对其基本结构和叙事功能的再利用，是对其已有意象的翻新，是对其古老情感的反复咏叹，是对其奠定的永恒主题的持久留恋……对于这种联系，理查德·凯勒·西蒙在其著作《垃圾文化——通俗文化与伟大传统》中言道："发生在我们日常生活周围的故事与以往伟大的文学非常相似。当你看电视，看电影，读通俗杂志或看广告时，展现在你眼前的，将是和西方文明史上各种巨著研究者所读到的同样的故事，你要做的只不过是以不同的方式看待这些故事而已。"① 之后，他指出：

"像《国民问讯报》这样的小报是那些伟大悲剧的零星散卷，是欧里庇得斯，易卜生或斯特林堡作品的名人闲话版，是只被放在超级市场付款出口柜台旁边的糖块和泡泡糖一起出售。古代贵族的痛苦和没落如今变成了过时明星们的痛苦和沉寂，虽然他们所使用的不再是那种戏剧的语言，但同样痛苦并日渐沉寂，并且以极其相似的方式重新认识自己。与此相类似，电影《兰博：第一滴血》第二部是荷马史诗《伊利亚特》的现代翻版，漫长可怕的越南战争取代同样漫长可怕的特洛伊战争；肌肉发达的西尔维斯特·史泰龙表演了当代版本的阿基利斯。《星际旅行》中包含了《格列弗游记》中的基本情节、人物类型和总体戏剧主题；乔纳森·斯威夫特的尖锐讽刺几乎荡然无存，新政治现实取而代之：一帮装备齐全的太空遨游者而不是孤独悲观的格列弗正遨游在太空。Cosmopolitan是一本花哨的商品化杂志，是过去200年来有关女子成长问题名著的主题经过改写

---

① ［美］理查德·凯勒·西蒙：《垃圾文化——通俗文化与伟大传统》，关山译，社会科学文献出版社2001年版，第1页。

的现代版，是诸如《理智与情感》《包法利夫人》和《欢乐之家》这类小说的后继者。爱丽诺·达什和玛里安·达什姐妹，爱玛·包法利和丽莉·巴特所面临的问题是这本杂志的大主题。"①

理查德·凯勒·西蒙的研究，无疑是大众文化产品与精英产品之间存在着直接的传承关系的一个有力证明。而经由这个证明，我们认识到，大众文化产品往往来源于精英产品的构造肌体，或者说是精英产品结构的延伸。美国著名电影学教授路易斯·贾内梯曾经指出，通常被称为"经典的"好莱坞电影的"经典模式"，往往就是古典戏剧模式的翻版。其实，不仅是好莱坞的电影，不仅是西方，在中国，在中华民族特有的大众文化产品如武侠小说、功夫片、言情剧中，又何尝不是时时都能觅到中国古代杂剧、传奇、章回小说乃至神话传说、民间故事的踪迹呢？由此可见，以创新为基本素质的精英产品可能本身无法成为被大众认可而具有商业价值的产品，但它们是大众文化产品的母体或源泉，因而在某种意义上，它们的探索与创举，也是对大众化产品的研发。

二是有不少富于原创性的精英文本，成为了大众文化产品，在文化市场上独领风骚。毋庸置疑，大量的个性化、原创性精英文本，同大量研发性质的"工业产品一样，都面临着商品化这一艰难的环节，也就是是否能够交换出去形成商业价值"，"但是，正是在大量探索的基础上，小部分的'个性化'内容产品才能够成功走向消费者，实现交换"。② 那么。那些少数创新性产品是怎样转化成大众化产品的呢？凯夫斯曾经举出抽象表现主义绘画的例子说明道："它被广泛接受的过程却是一个品味同化的过程——首先被评论家们和敢于冒险的绘画经销商所接受，然后才被越来越多的大众所接受。人们周围有各种各样数不尽的'雏形'创新产品或者是潜在的产品有待于人们去发现和认识（无限多样性）。一旦它们当中有一项被大众所接受，那么它的原型产品和改进产品（当然要借助于某些人的'后见之明'）将会相继问世。"③ 而创新性的精英文本一旦被大众所接受，就会成为商业性与创造性高度统一的作品，不仅使得受众如潮，而且会得到评论界的赞誉，并因此成为"跟风者"的典范性产品，给其后的文化产品生产带来新的血液，给文化市场带来新的气象。

---

① ［美］理查德·凯勒·西蒙：《垃圾文化——通俗文化与伟大传统》，关山译，社会科学文献出版社 2001 年版，第 1～2 页。

② 赵子忠：《内容产业论》，中国传媒大学出版社 2005 年版，第 36～37 页。

③ ［美］理查德·E·凯夫斯：《创意产业经济学——艺术的商业之道》，关山译，新华出版社 2004 年版，第 192 页。

精英文本与大众文化产品之间无论是上述哪一种联系，都表明创新性的文化产品，是大众文化产品的母体；作者性生产，是对大众文化产品的研发；只有有了发达的创新性文化生产，文化产业才能繁荣昌盛。反之，一个国家如果没有大量的原创性文化生产，标准化、规模化的大众文化产品的生产就只能是无源之水、无本之木。

二、配方式生产方式：大众文化产品的基本生产方式

　　配方式生产，主要是指大众文化产品的生产方式。如果说作者性生产方式对应的是创新、一次性生产、不可重复性；那么，配方式生产方式，对应的就是程式、复制与类型。

　　配方式生产方式，其实就是大众文化产品的生产主体，运用工业化流程、根据大众文本的程式与类型等产品规范进行大众文化产品生产的标准化生产方式。从主要的方面讲，它大致体现为两个方面：一是工业化的生产体系，二是程式化或类型化的文化产品。但细分起来，又可分为工厂式的生产组织、集体生产者和配方化生产三个方面。

　　在大众文化产品的生产者眼中，配方式生产中的这些"配方"，就像一个个中药配方能够治病一样，也能够治疗文化产品的病症——滞销。也就是说，如果采用配方进行生产，就能基本保证产品畅销，相反，则会冒极大的风险。由此可见，配方式生产实际上是一种力图确保大众文化产品商业性的生产方式。但是，在变化莫测的文化市场上仅仅用一些"配方"就能确保一个产品畅销，实在不是一件容易的事情。因而，这些"配方"都是许许多多久经"商"场的生产者总结出来并且得到了消费者的有效认证的，它包括很多方面的因素。

（一）工厂式的生产组织

　　采用配方式生产方式的大都是工厂式的文化生产组织。这种生产组织既包括像好莱坞那样的大制片厂，也包括一些采用配方式生产方式的中小企业联合体。而无论是哪一种企业，共有的特点有以下几个方面。

　　第一，生产方面的创造性人才不再是组织的核心，掌控企业的人是市

场反应敏锐的经营者。这表现在影视、戏剧制作领域就是导演中心地位的丧失和制片人的大权在握，表现在流行音乐、绘画生产领域就是制作人、经纪人地位的上升。从表面看，在公众面前风光一时的依然是明星、导演、歌手、画家等创作者，事实上背后主宰着明星、导演、歌手、画家的生产方式和产品风格的是制片人、制作人、经纪人等，他们决定着艺术家们应该制作什么样的产品，该怎样去制作，以及走什么样的商业路线，而他们对这一切行使权力的唯一依据就是大众的口味和市场需求。

第二，组织内包含尽可能齐全的生产、销售部门和细分的生产、销售环节，而且销售部门及环节要远大于生产部门和环节的设置比重。这些部门和环节有可能在一个大企业之内，也可能分散到企业联合体中不同的企业之中。生产部门的齐全和运作过程的细分是为了能够实行流水作业，提高生产效率；销售部门的齐全、细分和加重是为了让产品生产与市场联系更加紧密，并指导产品的生产。如图 8 - 1 所示。

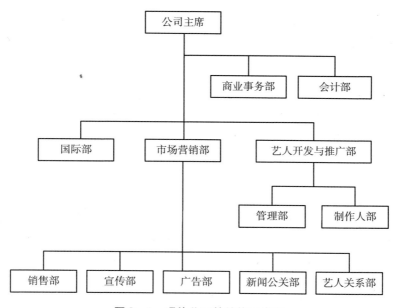

图 8 - 1 唱片公司的结构示意图

资料来源：〔美〕杰弗里·赫尔：《音像产业管理》，陈星、方芳译，清华大学出版社 2005 年版，第 36 页。

在图 8 - 1 中，作为三大部门之一的"市场营销部"是唱片公司的核心部门，下属机构多而全；"国际部"主要负责处理国际发行销售业务以及协调全球营销计划，实际上也是营销部门；只有"艺人开发与推广部"是唱片公司的生产部门，由此可见市场营销在唱片公司的重要性。但是，这并不说明唱片公司的生产部门就是粗疏简略的，事实上，其"制作人部"在负责录制唱片过程的主要职责中也有着细致的分工："有的负责挖掘有天赋的歌手或者在发现后为其灌制唱片；有的负责筛选失和唱片公司使用的新人；也有的负责工资和税收的'行政'工作人员；还有的与公司完全独立，只负责税收和预付款"①；至于每一个制作人，其工作更为细致而多样。应该说，正是这些分工细致的生产部门和环节以及庞大的销售机构，保证了其产品生产的商业性质。

第三，组织大都具有一定的垄断性质。因为工厂式的文化生产组织要么是大型企业、跨国公司，要么是中小企业联合体，规模往往都比较庞大，有时甚至控制着专门的发行渠道，很容易形成规模经济，获得规模效益，从而在文化市场上掌握主动权，甚至占领制高点。好莱坞的大制片厂，唱片业的华纳音乐、索尼音乐、宝丽金、BMG、EMA、MCA等六巨头，以及百老汇的演出企业集群等，都是这种具有垄断性质的文化生产组织。

（二）集体生产者

工厂式的文化生产组织在生产文化产品时，非常强调集体与合作的力量，因而一个具体的文化产品的生产者总是由许多人同时来担任，大家共同作业，呈现出一个集体生产者的新形象。

这种集体生产者，与常规意义上的如电影摄制组那样的创作集体不同，而是精细的劳动分工和同一工作内容上的多人叠加劳动的产物。这种集体生产者形象在好莱坞的电影制作中随处可见，甚至已经制度化。如影片的编剧，不再是一、两个创造性人物的劳动成果，而是许多写手的合成之作。所以，理查德·麦特白写道："当时的普遍情况是，好几个编剧同时受雇于同一部影片，他们在同一时间各自独立地工作。编剧常常被比作技术工人，许多人都因为某一种特殊的才能而受雇。一个编剧对于剧本的贡献，举个例子，可能仅限于提供了一些补充的场面或者六、七处需要临时添加的台词或动作。在一定意义上说，好莱坞是在购买编剧们在小说界

---

① ［美］杰弗里·赫尔：《音像产业管理》，陈星、方芳译，清华大学出版社2005年版，第37～39页。

的名声，他们雇佣威廉·福克纳或艾尔多斯·胡克里，把他们的名字作为标签附加于影片之上以增加影片的价值，而不是为了充分利用他们文学上的才能。"导演同样是如此，理查德·麦特白说，"虽然极少有影片像《乱世佳人》那样有六、七位甚至更多的导演为一部影片工作，但普遍情况是，许多的动作场面是由第二摄制组来完成的，更为普遍的情况是，一些需要补充或重拍的场面是由另外的人来导演"。编剧、导演工作尚且如此，其他环节的工作更是集聚了相当多技术工人的劳动，这也就是为什么好莱坞影片最后的工作人员字幕总是格外长的缘故。其实，不仅是在1948年以前的好莱坞，在今天的好莱坞，不仅是在电影领域，在图书生产、流行音乐制作和戏剧演出领域，这种集体生产者的情况都十分常见，只不过好莱坞表现得最为典型罢了。

集体生产者的出现，在本质上是对创作者个性的扼杀，是以市场为导向的工业化生产方式完全进驻文化生产领域的标志。

（三）配方化生产

配方化生产，就是根据大众文本的"配方程式"或"程式配方"等生产标准和产品规范所进行的标准化生产。这种生产意味着要以大众文本的各种配方程式和程式配方为产品模型，进行程式化或类型化产品的生产。关于大众文化产品的模型，或曰程式、模式、套路等，许多学者和业界中人都进行过总结和描述，如美国学者理查德·A·布鲁姆在其《电视与银幕写作——创意与签约》一书中，曾经把影视剧的写作套路总结为八种[1]：爱与浪漫、危难与求生、复仇、成功与成就、探究与追寻、团体和家庭纽带、幻想、回归。

爱与浪漫的故事套路是"男女相遇，然后彼此失去，再拼力把对方赢回来。这种故事经常集中体现主人公的一种意志：为了爱情能天长地久不畏一切艰难困苦。这种故事还可能具备经典的三角恋的元素，一个局外人随时可能加入到爱的争夺中"。

危难与幸存的套路中的人物总是要面对异常艰险的困境（例如地震、劫机、疯狂的对手等），消耗所有心智和体力，穷尽一切手段才能化险为夷。有时途中还会加上"时间炸弹"（即指那些如果不在一定时间内完成

---

① ［美］理查德·A·布鲁姆：《电视与银幕写作——从创意到签约》，徐璞译，华夏出版社2005年版。

某事就无法避免的灾难）的威胁。

复仇模式中的主人公一般是因为个人受到的不公待遇而伺机复仇，他总希望去解决那些没有真正被惩罚的犯罪，以牙还牙，昭雪冤情。

在"成功与成就"套路中，主人公为了达到目的可以不惜一切代价。这个目标可能是源于私利（比如金钱、爱情、升职），但是却能让主人公——门心思为了成功而奋斗。

探究与追寻模式的中心，是一个人总是孜孜不倦地探寻一个至关重要的东西。这种探寻既可能是外在的也可能是内在的。在外在的追寻中，主人公追寻的有可能是一位失踪的证人、一则宝藏的秘密或者一个消失的信息。

在团体和家庭纽带的套路中，一组原本互不相关的人物在特殊条件的催化中紧密地团结在一起。在环境因素的作用下，他们彼此的相互关系就成为引领故事前进的强动力。

幻想模式则是灰姑娘故事的各种翻版，其中主人公都能够梦想成真，使自己更加完整，观众们也不由自主地沉浸于幻想实现的快感中。

在回归的套路中，主人公可能会遭遇那些早已消失的人或事突然在眼前出现。这样的情节元素迫使剧中人物必须对周遭舒适平和的现实重新审视。如主人公可能突然会面对离家出走的前夫、失踪多年的孩子或者一份尘封已久的犯罪记录等。

法兰克福学派代表人物阿多诺也曾对流行音乐里的标准化、配方化进行了揭示。他说："流行音乐的整体结构仍然被标准化了。标准化涉及从总体特征到最具体的特点的整个范围。最著名的规则就是歌曲的合唱包括三十二小节，音域为一个八度和音和一个音符。热门歌曲的总体类型也标准化了：不仅是舞曲种类，尽管形式的严谨可以理解，'特色歌曲'如关于母亲、家乡的歌曲，打油诗似的歌曲，近似童谣的歌曲，写给失去女孩的挽歌也被标准化了。最重要的是，每首热门歌曲悦耳的基础部分——每一部分的开头和结尾部分——必须具备标准形式。无论形式中包含的动听内容是什么，标准形式突出的是最基本的悦耳的部分。复杂的形式并不能带来理想的效果。这种不容改变的做法可以保证无论形式发生怎样的变形，歌曲总是能把人们带回到同样相似的感受而根本性的新奇的体验不会产生。"①

---

① [德] 阿多诺：《论流行音乐（上）》，李强译，载《视听界》2005 年第 3 期。

　　显然，根据上述标准或配方所进行的影视剧的生产，很大程度上突出了大众文化产品的物质性的一面。这种物质性，使得大众文化产品能够像物质产品那样在生产线上以流水作业的形式被生产出来。当然，即使是根据模型生产出来的大众文化产品，由于其生产过程中存在着精神生产因素，也会与物质产品不同，其产品模型的作用也会发生变异。在纯粹的物质生产中，产品模型往往是绝对的、唯一的标准与规范，产品与模子必须严丝合缝地契合，误差必须保持在最小限度之内。这样的生产，对于文化产品来说，显然是绝对不合适，也是绝对不存在的。正确而合理的定位是，产品模型，之于大众文化产品，只是一个主要框架或基本结构，至于框架或结构里有着多大程度的、怎样的变化，那是产品模型所无法规定的，也是不能规定的。因为人的精神世界无法规定，创作者的艺术洞察力与表现力无法预定。给予创作者以一定的自由表现人类精神世界的空间，这就是大众文化产品作为精神文化产品，不同于物质产品的本质特性。因此，大众文化产品的模型，与物质产品的模型不同，并不排斥变化，也不抵触创新，而是主张在模型中变化，在模型中出新。

　　综上所述，在工厂式的文化生产组织里，集体生产者用配方化手段生产文化产品时，其生产目的一定是直接指向市场的，而在集体生产者、配方化生产的背后也莫不是压倒一切的市场机制在作怪。因此，商业性、市场化是配方式生产方式唯一的生产指向。

（四）配方式生产：大众文化产品的基本生产方式

　　配方式生产是大众文化产品的基本生产方式，文化产业的繁荣离不开大众文化产品的大量出现，所以，只有配方式生产方式才能造就文化产业的蓬勃发展与不断壮大，这是历史告诉我们的事实。1900年前后，英国拥有世界上最早探索电影蒙太奇手法的布莱顿学派，拥有世界上最早的最发达的电影放映业，但唯独缺乏机器化生产的电影制作工厂，缺乏产品的标准化配方，结果不仅迅即遭到了海峡对岸的法国百代电影公司的大量产品的入侵，而且，好莱坞一经涉足就长久霸占，整整一个世纪，英国电影被压得抬不起头来，成为美国电影长驱直入的最便捷的市场。而好莱坞的制片商们由于大都从经营"镍币影院"起家，深谙市场之道，一开始就走百代公司的商业电影之路，运用配方式生产方式，根据观众的需要来制片，根据逐渐摸索出来的生产标准与质量规范来制片，因而很快便涌现出了大规模的制片厂，建立了工业化的制片制度，其电影产业蓬勃兴起，逐渐成为美国足可与石油、汽车等行业相媲美的暴利行业之一。

同时，配方式生产成为大众文化产品乃至文化产业的基本生产方式，也是以大众文化产品为核心的文化产业自身的特点所决定的。因为如同联合国的"文化产业"定义所说，"文化产业是通过工业化和商业化方式所进行的文化产品和文化服务的生产、再生产、供应和传播。这里，大规模的要求和经济上的策略，比其他考虑更为重要"，而要做到"大规模的要求和经济上的策略"，仅仅靠作者性生产所进行的文化产品研发和创新性产品，显然是极为不够的，也是不可能的。文化产业的主流产品应该是直接面向市场的大批量的文化商品，即大众文化产品，而大批量的文化商品只能够依靠配方式生产方式造就出来。因此，不仅是美国，中国香港电影业、唱片业的发展，日本、韩国的动漫产业、影视产业和游戏产业的繁荣，也莫不跟其走配方化、类型化生产道路密切相关。

由此可见，大众文化产品的配方式生产，是美国文化产业跨出国门，将其文化产品、大众文化弥漫世界的主要手段，同时也应是弱势国度发展自身文化产品、振兴民族大众文化、推动本国文化产业发展的重要措施。正因如此，从配方式生产方式切入，关注文化产业的发展，在当下的中国具有强烈的现实意义。

三、再生式生产方式：文化资源的大众产品化

世界上的任何国家和地区都有自己的文化资源，但是能将自己的文化资源转化为市场上的文化产品，并大赚其钱的国家和地区并不多。在一些文化产业发达的国家如美国、英国、日本、韩国等，都十分重视对本国乃至他国文化资源的再利用，以打造新的文化产品，开拓新的文化市场。由此甚至引发了文化资源的争夺战，如韩国抢注"端午节"为本国的商标就是一例。

再生式生产方式，就是指文化产业中这种对人类历史上已有的文化资源进行再利用而生成新的大众文化产品的生产方式。它最主要的生产特点是将文化资源大众产品化。

将文化资源产品化的再生式生产方式，是配方式生产方式的进一步延伸。这里我们之所以把它特别提出来加以分析，一方面是因为对以现有的

文化资源作为生产材料、开发出新产品的做法在国际上非常通行，而且越来越受到各国政府和文化生产者的重视，与此同时我国在这方面的建树却乏善可陈，非常有必要在此多加强调；另一方面是因为文化资源在产品化的过程中，的确在生产材料、创作过程、观赏需求等环节存在着与新构思的内容产品（也是大众文化产品）不同的地方。如以文化资源为素材的大众文化产品的生产材料，是已有的旧故事、旧内容、旧人物。而新构思的内容产品的生产材料，是虚构的新故事、新情节、新人物；再如以文化资源为素材的大众文化产品在创作中，往往用新方式、新媒介讲述旧内容，即"新瓶装旧酒"。而新构思的内容产品一般是采用传统的叙事方式去讲述新内容，即"旧瓶装新酒"；还有在接受者的观赏心理中，面对新构思的内容产品，接受者在熟悉的惯例中希望看到的是出新，尽管这种出新不能超过一定的限度；面对以文化资源为素材的大众文化产品，接受者希望看到的是原汁原味，尽管这种原汁原味总是要被加以现代的包装。因此，我们有必要把以文化资源为素材的大众文化产品的生产方式进行一下专门的阐述。

这里需要强调的一点是，在把文化资源产品化的过程中，通常也都会采用配方式生产方式，再生式生产方式是在配方式生产方式的基础上进一步凸显的生产方式，二者并不矛盾。

再生式生产方式一般会经历如下生产过程：以发掘文化资源作为生产的起点，以现代创意整合文化资源，用现代商业机制支撑文化资源的产品转化。

（一）　以发掘文化资源作为生产的起点

文化资源包含内容之多无可比拟，通常是以传统或历史遗存的形式分布在人类生活的方方面面。文化资源的存在状态大都原始、分散、简陋，不引人注目。因而没有经过整理的文化资源不具有产品的性质。尽管它们可能具有很高的产品开发价值，但在没有开发之前，它们仍然只是历史的遗留与结晶。

再生式生产方式生产大众文化产品时，首先要做的事情就是对原生态文化资源的发掘，而发掘文化资源需要科学的尺度和市场的眼光。所谓科学的尺度，是指要科学认识文化资源。这又表现在两个方面：第一，要充分认识、判断文化资源的历史价值、文化价值和美学价值，准确把握文化资源的特点、影响和意义。图 8 - 2 是云南省在分析"云南试点"6 县市的文化资源优势和特色基础之上提出来的"文化资源产业化开发评估指标"① 之———资源品质评估指标,虽然不一定完美,但对于认识文化资源的价值显然具有参考价值。

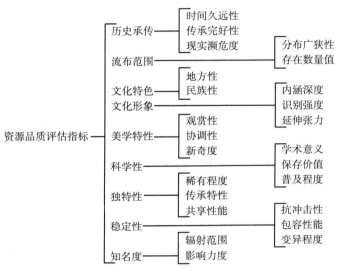

图 8 - 2　文化资源品质评估指标

第二,要对文化资源的合理开发及可持续性发展提出科学措施,以避免过度开发与滥用。事实上,现在国内在旅游文化产品的开发中,还存在着不少短期开发行为,如许多古迹、文物被改头换面,失去了原貌;许多民间舞蹈、仪式、风俗习惯被庸俗化、简单化,失去了原有的神韵;甚至一些地方的古迹、文物和建筑在开发名义下遭到了毁灭性破坏。这种掠夺式开发,无异于竭泽而渔,最终必然会导致资源的枯竭。

所谓市场的眼光,是指要从产业化角度认真审视文化资源的商业潜力和市场前景,进行有针对性的产品开发。对此,云南省在其"文化资源产业化开发评估指标"也做了一个初步探索。

如图 8 - 3 所示,对文化资源开发的市场潜力的审视,也需要一个较为科学的指标,进行全面的评估。其中涉及的评估指标既包括现有市场,

---

① "云南县域文化资源评估指标研究"课题组,王亚南、窦志萍、施惟达、郑海执笔:《云南县域文化资源评估指标研究》,社会科学文献出版社 2003 年版,第 362 ~ 372 页。

也包括潜在市场；既要考察市场地区，也要对消费群体进行调查；既要考量资源地与接受地之间的文化距离，也要分析本地消费者和外来消费者的消费习惯与消费心理……无论这些评估指标的设计是否全面和严谨，但其展示的思路无疑是正确的：只有多方测评，科学分析，合理定性，才能找到文化资源开发的有效路径。

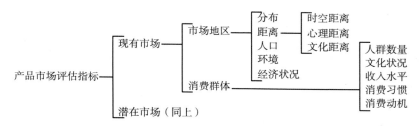

图8-3　文化资源的产品市场评估指标

（二）以现代创意整合文化资源

文化资源的发掘只是再生式文化生产的第一步，接下来是要用现代创意整合文化资源，赋予其现代理念或当代精神，只有这样，传统的文化资源才能在当代社会植活，并发扬光大。这里所谓的现代创意，是指符合现代社会人们文化、审美需求的观念、情感和形式性内容。而以现代创意整合文化资源，就是将现代观念、情感或形式性内容灌注到文化资源中去，使之符合当下人们的文化、审美趣味和追求。

以现代创意整合文化资源的方式大致有三种：

一是在一个现代创意下将相关文化资源有机聚合在一起，形成一个新产品。这样的文化产品在国内已有很多，如由张艺谋、王潮歌、樊越等主导创排而成的旅游实景演艺产品《印象·刘三姐》，在"中国第一部大型山水实景演出"的创意下，将广西桂林的民间传说刘三姐的故事、经典山歌、民族风情、漓江山水渔火等自然和人文元素创新组合，创造了中国演艺产品的奇观。杨丽萍主创的《云南印象》，中央电视台的综艺节目《同一首歌》等，也都是这方面的杰出产品。

二是在新构故事中融进文化资源元素，使新产品更具文化底蕴和商业价值。如韩剧《大长今》在大长今的成功生涯和复杂的宫廷斗争故事里，把韩国的服饰文化、餐饮文化、医药文化、建筑文化、礼仪文化、女性文化、宫廷文化等非物质文化资源巧妙地糅合进去，"在从艺术细节到文化情节的文化制造中形成历史、文化与知识、科学的生活咨询与艺术陶冶的双重文化传播效应"①。这些文化资源的渗透，对于《大长今》后来形成的文化产业链与价值链，起到了重要的作用。

三是对文化资源进行再创造，构成新产品。这其中又可划分两种形式：第一，对耳熟能详的历史故事、神话传说的再创作。这些历史故事、神话传说在历史上要么是民间的口传文化，要么只有简单概括的记载，再创作使它们具备了现代文化产品形态。具体作品如电视剧《戏说乾隆》是对历史上乾隆故事的重新演绎，动画片《宝莲灯》是把民间宝莲灯的神话传说进行了现代改造，电影《花木兰》则是美国版的中国传说，还有《宰相刘罗锅》《铁齿铜牙纪晓岚》等诸多"清宫戏""唐朝戏""秦朝戏"等，都是这样的产品。而这其中无论是"正说"，还是"戏说"，都是再创作的方法而已。第二，对经典文艺作品的改编。经典文艺作品是重要的艺术文化资源，它们以完整的作品形态流传于世，已经拥有了良好的接受基础。重新改编是对它们的当代阐释。这样的文化产品如根据中国四大古典文学名著改编的电视连续剧《西游记》《红楼梦》《三国演义》《水浒》，根据钱锺书同名小说改编的电视连续剧《围城》，根据托尔斯泰的《战争与和平》《安娜与卡列尼娜》和《复活》改编的同名电影，以及根据金庸武侠小说改编的众多影视剧等。这种改编往往在忠实于原著和重新演绎之间摇摆，程度不一。有时新作距离原著可能还比较远，如日本的动画片《天鹅湖》就摆脱了对柴可夫斯基同名芭蕾舞剧原作的简单模仿，为了便于儿童理解，改编后里面的角色都变成了动物形象。

以现代创意整合文化资源最终目的，是为了使文化资源经过现代转换，成为生动、活跃的"现在时"或"现在进行时"，与今天人们的物质生活水平、精神生活需求、社会总体结构及消费方式联系起来，以更好地满足人们的需要。

（三）用现代商业机制支撑文化资源的产品转化

在文化资源转化为大众文化产品的过程中，没有现代商业机制的介入，是很难形成生产力尤其是高附加值的先进生产力的。

---

① 皇甫晓涛：《文化产业要重视内容生产》，载《光明日报》2006 年 3 月 23 日。

现代商业机制是一套复杂的市场化运作体系，它不仅集中体现在产品的营销环节，还渗透到产品的生产环节，并拓宽到整个社会的商业化环境。事实上，文化资源向产品转化的商业支撑也是多层面的，譬如国家的文化体制改革、文化资源产权属性的变更、知识产权的保护、公平竞争的市场环境，以及微观领域的产品定位、传播推广、营销手段、后产品开发等。只有这多方面的有效配合，才能共同烘托出一个发展文化资源性产品的良好氛围，使之释放出巨大的价值能量。

从一个具体的产品来看，现代商业机制支撑或市场化运作也是文化资源转化为产品过程中不可缺少的重要环节。如有评论者认为，《云南印象》的成功除了其市场明确定位为艺术产品而非艺术作品以外，还跟其市场推广策略密不可分，其中杨丽萍的出场是《云南印象》市场推广的最好品牌，而"原生态"、"非职业演员"、"震撼"关键词的"炒作"，和经过周密安排和策划的大规模媒体宣传等营销手段，也是推动《云南印象》走向成功的重要手段。

利用文化资源进行产品生产的再生式生产方式，是文化产业的重要生产方式。这已经在很多国家的文化生产实践中得到了证明。

美国文化产业的发达举世公认，但美国本身的文化资源很有限，于是，它发展文化产业的一个重要方式就是"以全球资源为自己的资源"，不分民族、不分地域地广泛采集文化资源为我所用。"它不仅把整个从古希腊开始的欧洲文明作为自己的文化源泉，也积极吸取非洲和包括中国在内的东方文化的养分"，让欧洲以及世界各国文化都成为了它的"资源储备地"[①]。而正是这种情况下，我们看到了为美国迪士尼公司赢得了巨额全球票房的动画片《花木兰》，并且，还将很快看到好莱坞版的《孙子兵法》《天仙配》《成吉思汗》《杨家将》《西游记》等。

日本同样如此。日本动画协会事务局长山口康男在中国出席"创意世界：动画艺术与产业发展国际论坛"时就曾经讲到，充分借鉴与吸收他国的文化精髓是日本动漫文化的重点。中国有很多珍宝，大部分日本动画素材源自中国古典文化，并结合日本本土特点再创作。其中，漫画《七龙珠》就取材于中国神话小说《西游记》，类似这种创作还在继续。事实上，日本动漫作品不仅取材于中国，还汲取欧洲、美洲等很多国家和地区的文化资源。这也是它成为动漫产业大国的重要原因。

---

① 金元浦、章建刚：《面对"文化贸易逆差"中国该当何为?》，载《半月谈》（内部版）2005年第8期。

不仅是影视剧、动漫产业进行产品生产时会经常采用再生式生产方式，电子游戏、图书、演艺产品等也都是文化资源利用"大户"。尤其是电子游戏产品，一是几乎都要取用一个与玩家相同的文化背景，于是，西方网络游戏的中世纪题材居多，而东方网络游戏的武侠题材居多；二是从流行的艺术作品中取材，例如《金庸群侠传网络版》和《龙族》取材于小说，等等。

　　与此可见，大众文化产品的生产少不了文化资源，文化产业的发展必然要用到再生式生产方式。

第九章

大众文化产品的生产组织方式

文化产品的生产组织方式，与文化产品的生产方式不同。前者意味着怎样把大家组织起来完成产品的生产，后者则是生产文化产品过程中所使用的具体方法。因而，前者更加具有文化生产自身的独特性，后者则更加深入到了产品生产的腹地。

在经济学中，产业组织通常是指产业内部的各企业相互关系所构成的组织结构状态及其发展变化过程，而生产组织是指通过复杂的分工和协调来从事为交换而协作生产的社会实体。产业组织包含生产组织，生产组织是产业组织的一部分，但又自成体系，具有相对的独立性。由此推演，文化生产组织也是文化产业组织的组成部分，是指从事文化产品生产及服务的社会实体，具体体现为文化产业内部各生产企业之间的组织结构状态，以及变化发展过程。

在美国，文化生产组织大都具有一般生产组织的特点，随着一般生产组织方式的变迁而变化。20世纪以来，经历了从以流水线作业和大规模生产为特征的"福特制"生产组织，到网络化专业生产组织的发展。这种发展不仅是历时性的，同时也并存于当下的文化生产中；不仅出现于美国，也逐渐普及到各国文化产业的生产体系中。因此，我们对大众文化产品生产组织的梳理，基于包括美国在内的全球经验，同时还体现了一种历史的维度。我们认为，从总体上看，从事大众文化产品生产的主要是经营性文化生产组织，而在经营性文化生产组织内部和相互之间，还存在着福特制和专业化两种文化生产的组织形式。

一、经营性文化生产组织：大众文化产品的生产主体

文化生产组织，从其生产的产品性质上，可分为公益性文化生产组织

和经营性文化生产组织。公益性文化生产组织生产的产品是公益性文化产品，经营性文化生产组织生产的是文化商品。从文化生态学的观点出发，一个国家的文化建设既需要发展经营性的文化生产组织，生产大量的文化商品，以满足人们娱乐、消遣性的文化消费需求；也需要生产公益性的文化产品，致力于全社会科学文化知识的普及与提高，文化遗产的保护与发展，文化创新体系的建立与可持续发展。前者直接面向市场组织生产，需要用市场理念统筹整个生产过程及其产品；后者则面向社会的文化建构进行生产，保护与创新成为指导产品生产的核心理念。

生产大众文化产品的生产主体，是经营性文化生产组织。

经营性文化生产组织，是指面向市场进行文化产品生产的组织。是一种从事文化产品生产的"文化企业"或文化公司。其中，"'面向市场'意味着生产文化产品所需的资源要以市场配置为主；生产者要在市场中公平竞争，依法经营；生产的文化产品要满足消费者的需求"[1]；文化企业，则意味着文化生产组织必须像其他一般企业一样，是从事生产和经营活动的独立核算的经济组织，生产必然以追求利润、产品的价值补偿和增值为目标。这一点使文化生产企业与以社会效益而不是经济效益为最高目标的公益性文化生产组织，形成了鲜明的对照。

经营性文化生产组织，应该具有以下特点：

第一，经营性文化生产组织，是在文化市场上具有主体地位的组织。

经营性文化生产组织具有市场主体地位，即文化生产企业应该是能够进行自主经营、自负盈亏、承担风险、实行独立核算，具有法人资格的基本经济单位。要做到这一点，文化生产企业首先要有明确的产权，以便在市场上进行物品产权的转让；其次，文化生产企业是法律上和经济上独立自主的实体，拥有自主生产、经营和发展所必需的各种权利；最后，文化生产企业之间、企业和其他交易者之间的地位要平等，保证市场的公平交易和公平竞争[2]。在计划经济时期，我国所有的文化生产组织都是事业单位，生产资料政府配给，生产产品政府包销，生产利润大部分上缴国家，不属于真正意义上的文化企业。因而，在我国文化体制改革中，确立文化生产组织的市场主体地位成为首要问题。《文化部关于支持和促进文化产业发展的若干意见》在论及"发展文化产业的主要措施"时，首先指出要"推动国有经营性文化单位改革。创新体制机制，培育市场主体。进行

---

①②　谢锐：《深化文化体制改革，推进文化产业发展》，中国网，2004年2月。

企业改制，实施公司制改造，完善法人治理结构，建立产权清晰、权责明确、政企分开、管理科学的现代企业制度"；其次表示要"逐步放宽市场准入政策"：一方面"积极吸引外资"，另一方面"鼓励和支持国内资本，特别是民营资本以独资、合资、合作、联营、参股、特许经营等方式进入"，建立多元的文化市场主体。由此可见，文化生产组织"市场主体"地位的确立，对于文化产业的发展至关重要。

第二，经营性文化生产组织应当是按照工业标准批量生产大众文化产品的组织。

按照法国著名文化研究学者布尔迪厄的理论，在文化生产的"场域"中，存在着两个不同的"亚场域"：一个是"有限生产的场域"，在这个生产场中，生产者和消费者是同一种人，即知识分子。人们常说的学术圈、艺术圈，以及高雅艺术、严肃文学等，就属于这种场域；另一类是所谓的"大规模生产的场域"，在这个领域中，生产者和消费者是两类人，供求双方是不同的群体①。如果说某些公益性文化生产组织属于"有限的生产场"的话，那么，经营性的文化企业就是"大规模生产的场域"。"大规模生产"意味着文化生产组织必须经常性保持大批量的产出，以规模求效益；而要保证产量，文化企业就必须像其他生产企业那样走产品标准化的道路，按照工业标准来进行文化产品的生产，以生产出符合市场所需的大众文化产品。否则，文化企业就很难在市场上立足。虽然文化产品不能像物质产品那样完全标准化、批量化，但文化生产者充分运用文化内容中的程式、类型元素，依然形成了文化产品的质量标准与产品规范，并在此规范下实现了文化生产组织的"大规模生产"的产业化目标。也许正是在这个意义上，联合国将"文化产业"定义为"按照工业标准生产、再生产、储存以及分配文化产品和服务的一系列活动"。

第三，经营性文化生产组织必须是营利性组织。

公益性文化组织的生产和服务不以营利为目的，但经营性文化生产组织必须是营利性组织。所谓营利性，就是要以最小的成本投入获取最大的经济收益。经营性文化生产组织获取最大利益的方式很多，其中实现最适生产规模和用市场理念来指导生产是两个重要途径。所谓最适生产规模，就是要建立一个平均成本最低、收益最大的企业规模。一般来说，生产规模越大就越经济合算。经营性文化生产组织作为按照工业标准批量生产文

---

① 胡惠林主编：《文化产业概论》，云南大学出版社 2005 年版，第 53 页。

化产品的组织，势必能够充分利用大规模生产的好处，降低生产成本，达到利益的最大化；用市场理念来指导生产，意味着文化生产组织要根据市场的需求而非生产的效率来进行生产，意味着企业必须对消费者进行长期的跟踪与研究，并随着消费者需求和兴趣的变化而不断推出新产品，或改变产品的样式和内容。经营性文化生产组织必须而且只能依靠自身不断的赢利，来获取扩大再生产的资本，求得发展。

第四，经营性文化生产组织必须是承担一定社会责任的组织。

在市场环境下，利益最大化的追求，极易使文化生产组织滑向急功近利的错误轨道，在经济效益与社会效益的冲突中选择经济效益。因此，提倡经营性文化生产组织的社会责任显得十分重要。经营性文化生产组织的社会责任应当在两个方面表现出来：一是企业的社会责任，二是内容生产上的社会责任。作为一个企业，文化生产组织的社会责任与其他企业一样，一方面要承担法定的社会责任，另一方面要承担诸如环保、健康、安全、教育等有益于社会的道德责任；作为内容生产企业，文化生产组织应该在建设先进思想文化、促进社会健康发展、陶冶人们美好情操方面承担起更多的社会责任。诞生于 20 世纪 40 年代末的美国社会责任理论，本身就是对报纸等美国大众传播媒体社会责任的呼唤，其后它影响到各个文化领域，成为很多文化生产组织自觉遵奉的原则。如好莱坞的制片公司曾通过《海斯法典》进行行业自律，为社会利益服务。在我国，经营性文化生产组织也应当为繁荣社会文化、推动社会主义精神文明建设贡献一份自己的力量。

第五，经营性文化生产组织有时也要致力于创新性文化产品的生产。

文化企业本来不属于公益性文化生产组织，但文化企业中有一部分组织在进行创新性文化产品的生产时，得到了政府或民间资本的支持，由此变成了临时性的公益性文化产品的生产组织。这一部分组织，有时可能是一个研发性企业，有时也可能是企业中的某一个项目组，有时还可能就是个人。它们有时会得到较长期的资助，有时可能是一次性资助。因而这样的公益性文化生产组织常常是变动不居的，随时会转换回其经营性文化生产组织的"身份"的。

一般来说，具有高度创新品质的文化产品，很难像大众文化产品那样直接拥有广泛的受众群体。但在文化产业链中，它往往又是内容生产的源头，是对大众文化产品的研发，不可或缺。对创新性文化产品的生产，常常需要人力、物力与财力的大投入，高耗费，而且风险大，难以拥有直接的市场回报。这些困难有时远非一个中小文化企业所能承担，而需要政府帮助埋单，或者寻求社会资金的资助。鉴于此，许多国家都设立了各种文化基金会和文化创新支持政策，以资助文化创新产品的生产。如美国的国家艺术基金会、国家人文科学基金会等国家基金会，以及福特基金会、洛克菲勒基金会、杜雷斯·杜克基金会、斯达尔基金会等私人基金会等。在这些基金会里，对文化创新产品或项目，对富于创造性的文化生产组织的资助，往往都是其重要内容之一。

在我国，创建于 1986 年 11 月，国内首家地区性（市级）文化类基金组织——上海文化发展基金会，也有"鼓励创新功能"："通过对原创性、创新性、实验性项目的资助和支持，有力地推动文化新人的成长，吸引更多优秀的文化项目向以上海为中心的大都市群汇集，世界级大都市的发展证明：一个城市的文化实力，不但要看吸引文化人才的数量，而且要看推动原创的能量。迄今为止，上海所设立的大型文化艺术奖项，比如上海文学艺术奖，宝钢高雅艺术奖等，主要侧重于评选有国内外影响的优秀作品和艺术家，而上海更迫切需要的是对文化艺术新人实施更有力的扶持。基金会高高举起鼓励创新和培育新人的旗帜，会突出自己的鲜明特色，为中华民族的伟大振兴提供更多的文化资源。"[①]

正是在这些国家和私人文化基金会的资助下，很多文化创新产品得以顺利问世，为国家文化的发展和大众文化产品的研发做出了重要的贡献。

另外，鉴于所有文化产品的精神属性，文化产品对于民族凝聚力的影响，以及外来文化产品对于本土文化的侵蚀等文化特点，许多国家都通过法律法规、财政政策、税收政策以及其他各种奖励措施，对本国的文化生产组织给予扶持与补贴。如现在欧洲不少国家都对美国电影采取了配额限制，除此之外，"还制定相应的政策，鼓励和刺激本国电影产业的发展，以同美国好莱坞电影抗争。包括（1）金融扶持，由政府设立专项基金机构负责扶持电影企业。（2）直接扶持，政府直接资助电影市场，即根据票房收入的多少进行弹性补贴；拨款或资助直接受益制片部门；减免税收，给电影业让利，鼓励民族电影业去冒风险。（3）奖金扶持。如德国政府每年给本国生产的优秀故事片和纪录片颁发高达 120 万美元高额奖金，以刺激和繁荣德国电影市场。（4）影视文化管制。禁止美暴力影视文化进入欧

---

① 上海文化基金会简介，上海市文化发展基金会网站，http：//www.shcdf.org/eastday/whjjh/node135042/node135411/node135412/userobject1ai2042835.html。

洲文化市场"。① 这些政策和措施从一定程度上也增加了本国大众文化产品及其经营性文化生产组织的公益性。

经营性文化生产组织和公益性文化生产组织，共同构成了世界上许多国家的主要文化建设力量，虽然在经营性和公益性生产企业之间还存在半公益性或者准经营性文化生产组织，但作为两种最基本的组织形态，经营性文化生产组织和公益性文化生产组织在很多国家都受到重视，并进行分类管理，区别发展。

经营性文化生产组织和公益性文化生产组织的主要区别表现在如下方面：公益性文化生产组织必须把为公众服务放在第一位，虽然可以赢利，有时也可以部分进行市场化经营，但其主要目标不是经济效益，而是满足大众普遍的精神文化需求，参与社会整体文化的建设；经营性文化生产组织虽然也须承担一定的社会责任，但求取经济收益，争取经济利益最大化是其最高目标。与之相对应，公益性文化生产组织有严格的准入条件，在经济上享受各种政策优惠；而大多数经营性文化生产组织是自由进入，公平竞争。公益性文化生产组织不拥有完整意义上的法人财产权，而经营性文化生产企业是独立的法人，享有完全意义上的财产权。

二、"大制片厂"：大众文化产品的工业化生产组织

自工业革命以来，随着技术的进步，生产组织的方式也在不断发生变化。18 世纪末至 19 世纪 40 年代，英国以机器大工业为基础的工厂制度，代表着当时世界上最先进的生产组织形式。19 世纪末 20 世纪初，美国逐渐形成了以流水线作业和大规模生产为特征的生产组织，有效地刺激了美国经济的增长。这些生产组织方式以垂直一体化的大工厂的大规模生产为特点，成为"二战"后发达资本主义国家占主导地位的生产组织形式。经济学中把这种生产组织方式称为"福特制"生产组织。

福特制生产组织形式在其极盛的 20 世纪 30、40 年代，不可避免地影响到了同在美国的文化生产企业，好莱坞的大制片厂就是其直接的产物。

好莱坞的崛起过程，与福特制生产组织方式的诞生与发展几乎同步。"一战"后，随着好莱坞的发展，独立制片公司之间的竞争非常激烈，加

---

① 祁述裕：《中欧政府文化体制、文化政策比较分析》，载《中国特色社会主义研究》2005年第 2 期。

上华尔街大财团的插手，从 20 世纪 20 年代初开始，一阵阵的兼并风潮迅速吞没了为数众多的小制片商和放映商，经过垂直整合，派拉蒙、米高梅、华纳兄弟、二十世纪福克斯、雷电华、环球、联美和哥伦比亚等 8 家大公司浮出历史地表。其中前 5 家都是拥有从制片到放映全套系统的垄断公司，后 3 家则是纯粹的制片公司。"这八大公司不仅垄断了美国电影的国内市场，而且迅速取代了法国电影业当时在欧洲市场的霸主地位，成为囊括世界电影市场的巨大企业"。① 从此，好莱坞成为这些大公司虎踞龙盘的地方，它们决定着好莱坞电影生产的数量、制作方式、艺术风格，也操纵着美国乃至全球观众的趣味和时尚，成为世界电影的策源地。

好莱坞的大制片公司将福特制的工业化大生产方式引入电影制片业，建立了一套完整的电影生产体制。这体制中既包括公司内部机构的设置、流水生产线的形成，也包括影片的生产方式、商业策略及产品特征，这种体制将 20 世纪 30、40 年代的好莱坞电影迅速推向繁荣，达成了电影产业的超大规模。

好莱坞的大制片厂制度，具体表现在垂直一体化结构、专业化分工与流水作业、制片人专权、明星制、类型化产品等诸多方面。

（一）垂直一体化结构

据《好莱坞电影——1891 年以来的美国电影工业发展史》一书的作者理查德·麦特白分析，早在 20 世纪的第一个 10 年间，就有一些通过合并而出现的大规模的制片厂，把从事影片发行的公司合并进来，"从而把制片和发行业集中在了企业内部，这是实现'垂直整合'的第一阶段"②。到 20 世纪 20 年代末好莱坞的八大电影公司出现时，其中 5 家公司的垂直整合性质，表明垂直一体化结构在好莱坞的电影企业中占有绝对的支配优势。

在经济学上，一个完整的垂直一体化企业的内部，应当包含三个重要的分支：产品的生产、批发和零售，拥有一种产品从生产、运输到销售等整个产业链的所有业务。这样的企业比那些只参与某一产业的某一环节的企业相比，在市场上具有更大的贸易控制权和垄断性质。1948 年以前，好

---

① 邵牧君：《西方电影史概论》，中国电影出版社 1984 年版，第 26 页。
② ［澳］理查德·麦特白：《好莱坞电影——1891 年以来的美国电影工业发展史》，吴菁、何建平、刘辉译，华夏出版社 2005 年版，第 106 页。

莱坞的派拉蒙等制片公司就拥有这样的垂直型一体化结构，从制片、发行到放映的全套系统，无一不全。它们拥有庞大的制片厂，里面的拍片设施如摄影棚、外景地、各种摄影、道具、服装、音响设备等，不仅一应俱全，而且极度豪华。跟制片厂签约的技术与艺术人才来自世界各地，不仅数量众多，而且高度专业化；它们拥有控制着全美国乃至全世界很多地方的电影发行网络，通过"成批定片"① 的发行方式向全国和全世界强行批发销售自产的影片；它们"还拥有最有吸引力和高票房收入的影院，虽然几家大公司拥有影院总数不及美国影院总数的15%，但这些影院几乎囊括了所有大城市中心区的首轮豪华影院，它们以首轮放映的高票价攫取了美国年票房总收入的70%"。② 由此可见，这种垂直一体化结构，使得好莱坞的大制片厂在全美和全世界拥有了显而易见的垄断地位。

（二）专业化分工和流水作业

好莱坞大制片厂的产品生产，具有福特制生产组织专业化分工和流水作业的特点。

首先，其生产流程建立在分工精细的基础上。在每一个制片厂内部，一部影片从编剧开始到拍摄完成，需要经过许多道工序。一般来说，根据电影的制作过程，制片厂大致将机构分为编剧、导演、演员、摄影、录音、道具、服装等部门，而每个部门又有更细的划分。如编剧部门有提出意图、结构主要情节、添加次要情节、写对话、加噱头等各个专门部分，由各种专家主持其事；导演部门有主要导演、专门负责各种类型场面的助理导演部分；演员部门有专门负责发掘演员的专家，演员又分成不同的类型。其他部门也都分工精细，并雇用各种专家专司其职。这种精细分工的结果，一方面使影片制作的每一个细部，如布景设计、场面表现、人物对话等，会因为有相当精通的专家的把持，而做得非常优秀而精致；另一方面，使得整个产品必须由环环相扣的各个生产环节上的诸多人员来共同完成，从而形成了一条电影生产流水线。

其次，在流水线式的生产过程中，大众文化产品的创作体现出多人与

---

① "成批定片"，是好莱坞为了保护自己的利益而实行的发行方式，通常是"几部小明星的低成本影片随着一部大制作电影捆绑销售"，"这种通过阻止独立放映商只租借最成功影片的发行方式使那些低预算影片获得了发行市场"。（理查德·麦特白语）

② ［澳］理查德·麦特白：《好莱坞电影——1891年以来的美国电影工业发展史》，吴菁、何建平、刘辉译，华夏出版社2005年版，第107页。

多次作业的特征。多人作业，主要指一个具体的大众文本的生产中表现出的多人合作，即呈现出集体生产者的形象。这种多人作业在好莱坞的电影制作中表现得特别突出，甚至已经程序化。如好莱坞喜剧电影的开创者麦克·塞纳特在他那著名的启斯东制片厂里，就设置了一套较为完整的编剧程序。"其程序是先由'出主意者'（这个角色一般有塞纳特自己担任）提出一个基本意图，然后交给'剧本会议'去设计出符合这个基本意图的人物和故事，等到基本情节确定之后，便由'噱头部'去添加滑稽场面和情境"。① 启斯东的这套编剧程序，后来便固化为好莱坞大制片厂编剧部门常规的机构、程序和功能设置。多次作业，主要指大众文本生产中同一程式或类型的产品常常可以重复性生产。在这条流水线上，通常是某一个大众文化产品取得了商业上的成功后，其程式就会立即被模型化，成为重复性生产或多次作业的原型，以生产出更多的同类产品。这种同一类型产品的多次和多人作业，显然与精英文本的一次性作业或创作的不可重复性、个人性，形成了鲜明的对比。

好莱坞电影生产流程中的流水作业，其实在不同的大众文化产品的生产中都有体现，如电视剧制作过程中的边拍边播模式，流行音乐创作中所谓"星工场"式的制作过程，大众文学创作中的专栏连载写作等。其中，金庸及许多港台武侠小说作家当年写作报刊连载小说的过程就是一个很好的案例。当时，金庸他们常常是每周都必须有两、三千字的片断见报，而且还必须要能够吸引观众不间断地阅读下去，所以他们无论有没有灵感，有没有心情，都必须写下去，必须按时炮制出来。有时实在是抽不出时间，脱不开身，就请人代为捉刀。这样的创作过程，还经常表现在美国许多多年连续播出的长篇肥皂剧创作中。这些肥皂剧通常都是每周播出几集，为了赶播出期，每一集的制作时间都很短暂，而且拍摄时不容重复，基本上都是"一遍即过"，程序固定，故事模式也大致固定。此外，一些写作和出版速度惊人的类型化大众图书，也表现出流水作业的特点。如有"英国言情小说王后"之称的芭芭拉·卡特兰，自 1925 年因处女作《拉锯》一举成名之后，她几乎每年都会出版大约 10 部作品，至 1993 年，已经出版了 500 多部小说和一些电影剧本等。而中国近现代时期以创作"三角"或多角恋爱小说而著称的作家张资平，其创作的署名"张资平"的长篇小说的数量也高达百部左右。另外，20 世纪 80 年代中期在东南亚掀

---

① 邵牧君：《西方电影史概论》，中国电影出版社 1984 年版，第 24 页。

起了一股"温瑞安旋风"的武侠小说作家温瑞安，其小说创作已多达300余部，代表作有"四大名捕系列""神州奇侠系列""血河车系列""白衣方振眉系列""神相布衣系列"等，在武侠小说家中首屈一指。虽然传说张资平曾经创建了个人的小说作坊，用以专门从事"张资平"品牌的言情小说制作，但无论真实与否，也不管其小说作坊怎样运作，这些创作数量都足以令我们想象到这些大众文本作家们个人或作坊内部的快速亦即流水化制作景观。

这种按照流水作业的程序进行的产品制作，速度快，传播快，引发接受热潮快，但这种"快"很难说不影响到其作品的艺术质量。当然，其中一些杰出作者的才华可能使得他们的作品仍然处处充溢着精彩之处，如金庸、梁羽生等的武侠小说，美国著名的肥皂剧《豪门恩怨》等。然而，这些作品的简陋粗糙之处，遗漏疏忽之处，却是明摆的、难免的和必然的。这也是有些作家在其连载小说结集成册时要加以修改，和许多肥皂剧在播出中不断地被观众指出其错误的原因。应该说，从流水生产线上生产出来的大众文化产品，往往都带有这条生产线的诸多特点。譬如由于快速制作而导致的文本简陋性，由于多人合作而导致的无个性，由于多次作业而导致的类同性等。这些特点，都使得大众文化产品的生产不可能像精英文本那样精益求精，那样追求深厚的蕴意，以及那样致力于最大程度的创新，而只能是流于平面化、类型化。在这一点上，金庸的武侠小说集的出版过程同样是一个很好的例证。众所周知，金庸的武侠小说当下正在或已经被日益的"经典化"，但是殊不知正在被"经典化"的却并不是金庸早年在报刊连载的原型作品，而是被反复修改、润色之后被出版社成套、精装出版的金庸武侠小说作品。据有心人观察，金庸在挂笔武侠小说创作之后，曾经对其作品作过长达十年的精心修订，而且改动幅度比较大。虽然有人说，这反映了"金庸本人对武侠小说高度的自觉意识，将商业上曾经获得的成功，让位于或者转化成文学上的实绩"，① 但金庸的这种"偷天换日"② 行为，在我们看来，却是一种将大众文化产品有意识地精英化的举止，一种有意识地削减大众文化产品生产过程印迹的行动。这种举止和行动，显然已经使金庸小说失去了原报刊连载金庸武侠小说的原汁原味，也失去了其作为大众文化产品的某些本色。由此可见，大众文化产品的许多

---

① 宋伟杰：《从娱乐行为到乌托邦冲动——金庸小说再解读》，江苏人民出版社1999年版，第34页。

② 叶洪生：《叶洪生论剑——武侠小说谈艺录》，联经出版事业公司1994年版，第333页。

特性都是与其生产过程、生产特点密不可分的，正可谓"种瓜得瓜，种豆得豆"。

好莱坞大制片厂式的专业化分工和流水作业制度，是好莱坞按照工业化标准将其产品生产物质化、标准化的产物。对这种流水作业方式的采取，虽然保证了好莱坞电影以及其他大众文化产品的大批量、规模化生产，但也使其这些产品成为了程序化、标准化生产的附属物，失去了产品的个性。"只有泯灭掉制片人和导演个人的创造才能，才能把大规模生产方式成功地运用在电影制作业上，生产出完美的产品"①，这段由曾在塞纳特制片厂当过笑料作家、后成为著名喜剧片导演的弗兰克·卡普拉说出的话，不仅是他的感慨之言，更是他对事实的描述。

（三） 制片人专权

由于分工精细，生产环节众多，必然要产生一个管理者。在好莱坞，这个管理者不是作为艺术家的导演，而是作为把握市场和制片管理的制片人。好莱坞的制片人大体可指两类人：一类是每一部影片的制片人，他只对该部影片负责，负责资金筹集与管理，负责制作环节的协调，还参与调配人员，如选导演、找编剧，定演员及其他创作人员，同时还要一定程度地介入创作过程，介入选故事、编剧、导演、剪辑等。但最重要的事，是他要考虑公众的口味，使该部影片符合市场之需；另一类是各大制片厂的大老板们，他们是自己厂里所有影片的总监制或总制片人。弗兰克·卡普拉说："制片人和导演个人的努力和成就必须得到制片厂总头目的赞许。最后的完成片也必须得到他的批准才能发行，于是这位总头目就成了一个漏斗的嘴，五十多位电影创作者个人的心血以及这些心血的成果，都必须通过这个漏斗嘴流出去。"② 而且，这些总制片人们，往往独断专横，随意改动影片。因此，最后的完成片总是打着该厂老板口味的浓厚印记，从而成为"化一"的产品。在这种情形下，"制片厂的风格常常淹没了导演的风格，例如，米高梅以讲究表面光彩和采用市民题材为特点，1939 年的巨片《乱世佳人》便是米高梅风格的缩影：浪漫、热闹、耗资巨大，以豪

---

① 弗兰克·卡普拉：《打破好莱坞的"化一模式"》，引自《好莱坞大师谈艺录》，郝一匡等译，中国电影出版社 1998 年版，第 90 页。

② 弗兰克·卡普拉：《打破好莱坞的"化一模式"》，引自《好莱坞大师谈艺录》，郝一匡等译，中国电影出版社 1998 年版，第 91 页。

华的气派处理史诗式的题材，但不注意阐明主题。派拉蒙大批雇用欧洲移民，在美工设计和题材上都表现出一种欧洲的格调。环球擅长恐怖片；共和专搞西部片；华纳作为米高梅和派拉蒙的主要竞争者，尽管人力和财力都较差，却不自觉地赢得了注意真实的名声，因为它为了省钱，常常在外景中拍片"。① 这些大权在握、掌控一切的制片人，"决定了整个组织（企业）的爱好、偏见或者其他嗜好，并由影片得到证实"，② 因而他们才是好莱坞真正的核心人物。

虽然制片人"掌控着构成一部影片的所有元素，各种有形和无形的元素，除了控制影片中角色的性格、影片的整体形态、人们娱乐时所需要获取的知识，还控制着电影创作者和他们所使用的材料"，③ 但制片厂的老板们不是艺术家，他们对影片的衡量标准自然也就不会是艺术性的，或者思想性的，他们的唯一尺度便是市场，是对观众心理的迎合。应该说，好莱坞的老板们个个是经商的好手，非常懂得观众的趣味及其变化的规律，并且善于捕捉市场动向，敏锐、适时地加以迎合。但即使这样，他们仍不放心。面对观众趣味的变动不居和电影摄制技术的快速发展，他们总是在寻找一种似乎可以长久保证票房收入的"灵丹妙药"。他们最终找到的是"明星偶像"。并由此建立了好莱坞的明星制度。

与好莱坞的制片人专权相仿的，其实还有美国百老汇音乐剧制作领域里的戏剧制作人，以及一些大唱片公司的流行音乐唱片制作人。他们同样是决定着大众文化产品制作内容、形式、市场、消费的关键人物。

（四）明星制

所谓明星制，就是突出演员的作用，为已经确定好某种类型角色的演员"度身定做"影片，使之成为观众所崇拜的偶像的一系列制度。在这种制度下，摄制组的一切工作都必须围绕塑造明星偶像进行，其中导演的重要职责就是要善于在一个演员身上，发现制片厂所要求的某种类型的偶像所特有的魅力；而摄影师更要运用摄影技巧，掩盖瑕疵，突出明星的特殊美点；化妆师、服装师乃至道具师的中心任务都是表现明星的"美"，提

---

① 邵牧君：《西方电影史概论》，中国电影出版社1984年版，第27页。
② ［澳］理查德·麦特白：《好莱坞电影——1891年以来的美国电影工业发展史》，吴菁、何建平、刘辉译，华夏出版社2005年版，第123页。
③ ［澳］理查德·麦特白：《好莱坞电影——1891年以来的美国电影工业发展史》，吴菁、何建平、刘辉译，华夏出版社2005年版，第125页。

高明星的"魅力指数"。明星的偶像形象一旦建立起来之后，就成了制片厂出售给大众的产品，成为万人瞩目的公众形象或"大众情人"。被明星的耀眼光辉所吸引的观众，往往就会只根据影片中的明星或明星阵容来决定是否买票，影片的质量就退居次要地位了。这正如电影理论家理查德·戴尔所指出的那样，明星是一个重要的实体。一旦某个有票房号召力的明星答应参加演出，那就等于一部影片成功了一半。而之所以如此，是因为观众常常就是为了验证演员的身份才去看电影，"明星们就像古代神话中的男女诸神一样，一直被当作精神上的偶像来敬慕和崇拜"①。因此，塑造一批又一批的明星偶像，一直是好莱坞在世界电影市场上屡试不爽的"杀手锏"。

好莱坞的电影明星们几乎走的都是类型化角色之路。也就是说，一个演员在一开始就是被当作某种类型的偶像来加以塑造的，而一旦塑造成功，就愈发不能改换。于是，在银幕上，约翰·韦恩毕生扮演一个枪法高明、杀人无数的西部牛仔，玛丽莲·梦露永远性感妩媚，还有英俊潇洒的浪子形象克拉克·盖博，清丽纯真的奥黛丽·赫本以及高贵儒雅的格里高利·派克等。他们多次出现在不同的影片中，却总是在扮演同一个角色，即他们自己。正因如此，一个不具备任何表演才能的人，只要他们的外形、气质符合某种类型形象的要求，符合流行的审美时尚，都可能在转眼间成为拥有百万崇拜者的电影明星。甚至是一只动物，一个虚构的怪物也可以成为明星。事实上，电影明星们作为一种偶像类型，永远是被观看、被窥视的对象，连同他们的私人生活。当观众们出于一种窥视、赏玩甚至性的欲望去看明星、看电影的时候，好莱坞电影生产中的商业法则又一次操纵了观众。

在影视剧中制造明星、突出明星的明星制，由好莱坞首创，随后就风靡到了全世界和其他大众文化产品制作领域，成为影视剧、流行音乐等大众文化产品最具杀伤力的商业武器。于是，为了充分利用明星对受众的号召力、吸引力，在一个大众文化产品的制作过程中，明星成为一切工作的重心，甚至有时专门为了某一个明星而"度身定做"产品。在现在的影视剧和流行音乐制作中，只有很少的作品能够自信地靠新人起家，即使是启用新人，也多半要对新人进行精心的包装，以制造一个冉冉升起的"新星"为己任；绝大多数作品都要依赖明星来给予一定的商业保障。张艺谋

---

① ［美］路易斯·贾内梯：《认识电影》，胡尧之译，中国电影出版社1997年版，第159页。

导演的影片《英雄》在中国及海外电影市场上的大获全胜，很难说不是其中云集的当红明星们在起作用。梁朝伟、张曼玉、陈道明、李连杰、甄子丹、章子怡等，这些在华语影视圈内炙手可热的"大腕"们，几乎每一个人都具有成百上千万的票房价值，更别说导演张艺谋本人也是一大明星，由此可以想象他们在一部影片中的相遇所构成的票房炸弹的威力了。其实，不只是影视剧，当下许多媒体（包括电视、报刊、网络甚至图书等）的文艺与娱乐文本，都与明星有关。明星，已然成为了大众文化产品中一道最亮丽的盛景，一个最饱含商机的奇观。面对这个奇观盛景，任何一个大众文化产品都难免要分一杯羹，均沾一下它的人气与财运。

（五）类型化产品

好莱坞的制片制度，势必带来产品的程式化、类型化特点。因此，经典的好莱坞电影其实都是这种大制片厂生产流水线上下来的类型化产品。好莱坞的影片类型据说在其黄金时期曾达到 70 多种，影响很大、发展很成熟的也有十几种，主要的如喜剧片、西部片、歌舞片、强盗片、警匪片、惊险片和恐怖片等。而每一种类型由于它的影片的集群性，而表现出了相对固定的情节、人物、场景及画面处理方式，这些方式无疑构成了它们各自的配方程式，成为所在类型的特性。

下面我们就好莱坞的几种经典影片类型进行一些简约的描述。

西部片，是以美国西部风光为故事发生的背景，以 19 世纪下半叶美国人开发西部荒野土地为题材的影片。它是美国所独有的一种影片类型，最能反映出美国人的民族性格和精神倾向。

歌舞片。随着 1927 年 10 月 6 日由华纳电影公司摄制的世界上第一部有声故事片《爵士歌手》的首映成功，以及米高梅公司的《红伶秘史》（又译《百老汇的旋律》，1929）、派拉蒙公司的《璇宫艳史》（1929）等影片在第二届奥斯卡评奖中获奖或提名奖，好莱坞的一个新片种——歌舞片出现了。好莱坞的歌舞片有比较独特的配方程式，如小人物成为大明星、有情人终成眷属之类的基本情节，能歌善舞然而命运多舛的定型人物，以及五彩缤纷如入仙境的宏大歌舞场面等。好莱坞的歌舞片主要依靠歌舞节目来吸引观众，因此，歌舞片多是百老汇彩色舞台的银幕再现，尤其是在歌舞片最流行的 20 世纪 30 年代，它给人们提供了一种更便宜的观赏歌舞的机会。

　　强盗片，是指以犯罪分子在 20 世纪 20 年代到 30 年代初，也就是所谓禁酒时期进行的有组织的暴力活动为故事主线的影片，多描写盗匪作案、囚徒越狱等内容，并往往以强盗、匪徒等为主人公，讲述他们怎样由一个"小人物"最后成为匪帮老大的故事，警察在其中只扮演第二位的角色。强盗片一般是对社会新闻的迅速改编，加上半记录性的表现手法和报道性的格调，给人以非常真实的感觉。因此影片真正吸引观众的是匪帮内部的真实生活，而非对犯罪行为的批判。

　　恐怖片，是指描述荒诞离奇的故事，极力渲染惊险、恐怖效果的影片类型。这类影片最早出现在 20 年代的德国表现主义电影中，《卡里加里博士》成为有史以来有影响的第一部恐怖片。好莱坞的恐怖片，种类更为多样，有的是靠制造悬念来加重影片情节的惊险性和恐怖感的情节恐怖片，有的则是内容上离奇荒诞的科学幻想恐怖片。恐怖片极盛于好莱坞的三四十年代，并延续至今。

　　好莱坞的这些经典影片类型虽然曾经遭遇过挑战，但至今仍然风头正劲的斯皮尔伯格、卢卡斯等美国大导演的成功影片，还有以《阿凡达》作品代表的导演詹姆斯·卡梅隆的电影，依然"都是根据好莱坞的成功模式定做的"，只不过在"同时又加入了现代动画制作技术和他们高质量编剧的新标准"[1] 而已，这不能不说是一种强有力的示范作用。

　　其实，不仅是在电影领域，电视剧、流行歌曲、流行小说等领域的产品类型化都非常突出。如苗棣在《论通俗文化：美国电视剧类型分析》一书中介绍了美国的肥皂剧、情境喜剧以及科幻剧、犯罪剧、医疗剧等情节系列剧等。至于中国读者耳熟能详的当代言情小说、武侠小说、玄幻小说等类型。而这些大众文化产品类型的生产，又无不跟其某种程度的工业化、商业化生产相关联。

　　以垂直一体化结构、专业化分工与流水作业、制片人专权、明星制、类型化产品等为特点的好莱坞大制片厂制度，是工业化生产方式在电影生产组织中的具体体现。事实上，这种工业化生产方式在各类文化产品中都存在着。如全球六大跨国媒体集团之一——德国贝塔斯曼集团，其旗下的七大业务部门：电视台和广播电台、图书出版、报纸和杂志、音乐品牌和音乐出版、科技和商业出版、印刷和媒体服务公司、俱乐部和电子商务等，共同构成了其包括内容、媒体服务和直销服务的垂直体系。而在图书

――――――――――

　　① ［德］格尼玛拉：《电影》，白春、桑地译，黑龙江美术出版社 2001 年版，第 168 页。

的出版过程中，除了传统的编辑、设计、校对及排版、印刷、装订等生产流程外，更增添了市场调查、选题开发与论证、策划编辑、文稿编辑、宣传与推广等诸多环节，生产工序得以很大程度的细化，使出版社从过去单纯的出书、发行工作变成了以现代管理为依托、"研制、出版、营销"为一体的现代出版活动。虽然随着现代企业的发展，现在很多大型文化企业采用了更为灵活多样的生产方式，但一般情况下，其垂直一体化的企业结构，决定了它必然选择一定程度的工业化生产方式进行产品生产。这使得"大制片厂"式的工业化生产依然是当下大众文化产品主要的生产组织方式之一。

三、企业集聚：大众文化产品的专业化生产组织

20 世纪 80 年代以来，随着全球生产体系的形成，生产组织的方式发生了新的变化。一种产品的生产流程不再局限在一个企业之内，甚至不拘泥于一个国家之内；原来存在于一个企业内部的生产价值链的过程，被拆开、分布到了不同的企业，甚至是全球不同国家的不同企业；这些企业密切合作，形成一个相互协作的网络，共同来完成产品的生产。于是，大而全的垂直一体化企业减少，代之而起的是一种新的生产组织形式——企业集聚的出现。

（一）文化产业中的企业集聚

企业集聚（clusters of enterprises）与产业集聚（industrial clusters）的概念相近，按照美国哈佛大学迈克尔·波特的观点，是指在某一特定领域，通常以一个主导产业为核心，大量产业联系密切的企业以及相关支撑机构在空间上集聚，并形成强劲、持续竞争优势的现象。这种集聚常常会出现在一定的地理空间，形成产业集聚区。但在互联网技术如此普及和发达的今天，空间集聚已经不是必不可少的特征了。通过互联网技术，全球大量的企业每天都在繁忙而密切地合作，共同完成着某一个产品的生产。如苹果手机的生产，在美国设计，在日本制造关键零部件，由韩国制造最核心的芯片和显示屏，由中国台湾厂商供应另外一些零部件，最后在中国深圳的富士康工厂里组装，然后空运回美国，最后再被运输到

遍布五大洲的苹果商店，供世界很多国家的消费者购买。在 iPhone 的背后，存在着一条 24 小时不停运作的精密产业链，和上百家幕后合作企业基于产业分工而形成的庞大的企业集聚。我们把这种集聚称为虚拟空间的集聚。

文化企业集聚，是指文化产业中一定领域的企业集聚现象。这些企业有的在特定的地理空间集聚，有的只是在虚拟空间中聚集。它们沿文化产业链的上、中、下游分布，分担着某一种文化产品从创意、生产、销售到再开发等环节的工作，共同进行文化产品的专业化生产。

从理论上说，文化产业中的企业集聚是产业集聚"家族"的新成员，但是，在世界文化产业的发展实践中，企业集聚现象已经显而易见。除了举世瞩目的好莱坞的娱乐产业集聚以外，还有英国布里斯托尔的自然历史电影产业集聚，美国加利福尼亚的多媒体产业集聚，印度宝莱坞电影产业集聚等。在我国，一些文化、创意产业集聚的雏形也已经开始出现。如上海卢湾、黄浦、长宁、静安等区初现的四个创意产业商圈——莫干山50号的春明都市工业园现代艺术创作中心、泰康路视觉创意设计基地、昌平路新型广告动漫影视图片生产基地、福佑路上海旅游纪念品的设计中心，以及北京 CBD 的文化传媒产业集聚、通州宋庄的画家村等，都可以看作文化、创意产业集聚的雏形，这些雏形随着中国文化产业的大发展和产业集群的升级而发展起来。

事实上，与其他物质生产领域的产业相比，文化产品的生产具有更强的集群化特征。一方面，因为它所依托的文化资源具有较强的地域性、民族性和历史性，文化产业的发展必然要求文化产品的创作、生产与文化资源的相互衔接、匹配和协调，而对同一种资源进行开发、生产、利用的企业往往会近乎天然地集聚在一起，表现出相同或相近的文化特色；另一方面，由于文化产业链较长，涉及物质生产与精神生产、技术与创意、制作与销售、政策与法律、传播与接受等多个层面，生产环节众多，服务机构多样，涉及范围广泛，产品的生产与问世仅仅依赖个人和单个企业的行为是很难完成的，它需要集体的互动和企业的地理集聚。只有文化企业的密集共生，以及和非营利机构、个体艺术家的集聚和互动，形成独特的集群发展环境，文化产业才能迅速地发展。也正因如此，企业集聚或产业集聚作为一种新的生产组织形式，已经渗透到了大众文化产品的生产中，成为文化产业的重要生产组织方式。

（二）文化产业企业集聚的特点

文化产业企业集聚，从根本上说，是一种新的大众文化产品生产方式，是文化生产组织的新形式。它既具有所有企业集群的一般特点，又有文化产业企业集聚的独特性。

1. 企业的空间集聚。

企业集聚通常反映了企业及其相关机构在产品生产及其相互联系基础上所存在的空间集聚或虚拟集聚现象，文化产业的企业集聚也不例外。但与其他物质生产领域的企业集聚相比，文化企业的空间集聚有着自身的特点。

首先，从事文化生产的企业一般倾向于在大城市集聚。例如，洛杉矶、纽约、伦敦、巴黎、柏林、罗马、东京，以及首尔、孟买、墨西哥等城市，都有引人注目的、富于活力的文化、创意产业的企业集聚。在我国同样如此，香港、上海、北京、深圳、广州等大城市也都是文化企业众多、文化产业比较发达的地方。这是因为文化产品的生产需要多方面条件的支持，不仅需要依托当地信息、技术、经济和文化的发展，而且还需要拥有公共服务、运输、电讯等效率基础结构，和高品质的大学、研发设施、风险投资、知识产权保护、能够吸引有创造力的人的条件环境等文化创意基础结构。而这些硬、软件条件，只有发达的大城市才具备。

其次，文化企业多集聚于某些特定的城市社区。这些社区或以拥有畅通的传播渠道见长，如中国中央电视台、英国 BBC 周边密集的影视、广告企业簇群；或以创造性人才密集为特色，如好莱坞的影视企业集群（它同时具有通向世界各地的产品发行网络）、北京通州的画家村等；或以进驻成本低廉而有特色的园区为依托，如奥地利的"Rinderhalle"、北京酒仙桥的"798"等"Loft"，以及杭州的数字娱乐产业园等新园区。在这些城市社区中，一方面，文化企业、非营利机构和富于创造力的人群集聚和互动，形成良好的产业结构和富于创造力的人群集聚和互动，形成良好的产品生产和产业发展环境；另一方面，社区中的人们生活和工作结合，文化产品的生产和消费结合，创造出环境自由宽松、信息交流快捷、创意层出不穷的社区文化。在这里，人们创造着文化，又享受着文化，其生活方式本身也能引发众多人的注意力，从而带动其生产，形成良性循环。

文化企业在空间上集聚，对于产业的发展会起到积极的作用。首先，通过共同使用公共与服务设施，减少分散布局所需的额外投资，并利用地理接近性而节省相互间物质和信息流的运移费用，降低生产成本；其次，企业之间近距离互动，能在彼此信任的基础上传递各种有价值的思想、经验和信息，并通过其在集群网络内的碰撞、激荡和反馈，促进各种创新的产生和分工的不断深化，从而提高整个产业的发展实力。

2. 企业的组合方式。

在文化产业的企业集聚中，企业的组合方式大概有两种：一是以大企业为核心的集聚方式；二是中小企业集聚方式。

（1）以大企业为核心的集聚方式。以大企业为核心的文化企业集聚方式，类似马库森划分的轮轴式产业集群方式。这种企业集群的重要特征是："集群由一个或多个关键大企业（核心企业）支配，企业的合作一般是以核心企业为中心展开的沿着价值链上、下游以及水平方向的多方面的合作，表现为长期的契约和承担义务，形成与核心企业相关联的配套企业集群。"[1] 在文化企业集聚中，这一个或几个大企业往往是大型媒体机构，或生产与销售渠道兼具的大型公司。它们一方面因拥有连接生产与市场的"渠道"而为王，另一方面以生产商或渠道商的身份转包项目，组织中小企业进行产品生产，在集群内拥有很强的生产控制能力。前者如以英国BBC、中国中央电视台等大媒体为核心所形成的为数众多的中小型上、下游企业的集聚，后者如好莱坞娱乐产业的企业集聚。

第二次世界大战后，好莱坞的大制片厂体制开始发生变化，逐渐转向企业集群式生产组织方式。对此，有国外学者指出，在好莱坞，由于派拉蒙案件的影响及其他因素，成熟的电影公司体系逐步分解，大制片厂不再实行垂直整合，"一度由它们的很多部门执行的职能现在已经由独立的服务性公司来承担"[2]。除了制作少量的、超豪华的"高概念影片"之外，大制片厂主要扮演独立制作影片的包装商、资金提供商、发行商角色。在这种角色中，它们维持了一个高度相互依赖的企业间运作，按照需要组合成不同的专业团队来行使各种生产所要求的职责。[3]

（2）中小企业集聚方式。中小企业集聚方式，类似马库森划分的马歇尔式产业集群方式，是文化产业中比较常见的一种企业集聚方式。在这种

①　张映红：《北京 CBD 产业集群效应》，载《北京社会科学》2004 年第 4 期。
②　［美］理查德·E. 凯夫斯：《创意产业经济学——艺术的商业之道》，孙绯译，新华出版社 2004 年版，第 92 页。
③　［英］考林·霍斯金斯等：《全球电视和电影——产业经济学导论》，刘丰海、张慧宇译，新华出版社 2004 年版，第 76 页。

企业集群内，大量中小型企业聚集在一起，彼此之间存在着纵横交错的联系和细密的专业化分工。它们或者从事同类产品的生产，或者每一个中小企业承担着生产过程的一部分，合作起来完成产品的生产。由于没有龙头老大，各企业之间平等合作，存在着激烈的竞争和紧密的合作关系。这种生产组织方式既保留单个企业生产富有弹性及灵活性的特点，又具有市场反应能力强的特点。

文化企业集聚中的中小型企业尤其是小型企业大都是专业性公司，从事大众文化产品生产活动中某一个环节的专业化生产。它们与原来大企业中的同类部门相比，具有更加精深的专业技术，更大的规模和更灵敏的市场适应能力。如在美国加利福尼亚的多媒体中小企业集聚中，分工十分明显，"这种分工是在详细地制定规则基础上，通过公司之间交换专业化的产品和服务形成的"[1]；这些中小企业用人机制灵活，对市场需求反应敏锐，具有很强的创新及适应能力。企业集聚一定程度上能够弥补这些企业因规模小而易受市场变化冲击的缺点。

3. 产品生产的组织方式。文化产业中的企业集聚现象，带来了大众文化产品生产组织方式的变革。这种变革最明显的表现是在好莱坞，"原先在制片厂内部进行的活动逐渐转向了外部市场。这意味着'长期合同'的终结。原来剧作家、演员和技术人员在一段时期内为一家制片厂工作，而现在，他们只为一部电影签合同"[2]。这意味着一度统领电影生产的工业化组织方式开始转变为灵活的专业化生产组织方式。

灵活的专业化生产组织方式的本质是企业内部分工的外部化或社会化，表现在文化产业中，就是通过企业的创新和大中小企业之间的合作来进行大众文化产品的生产、流通和营销。理查德·E·凯夫斯曾经这样描述过图书产品的合作生产情况："同经典音乐家、影视演员一样，图书作者也需要聘请经纪人作为中介，经纪人帮助作者找到与作者水平匹配的出版社，并协助作者拿到最优厚的条件。经纪人直接与编辑联系，编辑成为书稿的全权代表或出版社的经理人。因为出版社所承担的各项工作——编辑、印刷、发行等等——都可以转包给第三人……"[3] 于是，一部图书的生产过程，需要经过作者、经纪公司、出版社、印刷厂、发行公司，经常

---

① 王缉慈：《创新的空间——企业集群与区域发展》，北京大学出版社2001年版，第201页。

② ［英］考林·霍斯金斯等：《全球电视和电影——产业经济学导论》，刘丰海、张慧宇译，新华出版社2004年版，第163页。

③ ［美］理查德·E·凯夫斯：《创意产业经济学——艺术的商业之道》，孙绯译，新华出版社2004年版，第51页。

还得加上电脑设计公司、校对公司，甚至生产伊始阶段的选题策划公司等多个专业性中小型企业的分工合作。这种分工合作的生产过程，运用的就是灵活化的专业化生产组织方式。

好莱坞也是如此，凯夫斯说："在解体的制片公司中，电影制作被一种新的机制——有时称之为'灵活专业化'的形式所取代，这样制作电影所需要的投入都是采用一次性合作的形式。电影项目的协调人员（通常是制片人）根据项目的需要和时间的要求（时间上的协调问题）选拔所需的工作人员。这些工作人员可能经常在一起合作，但他们的合作没有成文的约定。"① 而在这样的生产方式中，同样需要众多分工不同的专业公司和个人的参与，因此，在好莱坞，各个企业以及各个企业中的个体的编剧、演员、导演、导演助理、摄影师、化妆师、道具师、摄影棚工作人员等，都"属于一个高度综合的联合系统"②，他们随一个影片项目的启动而聚集，又随一个影片项目的完成而解散，其间"……生产者非常依赖分包合同制和自由职业者的创作。这个产业之所以欣欣向荣，靠的就是短期合同、日常开支的最小化、购买者和销售者的互相监管，以及随时对项目贷款、人员关系、成功或失败进行设计和调整。参与者个人之间的关系网是稳定和持续的，而公司的制片厂则并非如此。制片厂上上下下的雇员犹如流水的兵，有时制片厂也是临时组建的，如艺术家联合公司（United Artists）和艺灵制片公司（Ealing）。即使工作人员是固定的，所有权也会有市场变动，如米高梅的例子。"③ 由此可见好莱坞生产组织形式的高度灵活性。

当然，"尽管每个电影项目显然都必须集中一批分工复杂的创作和经营人员并且把他们统一为一个整体，但是，在整合中最重要的一点却始终是创意概念本身"④。这不仅是好莱坞生产组织在电影生产的经验，也是所有文化企业生产产品的法则。文化产业与其他产业不同的地方也就在这里。

4. 更加多样化的产品。企业集聚和灵活化的专业化生产组织方式，对福特制生产组织中用工业化流水线生产出来的类型化、标准化产品提出

---

① ［美］理查德·E·凯夫斯《创意产业经济学——艺术的商业之道》，孙绯译，新华出版社2004年版，第91页。
②④ ［美］巴里·利特曼：《大电影产业》，尹鸿、刘宏宇、肖洁译，清华大学出版社2005年版，第39页。
③ ［英］考林·霍斯金斯等：《全球电视和电影——产业经济学导论》，刘丰海、张慧宇译，新华出版社2004年版，第162～163页。

了挑战。根据不断变化的细分市场需求，进行小批量、多品种生产成为新的生产组织形式的产品提供特点，而产品也就由此变得更加多样化了。在好莱坞，制片公司之间"松散的组织和运作方式为'独立制片'发挥创造力提供了重要的发挥空间"，但"独立制片"也很难以失去市场的代价"来保证影片艺术和美学上的独立性"，而且大制片公司依然在以独特的方式发挥作用，因此，"直到1995年，好莱坞的产品大致可分为三类。一类是有着大预算的高端电影；一类影片使用中等的价格聘请明星加盟，并由大公司投资、发行和放映；另一类是低预算影片或'特色'影片，这些影片都渴望……提供一种介乎欧洲艺术电影和好莱坞主流电影之间的作品"，而"1995年以后……把好莱坞影片仅分成两类可能更为准确：大预算的国际性影片以及小预算的并较少依赖国际市场的影片。尤其后一类影片更是品种繁多……"① 由此可见新生产组织方式下好莱坞电影产品的多样化特点。

曾提出了"灵活专业化"（flexible specialization）生产理论的经济学家皮埃尔和赛伯认为，从产业革命以来，工业生产组织始终存在两种方式，一是"量体裁衣"、根据顾客需求定制的灵活的生产；二是在工厂制以后发展起来的大批量标准化生产，这两种生产此起彼落、此消彼长。在大规模的工业化浪潮中，标准化生产方式称雄于世界。从20世纪70年代开始，由于信息革命和全球化的发展，又开始向灵活的专业化的生产转变。文化生产组织的产业化生产，受到经济规律的影响，也被裹挟在这个浪潮中，随之沉浮。

---

① ［澳］理查德·麦特白：《好莱坞电影——1891年以来的美国电影工业发展史》，吴菁、何建平、刘辉译，华夏出版社2005年版，第205页。

第十章

文化产业链中的大众文化
产品及其生产

一、文化产业链

文化产业链，是一个关于文化产业中围绕文化产品而展开的各环节之间，以及文化产业与其他产业之间所存在的相互依存关系的概念。它所揭示的是文化产业在运动过程中不同的环节和不同产业形态间相互作用的价值关系，又称价值链。在一般的产业经济学中，这种关系称之为"产业关联"。

文化产业链具有一般产业关联的基本表现形式，即后向关联和前向关联，单项与多项循环关联。

后向关联是某一产业在其生产过程中需要从其他产业获得投入品所形成的依赖关系。如图书出版产业，其后向关联是从事其物质材料和技术设备生产的机器制造业、IT 业、印刷业等，和从事精神生产的文艺创作业、理论研究业以及进行人才培养的教育业等。如果没有这种物质投入和精神投入，出版产业就如无源之水，无从产生和发展，这些相关联产业的进步，会极大地促进出版产业的发展；同样，电影、演出等文化产业也需要制造产业、信息产业、教育培训产业、文艺创作业等的材料提供与技术、信息、人才、文化及艺术支持。这些相关产业是出版、电影、演出等文化产业赖以存在的基础。

前向关联则是指某一产业的产品成为其他产业的投入物而形成的产业关联，那么该产业对其他产业来说，就构成了一种前向关联。在文化产业中，电影产业最具有前向关联性。一部成功的影片，往往能够形成巨大的社会效应，并利用这种效应介入其他产业的生产，成为许多产业部门生产的投入物，从而开发出诸多的衍生产品或后电影产品。如好莱坞著名的科幻片《星球大战》，继高票房收入之后，又生产出了图书、唱片、玩具、游戏、旅游纪念品等产品，成为出版业、唱片业、游戏业、玩具业和旅游业的生产资源，为这些产业带来了非常可观的附加值，并且带动了这些产业的发展。因此，在某种程度上，电影往往是文化产业中的核心产业。

单项循环关联，是指产业关联从某一产业开始，沿单一方向向前延伸，而最后又回到这一产业，形成一个循环往复的产业关联过程。这也就是说，产业关联并非门前"一遍即过"、永不复返的流水，而是各产业之间存在着一种相互联动的关系，即在相互关联中既促进对方，也促进自身，从而使自身和对方都获得源源不断的推动力。如英国布鲁姆斯伯里出版社出版的《哈利·波特》小说大卖，为美国 AOL——时代华纳传媒集团的电影《哈利·波特》带来了精彩的内容资源和顶尖的知名度。同时，AOL——时代华纳的《哈利·波特》电影又进一步推动了布鲁姆斯伯里出版社《哈利·波特》的图书销售，和人们对《哈利·波特》续集的热切期待。由此可见，图书出版业的繁荣会带动和促进影视产业的发展，而影视产业的发展反过来也会成为图书出版业进一步发展的推动力量，它们之间存在着一种不可小视的联动作用。而这种联动作用正是图书出版产业做大市场的重要前提之一。

多项循环关联，是指一个产业的产业关联链条同时指向许多产业，形成一个立体交叉的产业关联网络。影视产业和现代动漫产业都是非常典型的多项循环关联产业。因为从其后向关联来看，它们会涉及创作、设计、机械制造、信息、制片等诸多产业；从其前向关联看，它们不仅都可以形成电影、电视等本体产品，而且还可以形成其他产业的相关产品，如广告产品、原声唱片、DVD 产品、旅游产品、游戏产品和服装、玩具等授权产品等，从而与广告业、唱片业、旅游业、游戏业、服装业、玩具业等多个产业发生关联。而且更为重要的是，这些产业关联全部都在以一种彼此之间循环关联的状态存在着，相互影响，相互促进，互惠互利互赢，共同构成了一种产业关联的立体交叉网络。

产业关联，无论是后向关联和前向关联，还是单项与多项循环关联，在本质意义上都是一种价值关联，或称价值链。美国作业成本科技公司（ABC Technologies）及美国供应链局（The Value Chain Authority）曾联合对价值链进行了界定，即价值链是一种高层次的物流模式，内容由原材料作为投入资产开始，直至为原料透过不同过程售予顾客为止，当中做出的所有增值活动都可包括在价值链的组成部分中。但随着世界产业结构的发展，价值链的概念渐渐超越了物流内涵，投入资产的开始也不只限于原材料，而更多地向资本和创意内容等倾斜。而在文化产业这一新兴产业链中，以原创内容作为一条价值链的开端，在品牌知名度和影响力提高的前提下，以资本的投入为依托逐渐发展出了一条周边等级化衍生物的价值链开发模式，在每一环上都得到了价值的最大限度增值。因而，文化产业关联或曰文化产业链的形成，实质上就是不断拓宽收益渠道、提升文化产品价值的过程，而产业的增值性在某种程度上正是文化产业的市场竞争力的表现。

好莱坞的电影公司一直把打造价值链条作为自己取胜的秘诀之一。它们在市场中磨炼出一套行之有效的战略和策略：第一是打造产品精品；第二是对产品进行广泛的放映演出或出版；第三是做成与产品相关的礼品；第四是根据产品内容制作游戏软件；第五是开掘与其相关的旅游收入；第六是将影视剧做成 DVD 或录像带产品；最后是进行形象专利的有偿转让。所以它们是一个口子投钱，多个口子产出，犹如吹奏一支优美的长笛。而正是在这种吹奏中，好莱坞在全球市场上实现了其价值的最大化。

文化产业链不仅具有一般产业关联的基本表现形式，同时又具有其自身独特的性质。这种独特的性质主要表现在其知识产权、文化属性及共同消费等方面。

（一）知识产权

文化产业链的形成与价值链的实现，必须仰赖于知识产权制度的建立与完善。只有通过对知识产权的开发和运用，才能有效地保证知识产品转化为商品，获得应有的经济效益。知识产权有很多种，比如专利、商标、著作权、商业秘密等等。而在这众多的知识产权中，著作权、商标等，是跟文化产业发展最为密切相关的知识产权。

著作权是指文学、艺术、科学作品的作者依法对他的作品享有的一系列的专有权。它表现为：第一，享有著作权的作者可以决定是否对他的作品进行著作权意义上的使用；第二，他可以决定是否就他的作品实施某些涉及他的人格利益的行为；第三，他可以在必要时请求有关的国家机关以强制性的协助来保护或实现他的权利。

商标是生产经营者在其生产、制造、加工、拣选或者经销的商品或者服务上采用的，区别商品或者服务来源的，由文字、图形或者其组合构成的，具有显著特征的标志。商标必须按照《商标法》的规定进行注册和使用，方具有法律效力，具有专用权。其专用权在全国及世界范围内有效，并有法定的时效性。

无论是著作权，还是商标，乃至专利，所保护的都是知识的创造性，都是通过他人依法对所保护的创造性知识的有偿使用来产生经济效益。因而，国外称这种经济为"创造性经济"（Creative Economy）或创造性产业（Creative Industry），我国则通常将其翻译为"创意经济"或"创意产业"。1998年，英国创意产业特别工作组将创意产业界定为："源自个人创意、技巧及才华，通过知识产权的开发和运用，具有创造财富和就业潜力的行业"。经济学家霍金斯在《创意经济》（The Creative Economy）一书中，把创意产业界定为其产品都在知识产权法的保护范围内的经济部门。并认为创造性——被知识产权法所支持——是个大生意。由此可见，知识产权保护对于创造性产业的重要性。

对著作权、商标等知识产权进行有效保护，是文化产业崛起、发展的重要基础，是文化产业价值链得以形成与延伸的前提条件。否则，盗版猖獗，知识产权拥有者的收益就会大打折扣，进而血本无归，直接损害整个产业的利益，危及行业的生存。所以，美国曾多次修改版权法，延长迪士尼产品、好莱坞电影的保护期限，将个人著作权的保护期从著作人终生及死后50年延长至70年，公司版权保护期从75年延长到95年，从而进一步保障了迪士尼、好莱坞等集团的利益。

（二）文化属性

文化产业是生产和经营文化产品的行业，因而与生产和经营物质产品的一般产业不同，具有特殊的精神或文化的属性。

英国文化史学者雷蒙·威廉斯（Raymond Williams）认为，文化由三个基本的层面组成：

其一是作为大写 Culture 的文化，它指称精神特别是艺术活动的产品和实践；

其二是指生活方式的文化，它主要指称人类运用符号的能力；

其三是指作为过程的文化，它起初是指培育农作物和动物的过程，现在指称人类观念或者思想形成和发展的过程。

事实上，文化产品中的"文化"涉及上述各个方面，即文化产品既是人类精神实践的产物，是人类思想、观念的表达，又是一个社会的生活方式及其历史的反映。它往往渗透着一个民族或一个文化圈的价值观、人生观、世界观，具有或隐或显的意识形态色彩，会对受众的精神世界产生直接的或潜移默化的影响，从而产生社会效益。因此，各国政府都非常重视本国文化产品对于意识形态导向、弘扬时代精神的影响，对于宣传国家形象、进行价值观输出的重要作用。例如"美国国土安全文化局的四大战略"：

（1）促进、培育文化生产，彰显伟大的美利坚民族的自由和力量。

（2）引导、建议文化领域的领导人和管理者与我们一道加入反恐战争。

（3）利用文化生产的广泛影响和力量，向国内和国外的人们宣传美国是这个地球上最伟大的国家。

（4）监督、限制，在必要时关闭与恐怖组织有联系或可能对国家安全产生危害的文化组织和公司。①

由此可见，在美国的文化产品大行其道于世界文化市场时，在其宣扬的"开放、灵活、个人主义、反权威、多元化、平民化和自由"等美国价值观的内里，其实深藏着一种比其经济力量毫不逊色的文化或政治力量。这也就是为什么世界各地不断涌现各种抵抗美国文化霸权的现象的缘由。

（三）共同消费

共同消费，是指文化产品一旦生产出来走向市场就具有了大众共享的性质，而且，在共享中并不引发产品本身价值的损耗和成本的明显提高。也就是说，"观众在消费产品的时候，他们不是敌对的：一个观众观看，不会消耗掉这个产品；或是他们的观看不会分散别的观众观看时的乐趣"②。当然，一种文化产品的复制和发行是需要投入费用的，但这种费用与产品最初的生产成本相比，是"很小的""微不足道的"。③ 由此可见，生产文化产品是"一本万利"的买卖：高投入，高回报。尤其是当一种知名产品引发了众多的消费者共享、树立起了一种品牌的时候，其价值

---

① 转引自张玉国：《国家利益与文化政策》，广东人民出版社2005年版，第107页。

②③ ［英］考林·霍斯金斯等：《全球电视和电影——产业经济学导论》，刘丰海、张慧宇译，新华出版社2004年版，第44页。

链就会不断延伸，从而带来极为可观的经济收益。

在现代生产和消费环境中，文化产业只有充分发挥自身的优势，极大的开掘其经济潜能，最大限度地展开自己的产业价值链，才能获得核心竞争力。

二、文化产业链的构成环节

文化产业链是一个由多种环节、多个层面的因素所构成的关联体系。在产业链的核心，是由策划创作、产品生产、产品营销、延伸产品开发等互相承接的环节组成，围绕着这个核心，还分布着技术设备、资本市场、调查咨询等密切关联的服务环节，这些环节共同构成了一个立体的、交叉的文化产业链。

如图 10 - 1 所示，文化产业链的核心主要由策划创作—产品生产—产品营销—延伸开发等四个环节构成。

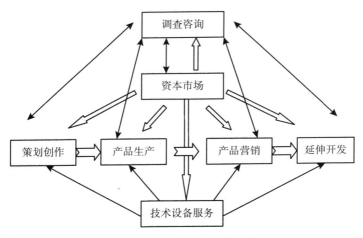

图 10 - 1　文化产业链的结构

文化产业链的第一环节——策划创作。策划创作，是指文化产品的内容生产阶段。在这个阶段，既有文学、艺术方面的创作，又有物质产品的设计、广告的创意，还有各种文化活动、项目的策划等。内容生产偏于精神性生产，注重创新性追求，但同时又须关注人们审美兴趣、娱乐及休闲等需求的不断变化。最终依据文化消费指向，创作、设计出相应的文化产品或文化活动，以满足公众的文化消费，适应公众的文化需求，表达公众的文化意志。在文化产业中，"内容为王"，内容是决定一个文化产品能否在市场上存活以及其产业链能够延伸多长的最重要因素，是文化产业的命脉之所在。

文化产业链的第二环节——产品生产。文化产品的生产，是指文化产业中策划、创作内容的物化过程，其最终结果是有着物质载体的、可供消费的文化产品的形成。文化产品生产可划分为文化物品制造、文化信息传播和文化服务提供等三类：文化物品制造主要包括平面出版物、音像制品、工艺品等的印刷、刻录、制造；文化信息传播主要包括平面媒体信息、广播影视媒体信息、网络媒体信息的采集、编辑、制作、复制、传播；文化服务提供包括的种类很多，几乎链接文化产业的所有领域。

第一环节和第二环节常常可合并为一个环节，总称为"文化生产"环节。

文化产业链的第三个环节——产品营销。文化产品的营销，是指文化产品完成生产环节之后经由市场到达消费者手中的过程，它包括流通、承销两个环节。在流通环节，文化产品被文化产品发行人、代理商及经纪公司（人）进行营销传播和分销；在承销环节，文化产品被文化产品经销商购买，并运用各种销售渠道、营销模式和手段将产品出售给文化消费者。

文化产业链的第四个环节——延伸开发。文化产品的延伸开发，又称后产品开发，是指某一文化产品除了原初形态之外所开发出的、与之相关联的、能产生价值的其他产品形式，如影视剧后续的 VCD、DVD、录像带、网络视频等音像产品和各种纪念品，图书产品的后续影视改编产品等。延伸产品的开发，在电影产业中表现最为明显。在许多发达国家，影片本身有"火车头"效应，多达 70% 的收入可能来自于后电影产业。后电影产品的开发，包括海报、音像制品、玩具、邮票、纪念品、电子游戏、主题公园、原创音乐、文学作品等。

文化产业链的核心，既可以集中在一个文化企业之内，像 20 世纪三四十年代好莱坞黄金时期垂直一体化的五大电影公司那样；也可以分解到不同的企业中去，各企业之间通过相互交易而生产出最终产品，形成一条社会化的文化产业链。如同英国布里斯托尔的自然历史电影产业集群。

技术设备、资本市场、调查咨询等环节，是文化产业链的服务性环节，分布在核心文化产业链的周边，对它起到基础性、前提性、支持性作用。其中，技术设备的生产与提供是文化产品生产、传播乃至消费的基础，具有不可置疑的基础性地位；资本市场则对文化产业起着供血作用，投融资机构、渠道及政策的变化，以及文化企业的上市等，都会直接对文化产业的发展与繁荣发生直接的关系；调查咨询环节是连接文化产品的生产与消费的中间环节，其提供的数据与信息在一定程度上决定着产品内容的制作、流通和播出，资本市场的资本输入乃至广告的投放等，对文化产业的影响力很大。文化产业链的服务性环节还有很多，如法律服务等，这里就不一一列举了。

三、大众文化产品及其生产：文化产业链的高端

如前所述，在文化产业链的构成中，策划创作和产品生产合成为文化生产或文化产品生产环节。在由策划创作—产品生产—产品营销—延伸开发等核心链以及技术设备、资本市场、调查咨询等外围环节构成的文化产业链中，文化产品生产是高端、源头或核心中的核心。而这些文化产品中，又以大众文化产品为绝对主体，因而，大众文化产品及其生产，处于文化产业链的高端。

首先，大众文化产品是文化产业所经营的最主要的商品形式。文化生产者的产出结果是大众文化产品，文化经营者营销的商品是大众文化产品，文化消费者的消费品也是大众文化产品，因而说到底，文化产业是关于大众文化产品的产业，没有大众文化产品，文化产业活动将很难存在，其核心地位由此可见。当然，大众文化产品作为一种商品，形式多种多样，既包括传统意义上的文学艺术作品形式，也涵盖各种新涌现的媒介产品形式，还含有多样的文化服务活动。但无论是哪一种商品形式，以内容取胜是它们共有的特征。

其次，从事文化产品生产的组织，处于文化产业链的上游。它们是大众文化产品的创造与制作者，相应地拥有产品的所有权，即知识产权。而文化产业正是通过对知识产权的开发和运用得以形成的，因此，围绕着知识产权，文化生产组织拥有着向下游或周边环节及企业进行版权转让的权利。在一定的意义上可以说，下游或周边的环节及企业只有接受了知识产权拥有者的授权或委托，才能开展自己的业务，进行企业作为。在文化产业链中，一般来说，"授权商品的上游产业，包括动漫、数字娱乐、电影、

电视、出版、艺术等文化产业；中游产业包括品牌中介、版权代理、行销推广；下游产业就是由授权而产生的制造业"①。而上游产业主要就是由从事大众文化产品生产的组织来构成的。

再次，文化产业的价值链，以大众文化产品的价值实现为开端，以大众文化产品的最大限度增值为目的。文化产业的价值链是文化产业链的诸多环节共同打造而成的，虽然这些环节各有其追求利润的方式，并且都在追求价值最大限度的增值，但显然这些利润的实现及其增值，都是根基于对大众文化产品本身价值的开掘。只有在大众文化产品的品牌知名度和影响力提高的前提下，其他环节的商机才有可能被开掘出来，转变为利润。因而价值链中下游的利润所得都只能看作大众文化产品的价值实现与增值的结果。而如果没有大众文化产品的存在，或者说大众文化产品本身极为平庸，没有任何市场影响力，所谓的价值链都将只是空想。

最后，大众文化产品通过塑造与推销一种国家形象，来促进诸多产业的共同发展。有论者说，好莱坞电影通过塑造一种美国式的生活方式，令全世界的人们向往美国，进而向往美国的产品，以及美国这个国家。其实，不仅是美国，英国、韩国何尝不是如此。2003 年 4 月到 2004 年 1 月，英国曾经在北京、上海、广州、重庆四大城市举办了"创意英国"活动。英国驻华大使在解释"创意英国"活动时说："我们推广的是英国的形象。"英国驻华使馆的官方网站则更加具体地解释了"创意英国"在华推介活动的目的："加强两国良好的合作关系，是中国对当今英国在诸多领域的领先地位有一个更为清晰的了解，从而为中国市场带来良好效益……"由此可见，"创意英国"活动事实上是一次英国的国家营销策略，它所推广的是英国的国家形象，而英国国家形象在中国人心目中的树立，最直接带动的就是英国产品在中国市场的"良好效益"。因而大众文化产品不仅以其品质开拓自身的市场，还以其所拥有的宣传或舆论的力量为众多的产业开路，就像韩国的电视剧《大长今》，不仅自身热销，而且带动韩国饮食、医药、服装、旅游等诸多产业的发展。在这个意义上，大众文化产品是文化产业链的高端和核心，文化产业是产业关联度极强的主导性产业。

大众文化产品处于文化产业链的高端或源头，主要是以其内容产生影响力，进而覆盖整个产业链和价值链的，因而内容的提供，是大众文化产品生产过程中的重中之重。富有创新性和影响力的大众文化产品的问世，

---

① 胡惠林主编：《文化产业概论》，云南大学出版社 2005 年版，第 100 页。

不仅自身能够在其传统市场开拓出一片广阔的天地，而且能够凭借其在传统市场形成的号召力尽可能长地打造出一条价值链，从而带动整个产业链的发展。由此，无论是好莱坞的娱乐产业，英国的创造性产业，还是韩国的文化产业，都十分注重内容的生产，注重通过打造精美的大众文化产品来带动国内各相关行业的整体发展。

为了表达对于内容生产的重视，一些文化产业发达国家和地区出现了"内容产业"的概念。1995 年，在"西方七国信息会议"上首次出现"内容产业"的提法，次年欧盟《信息社会 2000 计划》把内容产业定义为"那些制造、开发、包装和销售信息产品及其服务的产业"，其产品范围包括各种媒介的印刷品（书报杂志等）、电子出版物（联机数据库、音像服务、光盘服务和游戏软件等）和音像传播（影视、录像和广播等）。1998 年，经合组织《作为新增长产业的内容》专题报告进一步把"内容"划分为两类：一类是旧媒体，即传统的视听和音像内容，以"一对多"的形式由单一生产者向众多受众传播；另一类是新媒体，综合了数字文本、资料、视听内容等多媒体服务，通过数字化终端或互联网传送。内容产业是现代信息社会发展的必然产物，当一个社会的信息传播渠道过剩而传播内容不足的时候，对于内容产品的需求与生产就成为文化产业乃至现代社会发展的推动力。于是，20 世纪 90 年代以来，在国际文化市场上一些多元经营的大型集团通过资本市场将自己的业务领域集中到内容生产上来，转变为以提供内容为主的文化企业。如培生集团通过卖出自己的蜡像馆、银行等，收购艾迪生·维斯理等三大教育出版公司，合并与重组原旗下的朗文出版公司，从而成为全世界最大的教育出版集团。而像迪士尼这样老牌的跨国文化公司更是将内容的创新与生产放在了最首要的位置，这通过其不惜重金并购皮克萨（Pixar）动画工作室，希望皮克萨的灵魂人物约翰·拉塞特（John Lasseter）能够带给迪士尼动画更多的创新能力的举动中可以看得很清楚。

有专家指出，我国已进入传媒过剩时代，以"内容"带动信息和传媒业整合的新趋势已经出现。中国文化产业的快速发展，势必要以内容取胜的、拥有自主知识产权的大众文化产品的生产为高端和核心，建构不断延伸的产业价值链。而要达到这一点，进行大众文化产品的内容创新至关重要。

主要参考文献

一、参考书目

1. 〔法〕阿芒·马特拉:《世界传播与文化霸权 思想与战略的历史》,陈卫星译,中央编译出版社 2001 年版。

2. 〔英〕爱·摩·福斯特、爱·谬尔、珀·卢伯克:《小说美学经典三种》,方土人、罗婉华译,上海文艺出版社 1990 年版。

3. 〔英〕安德鲁·古德温、加里·惠内尔:《电视的真相》,魏礼庆、王丽丽译,中央编译出版社 2001 年。

4. 〔英〕安吉拉·默克罗比:《后现代主义与大众文化》,田晓菲译,中央编译出版社 2001 年版。

5. 〔俄〕巴赫金:《陀思妥耶夫斯基诗学问题 复调小说理论》,白春仁、顾亚铃译,生活·读书·新知三联书店 1988 年版。

6. 〔法〕巴赞:《电影是什么?》,崔君衍译,中国电影出版社 1987 年版。

7. 〔美〕波布克:《电影的元素》,伍菡卿译,中国电影出版社 1986 年版。

8. 博凡:《漂泊的爱——当代社会文学趣味透视》,中国人民大学出版社 1993 年版。

9. 〔美〕伯格:《通俗文化、媒介和日常生活中的叙事》,姚媛译,南京大学出版社 2000 年版。

10. 〔俄〕波利亚科夫:《结构–符号学文艺学》,佟景韩译,文化艺术出版社 1994 年版。

11. 〔美〕伯奇:《电影实践理论》,周传基译,中国电影出版社 1992 年版。

12. 蔡骐、蔡雯:《美国传媒与大众文化》,新华出版社 1998 年版。

13. 陈刚:《大众文化与当代乌托邦》,作家出版社 1996 年版。

14. 陈龙：《在媒介与大众之间——电视文化论》，学林出版社 2001 年版。

15. 陈墨：《刀光侠影蒙太奇——中国武侠电影论》，北京，中国电影 出版社，1996。

16. 陈平原：《小说史：理论和实践》，北京大学出版社 1993 年版。

17. 陈平原：《千古文人侠客梦——武侠小说类型研究》，新世界出版 社 2002 年版。

18. 陈学明、吴松、远东：《社会水泥——阿多诺、马尔库塞、本杰 明论大众文化》，云南人民出版社 1998 年版。

19. ［美］戴安娜·克兰：《文化生产：媒体与都市艺术》，赵国新 译，译林出版社 2001 年版。

20. 戴锦华：《隐形书写——90 年代中国文化研究》，江苏人民出版社 1999 年版。

21. 戴锦华：《书写文化英雄——世纪之交的文化研究》，江苏人民出 版社 2000 年版。

22. ［英］丹·艾普斯坦：《20 世纪通俗文化》，黄薇译，中国青年出 版社 2002 年版。

23. ［美］德弗勒、丹尼斯：《大众传播通论》，颜建军等译，华夏出 版社 1989 年版。

24. 《电影理论文选》，邵牧君等译，中国电影出版社 1990 年版。

25. ［英］多米尼克·斯特里纳蒂：《通俗文化理论导论》，商务印书 馆 2001 年版。

26. ［荷］D. 佛克马、E. 蚁布思：《文学研究与文化参与》，北京大 学出版社 1996 年版。

27. ［法］格雷马斯：《结构语义学》，蒋梓骅译，百花文艺出版社 2001 年版。

28. ［德］格尼玛拉：《电影》，白春、桑地译，黑龙江美术出版社 2001 年版。

29. 郝舫：《将你的灵魂接在我的线路上——大众文化中的流行音 乐》，中国人民大学出版社 1993 年版。

30. 郝建：《影视类型学》，北京大学出版社 2002 年版。

31. 《好莱坞大师谈艺录》，郝一匡等译，中国电影出版社 1983 年版。

32. 胡大平：《崇高的暧昧——作为现代生活方式的休闲》，江苏人民出版社 2002 年版。

33. 黄会林：《当代中国大众文化研究》，北京师范大学出版社 1998年版。

34. ［英］霍克斯：《结构主义和符号学》，瞿铁鹏译，上海译文出版社 1987 年版。

35. ［英］吉姆·麦克盖根：《文化民粹主义》，桂万先译，南京大学出版社 2001 年版。

36. 贾磊磊：《电影语言学导论》，中国电影出版社 1996 年版。

37. 贾磊磊：《武之舞——中国武侠电影的形态与神魂》，河南人民出版社 1998 年版。

38. 金民卿：《大众文化论——当代中国大众文化分析》，中共中央党校出版社 2002 年版。

39. 金兆钧：《光天化日下的流行》，人民音乐出版社 2002 年版。

40. ［美］卡勒：《结构主义诗学》，盛宁译，中国社会科学出版社1991 年版。

41. ［美］卡维尔：《看见的世界——关于电影本体论的思考》，齐宇、利芸译，中国电影出版社 1990 年版。

42. ［法］克里斯丁·麦茨等：《电影与方法——符号学文选》，李幼蒸译，生活·读书·新知三联书店 2002 年版。

43. ［美］劳拉·斯·蒙福德：《午后的爱情与意识形态》，林鹤译，中央编译出版社 2000 年版。

44. ［美］理查德·凯勒·西蒙：《垃圾文化、通俗文化与伟大传统》，关山译，社会科学文献出版社 2001 年版。

45. ［美］理查德·沃林：《文化批评的观念》，张国清译，商务印书馆 2000 年版。

46. ［美］里蒙-凯南：《叙事虚构作品》，姚锦清译，生活·读书·新知三联书店 1989 年版。

47. 陆扬、王毅：《大众文化研究》，上海三联书店 2001 年版。

48. ［美］路易斯·贾内梯：《认识电影》，胡尧之译，中国电影出版社 1997 年版。

49. ［美］伦纳德·夸特、艾伯特·奥斯特：《当代美国电影》，杜淑英、温飚译，北京，中国广播电视出版社 1992 年版。

50. ［美］罗伯特·C·艾伦、道格拉斯·戈梅里：《电影史——理论与实践》，李迅译，北京，中国电影出版社 1997 年版。

51. ［美］罗伯特·麦基：《故事——材质、结构、风格和银幕剧作的原理》，周铁东译，中国电影出版社 2001 年版。

52. ［法］罗兰·巴尔特：《符号学原理——结构主义文学理论文选》，李幼蒸译，生活·读书·新知三联书店 1988 年版。

53. ［法］罗兰·巴特：《神话——大众文化诠释》，许蔷蔷、许绮玲译，上海人民出版社 1999 年版。

54. ［法］罗兰·巴特：《S/Z》，屠友祥译，上海人民出版社 2000 年版。

55. ［法］罗兰·巴特：《流行体系——符号学与服饰符码》，敖军译，上海人民出版社 2000 年版。

56. ［美］马克·波斯特：《信息方式——后结构主义与社会语境》，范静哗译，商务印书馆 2000 年版。

57. ［荷］米克·巴尔：《叙述学：叙事理论导论》，谭君强译，中国社会科学出版社 1995 年版。

58. ［法］米歇尔·德·塞尔托：《多元文化素养——大众文化研究与文化制度话语》，李树芬译，天津人民出版社 2002 年版。

59. 苗棣：《美国电视》，北京广播学院出版社 1999 年版。

60. ［美］默里：《十部经典影片的回顾》，张婉晔译，中国电影出版社 1985 年版。

61. 南帆：《双重视域——当代电子文化分析》，江苏人民出版社 2001 年版。

62. ［英］尼克·史蒂文森：《认识媒介文化——社会理论与大众传播》，王文斌译，商务印书馆 2001 年版。

63. ［加拿大］诺思罗普·弗莱：《批评的剖析》，陈慧等译，百花文艺出版社 1998 年版。

64. 潘知常、林玮：《大众传媒与大众文化》，上海人民出版社 2002 年版。

65. ［苏］日丹：《影片的美学》，于培才译，中国电影出版社 1992 年版。

66. 邵牧君：《西方电影史概论》，中国电影出版社 1982 年版。

67. 绍村：《追星逐光是何人——明星和明星崇拜》，中国人民大学出版社 1993 年版。

68. 宋伟杰：《从娱乐行为到乌托邦冲动——金庸小说再解读》，江苏人民出版社 1999 年版。

69. ［美］梭罗门：《电影的观念》，齐宇译，中国电影出版社 1983 年版。

70. ［英］汤林森：《文化帝国主义》，冯建三译，上海人民出版社 1999 年版。

71. ［俄］托马舍夫斯基等：《俄国形式主义文论选》，方珊等译，中国社会科学出版社 1989 年版。

72. ［美］托马斯·A·西比奥克、珍妮·伍米克—西比奥克：《福尔摩斯的符号学》，钱易、吕昶译，中国社会科学出版社 1991 年版。

73. ［美］托马斯·沙兹：《旧好莱坞/新好莱坞：仪式、艺术与工业》，周传基译，中国广播电视出版社 1992 年版。

74. ［德］瓦尔特·本雅明：《机械复制时代的艺术作品》，王才勇译，北京，中国城市出版社 2002 年版。

75. 王逢振、盛宁、李自修：《最新西方文论选》，漓江出版社 1991 年版。

76. 王逢振：《俗文化透视》，天津社会科学院出版社 2002 年版。

77. 王海洲：《镜像与文化——港台电视研究》，中国电影出版社 2002 年版。

78. 王晶：《西方通俗小说——类型与价值》，云南人民出版社 2002 年版。

79. 王先霈、王又平：《文学批评术语词典》，上海文艺出版社 1999 年版。

80. 王晓明：《在新意识形态的笼罩下——90 年代的文化和文学分析》，江苏人民出版社 2000 年版。

81. 王一川：《张艺谋神话的终结》，河南人民出版社 1998 年版。

82. ［美］沃尔特：《电影电视写作——艺术、技巧和商业》，汤恒译，河海大学出版社 1991 年版。

83. 谢庆立：《中国近现代通俗社会言情小说史》，群众出版社 2002 年版。

84. 徐崇温：《结构主义与后结构主义》，辽宁人民出版社 1986 年版。

85. 许文郁、朱忠元、许苗苗：《大众文化批评》，首都师范大学出版社 2002 年版。

86. ［苏］雅尼娜·卡吉米洛夫娜·马尔库兰：《情节剧电影》，于培才译，中国电影出版社 1991 年版。

87. 严峰、韩玉芬：《TV 风景线——电视与电视文化》，中国人民大学出版社 1993 年版。

88. 杨大春：《文本的世界——从结构主义到后结构主义》，中国社会科学出版社 1998 年版。

89. 叶舒宪：《神话—原型批评》，陕西师范大学出版社 1987 年版。

90. 叶舒宪：《结构主义神话学》，陕西师范大学出版社 1988 年版。

91. ［苏］伊谢依·萨莫伊洛维奇·卡冈：《美学和系统方法》，凌继尧译，中国文联出版公司 1985 年版。

92. ［澳］约翰·多克：《后现代主义与大众文化》，吴松江、张天飞译，辽宁教育出版社 2001 年版。

93. ［美］约翰·菲斯克：《解读大众文化》，杨全强译，南京大学出版社 2001 年版。

94. ［美］约翰·费斯克：《理解大众文化》，王晓珏、宋伟杰译，中央编译出版社 2001 年版。

95. ［英］约翰·斯道雷：《文化理论与通俗文化导论》，杨竹山、郭发勇、周辉译，南京大学出版社 2001 年版。

96. 张寅德：《叙述学研究》，中国社会科学出版社 1989 年版。

97. 郑敏：《结构—解构视角》，清华大学出版社 1998 年版。

98. 周宁：《幻想与真实——从文学批评到文化批判》，中国工人出版社 1996 年版。

99. 邹广文：《当代中国大众文化论》，辽宁大学出版社 2000 年版。

100. ［美］朱丽安·西沃卡：《肥皂剧、性和香烟——美国广告 200 年经典范例》，周向民、田力男译，光明日报出版社 1999 年版。

101. 胡惠林：《文化产业概论》，云南大学出版社 2005 年版。

102. 张玉国：《国家利益与文化政策》，广东人民出版社 2005 年版。

103. 周宪：《当代西方艺术文化学》，北京大学出版社 1988 年版。

104. 叶洪生：《叶洪生论剑——武侠小说谈艺录》，台北，联经出版事业公司 1994 年版。

105. ［英］考林·霍斯金斯等，全球电视和电影——产业经济学导论，新华出版社 2004 年版。

106. ［美］巴里·利特曼：《大电影产业》，尹鸿、刘宏宇、肖洁译，清华大学出版社 2005 年版。

107. ［澳］理查德·麦特白：《好莱坞电影——1891 年以来的美国电影工业发展史》，吴菁、何建平、刘辉译，华夏出版社 2005 年版。

108. 王缉慈：《创新的空间——企业集群与区域发展》，北京大学出版社 2001 年版。

109. ［美］理查德·E. 凯夫斯：《创意产业经济学——艺术的商业之道》，孙绯译，新华出版社 2004 年版。

110. 赵子忠：《内容产业论》，中国传媒大学出版社 2005 年版。

111. ［美］理查德·A·布鲁姆：《电视与银幕写作——从创意到签约》，徐璞译，华夏出版社 2005 年版。

112. 赵勇《整合与颠覆：大众文化的辩证法》，北京大学出版社 2005 年版。

113. 陈灵强：《多维视野中的大众文化》，浙江大学出版社 2007 年版。

114. 徐海波《意识形态与大众文化》，人民出版社 2009 年版。

115. 李炜《中国大众文化叙事研究》，华中师范大学出版社 2010 年版。

116. 陶东风等《当代大众文化价值观研究——社会主义与大众文化》，辽宁教育出版社 2014 年版。

117. ［美］詹姆逊：《快感：文化与政治》，中国社会科学出版社 1998 年版。

118. Andrew Ross, *No respect：intellectuals & popular culture*, New York, Routledge, 1989.

119. Barry Brummett, *Rhetorical dimensions of popular culture*, Tuscaloosa：University of Alabama Press, c1991.

120. Barry Keith Gran, *Film genre reader*, Austin：University of Texas Press, 1986.

121. Colin Maccabe, *High theory/low culture：analyzing popular television and film*, Manchester：University Press, 1986.

122. David Duff, *Modern genre theory*, Harlow, England；New York：Longman, 2000.

123. Fredric Rissover/David C. Birch, *Mass media and the popular arts*, New York：McGraw－Hill, c1983.

124. Harold Schechter, /Jonna Gormely Semeiks, *Patterns in popular culture：a sourcebook for writers*, New York：Harper & Row, c1980.

125. Horace Newcomb, *TV: the most popular art*, Anchor Press, 1974.

126. John Calwelti, *The six-gun mystique*, Bowling Green University popular Press, 1970.

127. John G. Cawelti, *Adventure, mystery, and romance: formula stories as art and popular culture*, Chicago: University of Chicago Press, 1976.

128. Judith R. Blau, *The shape of culture: a study of contemporary cultural patterns in the United States*, Cambridge: Camridge University Press, 1989.

129. Livia Polanyi, *Telling the American story: a structural and cultural analysis of conversational storytelling*, Norwood, N. J.: Ablex Publishers, c1985.

130. Margaret M. Mayer, *The American dream: American popular music*, Bethesda, MD: The Front Desk, c 1994.

131. Matthew Tinkcom and Amy Villarejo, *Keyframes: popular cinema and cultural studies*, London; New York: Routledge, 2001.

132. Nick Lacey, *Narrative and genre: key concepts in media studies*, Houndmills, Basingstoke, Hampshire; New York: Palgrave, c2000.

133. Peter Wicke, *Rock music: culture, aesthetics, and sociology*, Cambridge; New York: Cambridge University Press, 1990.

134. Stanley J. Solomon, *Beyond formula: American film genres*, New York: Harcourt Brace Jovanovich, c1976.

135. Steve Neale, *Genre and Hollywood*, London; New York: Routledge, 2000.

136. Sara Pendergast and Tom Pendergast, *Bowling, beatniks, and bell-bottoms: pop culture of* 20th-century America, Detroit: U X L, c2002.

137. Stuart Hall and Paddy Whannel, *The popular arts*, Boston: Beacon Press; New York, Pantheon Books 1967.

138. Stuart M. Kaminsky, *American television genres*, Nelson – Hall publishers, 1985.

139. Theodor W. Adorno, *The culture industry: selected essays on mass culture*, London: Routledge, 2001.

140. Thomas Cripps, *Black film as genre*, Bloomington: Indiana University Press, c1978.

141. Tony Bennett, *Popular fiction: technology, ideology, production,*

reading，London；New York：Routledge，1990.

142. Wiley Lee Umphlett，*Mythmakers of the American dream*：*the nostalgic vision in popular culture*，Lewisburg（pa.）：Bucknell University Press：New York：Cornwall Books，c1983.

二、参考论文

1. ［英］J. E. 斯隆：《希区柯克研究导读》，载《世界电影》2000 年第 1 期。

2. 金均海：《九十年代新武侠电影漫论》，载《杭州师范学院学报》1995 年第 5 期。

3. ［美］拉尔夫·科恩：《类型理论、文学史与历史变化》，载《天津社会科学》1996 年第 5 期。

4. ［美］理查·戴尔：《娱乐与乌托邦》，载《当代电影》1998 年第 1 期。

5. 李迅：《当代美国电影》，《电影艺术》，1995 年第 1 期。

6. 李勇：《"通俗文学"的经典化》，新加坡，《新世纪学刊》创刊号。

7. 陆川：《体制中的作者——新好莱坞背景下的科波拉研究（上）》，载《北京电影学院学报》1998 年第 3 期。

8. ［美］T. 贝沃特、T. 索布夏克：《类型批评法：程式电影分析》，载《世界电影》1997 年第 1 期。

9. 肖鹰：《反叛的沉沦：当代审美文化主题批判》，《天津社会科学》1994 年第 6 期。

10. 尹鸿：《论谢晋的"政治/伦理情节剧"模式》，载《电影艺术》1999 年第 1 期。

11. 夏建中：《当代流行文化研究：概念、历史与理论》，载《中国社会科学》2000 年第 5 期。

12. 尹鸿、萧志伟：《好莱坞的全球化策略与中国电影的发展》，载《当代电影》2001 年第 4 期。

13. 金元浦：《重新审视大众文化》，载《当代作家评论》2001 年第 1 期。

14. 张映红：《北京 CBD 产业集群效应》，载《北京社会科学》2004 年第 4 期。

15. 祁述裕：《中欧政府文化体制、文化政策比较分析》，载《中国特色社会主义研究》2005 年第 2 期。

16. 金元浦、章建刚:《面对"文化贸易逆差"中国该当何为?》,载《半月谈》(内部版)2005 年第 8 期。

17. [德] 阿多诺:《论流行音乐 (上)》,李强译,载《视听界》2005 年第 3 期。

18. 皇甫晓涛:《文化产业要重视内容生产》,载《光明日报》2006 年 3 月 23 日。

19. 范玉刚:《当代语境下的"大众"与"大众文化"》,载《中共中央党校学报》2007 年第 3 期。

20. 陈林侠:《类型电影的叙事智慧、难度与知识结构》,载《社会科学》2008 年第 5 期。

21. 陶东风:《去精英化时代的大众娱乐文化》,载《学术月刊》2009 年第 5 期。

22. 陈立旭:《法兰克福学派与英国文化研究:对中国大众文化研究的启示》,载《浙江社会科学》2010 年第 10 期。

23. 金元浦:《大众文化兴起后的再思考》,载《河北学刊》2010 年第 5 期。

24. 李炜:《大众文本与类型叙事》,载《华中学术》2011 年第 2 期。

25. 邹怡:《论恶搞:后现代的大众娱乐精神——以中国网络和影视文化为例》,载《电影评介》2011 年第 23 期。

26. 陶东风:《核心价值体系与大众文化的有机融合》,载《文艺研究》2012 年第 4 期。

27. 王怡琳:《〈奇葩说〉:一个"生产者式"的大众文本》,载《南方电视学刊》2015 年第 5 期。

后　记

　　我对于大众文本—大众文化产品—文化产品生产的研究，如果从做博士生开始算的话，已近二十年的时间了。其间，完成了博士论文《大众文本程式研究》，在《文艺研究》《当代电影》等重要刊物上发表了《大众文本：一种配方式媒介》《走向"经典"的大众文本》《电影公司上市的积极影响与风险分析》《风险投资对于中国电影产业的催化作用与机制分析》《当下中国电影公司全产业链经营模式的问题和对策》《中国电影产业或将面临的发展陷阱及其原因》《互联网企业的电影布局对电影产业的影响分析》等诸多具有一定影响的论文，由高等教育出版社、中国人民大学出版社等出版了《文化生产及产品分析》《文化产业管理学》等重要著作。本书的出版，是对我之前所有研究成果的一个全面总结。书稿中的部分内容已经公开发表或出版过，但本书的理论框架及大部分内容仍属于首次出版，集中展现了我对于"大众文化产品是一种配方式媒介""大众文化产品的生产是一种配方式生产"的核心观点及其理论阐述。

　　大众文化的发展在中国已然蔚为大观，与之紧密关联的文化产业也正在向国民经济支柱性产业挺进，但大众文化产品及其文化产业理论的研究，很大程度上赶不上快速发展的实践的步伐。如何在文化产品数量不断攀升的同时提升其艺术质量，如何建立大众文化产品的质量评估标准与机制，如何建构适应大众文化产品发展实践的文艺理论体系，是一系列亟待深入研究的问题。本书只是对这些问题浅显的探索，不当之处还请方家指正。本书的出版得到了中央财经大学学术著作出版资金、经济科学出版社及编辑王娟女士的支持，在此一并表示感谢！

何　群

2017 年 8 月 8 日于北京清上园